남북 전략문화와
북한 핵 가스라이팅

남북 전략문화와 북한 핵 가스라이팅

발행일   2023년 8월 10일

지은이   김문경
펴낸이   손형국
펴낸곳   (주)북랩
편집인   선일영   편집   윤용민, 배진용, 김부경, 김다빈
디자인   이현수, 김민하, 김영주, 안유경, 한수희   제작   박기성, 구성우, 변성주, 배상진
마케팅   김회란, 박진관
출판등록   2004. 12. 1(제2012-000051호.)
주소   서울특별시 금천구 가산디지털 1로 168, 우림라이온스밸리 B동 B113~114호, C동 B101호
홈페이지   www.book.co.kr
전화번호   (02)2026-5777   팩스   (02)3159-9637

ISBN   979-11-93304-15-0 03340 (종이책)   979-11-93304-16-7 05340 (전자책)

(주)북랩 성공출판의 파트너

북랩 홈페이지와 패밀리 사이트에서 다양한 출판 솔루션을 만나 보세요!

홈페이지 book.co.kr   •   **블로그** blog.naver.com/essaybook   •   **출판문의** book@book.co.kr

작가 연락처 문의 ▶ ask.book.co.kr

작가 연락처는 개인정보이므로 북랩에서 알려드릴 수 없습니다.

천안함 특종기자가 전해주는
북한이 핵을 포기하지 않는 진짜 이유

남북 전략문화와
북한 핵
가스라이팅

김문경 지음

북랩

※ 이 책은 방일영문화재단의 지원을 받아 저술 출판되었습니다.

추천사

1977년 미국의 한 연구소를 통해 전략문화이론이 국제정치학계에 등장했지만 우리에게는 아직도 그 개념이 생소하다. 학문적으로 인과 관계를 따지는 방법에 있어서 실증론이 아닌 역사와 전통, 관념, 이념 등과 같은 문화적 요소를 고려해야 하는 것이 그 이유로 보인다.

그럼에도 이와 관련된 연구가 꾸준히 진행돼 온 이유는 어떤 특정 국가의 경우 국제 사회가 보편적으로 인정하는 합리적 선택을 추구하지 않을 수도 있다는 점을 고려한 것으로 보인다. 다시 말해 예측 불가능한 행위의 배경을 분석하기 위해 다양한 방법론이 필요하다는 판단이 존재한다.

왜 전략이 아닌 전략문화인가라고 하는 것도 마찬가지다. 이를 다르게 보자면 대중문화라는 개념이 있다. K-POP 문화는 대한민국의 대중문화이면서도 전 세계에 각인되었고 문화적 현상을 넘어 공공외교의 한 축으로 자리 잡아 가고 있다. 마찬가지로 기업에는 기업 특유의 문화가 있고, 정치에는 정치문화가 있고, 군대에는 병영문화가 있다. 이러한 문화들은 기업 내에나 정치 혹은 군대 전체에 지속적으로 영향을 미치며 때로는 쉽게 변화하지 않는 모습을 띠기도 한다.

마찬가지로 국가의 전략공동체가 안보 전략을 구축할 때 절대 버려서는 안 되는 신념과 같은 것들이 있을 수 있다. 이 신념이 세대를 넘어 장기간 지속되면서 하나의 문화적 현상으로 자리 잡은 것이라면 그 국가나 사회의 전략을 구축할 때 영향을 미칠 수밖에 없을 것이다. 이 책에서 언급하고 있듯이 많은 정치학자들도 국가의 전략적 판단에 영향을 미치는 문화적 요소를 분석하는 것은 국가의 행동 이면을 이해하는 데 도움을 줄 수 있는 의미 있는 일이라고 지적해왔다.

그러나 남북 전략공동체의 행동 이면에는 문화뿐만 아니라 여러 정치적 판단 등이 얽히고설킨 복잡하면서도 특수한 변수가 존재한다. 또 국익의 최대 가치인 안보를 지키고 이를 위해 전략을 마련하는 것은 문화적 요소와 관계없이 너무나 당연한 일이어서 이러한 분석이 현실과 어긋나거나 이론적 편향성에 빠질 수 있는 위험도 내포한다.

그럼에도 남북 전략공동체의 행동 패턴에 대한 새로운 시각을 제공할 수 있다는 점에서 가치 있는 일로 판단된다. 특히 저자가 남한 전략공동체의 전략문화에 대해 일관성이 없는 유사전략문화라고 규정한 것은 한 번쯤 되새겨볼 일이다. 이것은 진영논리를 떠나 일관성 있는 안보 전략을 구축할 때 또 다른 아이디어를 제공받을 계기가 될 수 있기 때문이다.

저자인 김문경 기자는 장관 재직 시절 국방부 출입기자단 간사로 인연을 맺었다. 김 기자의 추천사 요청을 받고 책을 둘러보니 기자와 연구자로서 두루 고민한 흔적이 엿보인다. 책 곳곳에 등장하는 여러 국제정치이론을 이해하기 쉽게 풀어 쓴 것도 일반인들의 이해를 돕기 위한 언론인의 시각이 아닌가 판단된다.

특히 비교적 냉정하면서도 담담하게 써 내려간 부분도 고민의 흔적이다. 북한의 핵을 '가스라이팅'으로 규정하거나 전략문화라는 생소한 이론을 바탕으로 남북관계를 새롭게 분석한 이 책이 독자들로 하여금 우리의 현실을 이해하는 데 조금이나마 도움이 되었으면 하는 바람이다.

2023년 7월
전 국방부 장관 한민구

지난 30년 동안 남북의 상호작용을 지켜보면 비슷한 장면이 눈에 띈다. 첫째, 북한의 정치-군사적 행동은 일관성이 있다. 둘째, 그런 북한의 원동력이 자위적 국방력 강화 혹은 생존적 측면 이외에 다른 이유는 없는지 궁금해진다. 셋째, 북한이 일관성을 유지하는 동안 남한은 보수-진보 정권별로 다양한 대북정책을 구사해 왔다. 넷째, 남한의 이런 행동이 결과적으로 북한 비핵화는 물론 남북 관계에 영향을 미치는 요소 가운데 하나가 되고 있다는 의문이 들었다.

그동안 남북정상회담, 이산가족 상봉, 여러 남북대화 등의 만남이 이어져도 남북관계는 왜 다시 대결원점으로 돌아갈까? 하는 것이다. 첫 번째 해답은 물론 북한의 도발 때문이다. 그러나 나는 남북에 형성된 독특한 신화도 원인이라는 결론을 내렸다. 남북에는 방어와 공격 신화에 휩싸인 **전략문화**가 자리 잡고 있었다. 이 책에서는 남북 관계를 악화시키는 당연한 원인인 북한 도발보다 이것의 배경인 신화 분석에 집중했다.

국제정치이론은 국가의 행동 원인과 방향 등을 분석하거나 예측하는 데 큰 도움을 준다. 이 가운데 전략문화이론도 마찬가지다. **전략문화**는 전략공동체의 습관적인 행동 패턴의 총합으로 설명된다. 북한의 습관적인 행동 패턴은 공세적이며 이러한 국가 내부의 지침이 대외관계를 결정할 수 있다고 보는 것이 남북에 특정된 전략문화적 개념이다.

북한의 경우 **공세적 전략문화**를 형성하게 된 배경을 김일성 신화에서 찾을 수 있다. 김일성 신화는 북한이라는 나라가 형성되는 과정에서 생겨났고, 이 신화에는 버릴 수 없는 신념이 담겨있고, 신념은 신화를 지속시키는 원동력이 되었다. 북한의 공격적 행동의 원인이 우리가 생각하는 생존보다 김일성 신화에서 출발하고 있다는 것을 제시하려 한다.

남한에도 비슷한 문화가 존재하는데 북한의 공세적 위협에 맞서 현상유지가 특징인 **방어적 전략문화**를 유지하고 있다. 현상유지는 권력이 아닌 안보를 추구하기 때문에 협력과 균형을 강조한다. 남한이 예로부터 이런 신화를 갖게 된 이유는 강대국에 둘러싸인 한반도의 지정학적 특성과 맞물려 있다.

그러나 일제 강점기 이후 각기 다른 이념을 가진 전략공동체가 형성되면서 한반도의 지리전략적 특성은 둘로 나뉘게 된다. 남한은 전통적 방어 신념을 이어받았으나 북한은 새로운 공격 신념으로 나아가며 상호 이질적인 전략문화를 발전시켰다.

이러한 갈등적 남북관계를 끝내는 방안 가운데 하나로 모색해 볼 수 있는 것이 통일된 국가를 형성하는 것이다. 그러나 여러 지표를 보면 실현 가능성은 거의 없다. 따라서 남한만의 차선책으로 이제 통일과 민족 중심의 남북관계를 공존을 강조하는 국가 관계로 바꾸는 것을 시작해야 한다. 안보 불안 때문에 핵을 개발하고 있다고 주장하는 북한이 수용하면 갈등과 충돌보다 협력과 대화가 자리 잡을 것이다. 공존이란 다툼은 있으나 절멸이 아닌 공생이며 국가는 상호성과 합리성을 추구하고 국익의 가장 큰 가치인 안보와 경제를 중심으로 움직이기 때문이다.

그러나 지난 30년간 공격신화에 갇혀 일방통행을 해 온 북한의 모습을 보면 이를 기대하기 어렵다. 북한이 권력이 아닌 안보를 추구하는 합리적 국가로 나아가는 데는 그만큼의 시간이 필요할 수도 있다. 따라서 남한의 전략공동체는 집권 기간 무언가 하겠다는 조급성을 버리고 장기간 이어갈 수 있는 **새로운 전략문화**를 구축하는 것이 필요해 보인다.

국제정치학자 케네스 왈츠(Kenneth Neal Waltz: 1924.6.-2013.5.)가 제시한 현실주의 국제정치이론은 국내정치가 국가의 대외행동에 영향을 미치지 못하는 것으로 보지만, 전략문화이론은 국가의 행동 원인을 내부에서 찾고 있다. 김일성 신화도 마찬가지다. 이 책에서 북한 핵 개발의 이유를 북한 내부 문제인 김일성 신화에서 찾으려는 것도 여기에 있다. 그러면서도 왈츠가 제시한 국가는 상대적 힘을 추구하며 생존을 모색한다는 점도 수용한다.

그러나 상대적 힘을 지향하는 과정에서 국가의 행동이 결정되는 것이 아니라 국가 내부의 역사적, 이념적 배경과 문화 등이 행동에 더 영향을 미친다고 본다. 초기에는 소련(러시아)과 중국, 이란, 북한과 같은 전체주의나 권위주의 국가에 대한 연구에 집중됐지만 이후 미국을 비롯한 민주주의 국가들도 전략문화를 구사하고 있다는 점이 제시됐다. 남북관계에도 상대적 힘과 같은 물리력과 함께 서로를 지배하는 어떤 신화가 존재한다는 점을 인정한다면 북한의 행동에 대한 이해의 폭을 넓히고 새로운 정책 대안에 대한 아이디어를 얻을 수 있을 것으로 기대한다.

이 책의 기반이 된 학위 논문을 쓰는 동안, 새로운 길을 열어 주신 경기대 정치전문대학원 차재훈 지도 교수님께 진심으로 감사를 드린다. 학기 중이나 방학 동안에도 쉼 없이 영감을 주셨다. 논문 방향에 큰 지혜를 주신 박상철 교수님과 조성환 교수님께도 깊은 감사를 드린다. 논문 심사 과정에서 서울대 신욱희 교수님, 국립외교원 황일도 교수님의 말씀도 큰 힘이 됐다.

논문을 다시 살피고 책으로 전환하던 지난 1년여간 격려를 아끼지 않았던 언론사 동료들과 최희경 국방부 기자실장님, 자료 도움과 조언을 해주신 현역과 예비역 군인, 그리고 여러 외교 안보 전문가분에게도 감사드린다. 같은 기간 나는 30년간 몸담아 온 YTN에서 색다른 경험을 했다. 유튜브 '군대 클라쓰' 제작에도 나섰는데, 30년 방송 기자가 신세계를 경험했다. 흔쾌히 합류해 첫 편부터 빵빵 터트린 한연희 기자와 촬영으로 자리를 비울 때마다 힘이 되어준 신현준 부장과 조수현 기자, 최두희 기자와 함께 새 부장으로 합류한 김준영 부장과 임성재 기자, 함께 국방부를 출입했던 열혈 기자 이승윤 차장과 과거

두 차례의 북미정상회담 당시 노고를 아끼지 않았던 김지선 차장에게 감사함을 전한다.

25년 만에 다시 공부에 나선 아들을 위해 부모님께서도 큰 격려를 주셨다. 사랑하는 딸 소연, 그리고 이 책의 발간 직전 군에 입대한 아들 성욱이는 이제 삶의 의미를 찾아가는 어른이 되었다.

마지막으로 이 모든 과정을 오롯이 지켜본 사랑하는 아내 김경희에게 이 책을 바친다.

2023년 7월

김문경

전략문화이론은 1970년대 중후반, 국가 관계나 협상 문제를 연구하는 수단 가운데 하나로 등장한다. 1970년대 미소 간 긴장이 다소 완화하던 데탕트 시기와 맞물려 냉전 이데올로기에 편향돼왔던 국제 질서가 개별 국가의 이익을 강조하는 쪽으로 변모하던 시기였다.

미국의 정치학자 잭 스나이더(Jack L. Snyder)는 이러한 국제관계의 흐름 속에서 형성되는 국가의 행동 원인을 국가 내부에 존재하는 전략문화적 현상을 통해 설명하고 있다. 스나이더의 주장은 케네스 왈츠의 주장과는 조금 다른 시각이다.

예를 들어 왈츠는 국제 체제는 무정부 체제이기 때문에 국내정치는 국가의 대외행동에 영향을 미치지 못하며 국가는 오로지 상대적 힘을 통해 생존을 추구한다고 보았다. 그러면서 국가는 권력을 추구하는 현상타파보다 안보를 모색하는 현상유지 성향을 보인다고 강조한다. 왈츠의 이론은 이에 따라 방어적 현실주의로 불리게 되었다.

그러나 같은 방어적 현실주의 이론가인 스나이더는 왈츠의 시각과 달리 개별 국가의 독특한 속성, 즉 국내정치가 국가의 행동을 결정하며 이 행동의 배후를 결정짓는 것이 존재한다고 주장한다. 그는 이러한 현상 가운데 하나가 전략문화라고 보았는데 그 개념에 대해서는 "한 국가의 전략공동체가 갖는 신념과 태도, 그리고 반복된 경험을 통해 획득하는 습관적인 행동 패턴의 총합"이라고 정의했다.

전략공동체란 일종의 지배연합이다. 스나이더의 첫 번째 전략문화 접근법은 1970년대 미-소간 핵 협상 딜레마에 집중했다. 스나이더는 미국이 시도하는 핵 협상을 소련이 받아들이지 않을 것이라고 분석했는데, 그 이유를 러시아 차르 시대의 공세적 팽창 전통을 소련도 이어받았기 때문이라고 보았다. 이렇듯 전략문화이론은 국가 전략공동체의 군사와 안보 정책을 지배하는 내면에는 오래전부터 자리 잡아 온 역사-문화적 속성이 그 배경이라는 것을 설명하고 있다.

그렇다면 국가 건설 후 3대 세습을 지속해 온 북한 역시 독특한 전략문화를 가졌을 가능성이 높다. 북한뿐만 아니라 남한도 마찬가지이며, 세계 대부분의 국가가 오랜 기간 전략공동체의 어떤 지향점에 따라 행동을 한다는 추정이 가능하다. 다만 장기간 집권하는 북한이나 중국, 러시아처럼 전략공동체의 일방적인 의지가 작용하는 전체주의 국가나 권위주의 국가의 행동은 그 색깔이 너무나 뚜렷하다.

그러나 민주주의와 국민 여론이 중시되는 남한에는 완전한 형태의 전략문화를 찾아볼 수 없었다. 대북정책과 이를 뒷받침하는 국방정책이 성향을 달리하는 정권별로 심하게 요동쳤다. 그래서 나는 이러한 현상을 유사전략문화라고 규정했다. 스나이더의 정의대로 남한의 행동에 습관적인 행동 패턴이 나타나는 모습은 확인되지만 전략문화의 대표적 특성인 일관성이나 지속된 정책을 찾기 어렵웠기 때문이다.

이러한 남한 전략공동체의 대북정책을 큰 틀에서 보면 보수-진보 정부 모두 상호주의 범주에서 벗어나지 않는다. 기존에 제시된 분석을 보면 상호주의는 엄격한 상호주의와 포괄적 상호주의로 구분된다. 보수 정부는 엄격한 상호주의, 즉 눈에는 눈, 이에는 이(Tit for tat)식의 접근법을 채택했고, 진보 정부는 로버트 코헤인(Robert O. Keohane)의 포용 정책으로 대표되는 포괄적 상호주의를 추구해 왔다.

따라서 북한의 도발에 대한 대응 강도를 보면 보수 정부는 강경책을, 진보 정부는 온건책을 구사하는 특징이 나타난다. 그러나 같은 정권 내에서도 대응 강도가 오락가락하는 모습을 보이면서 북한이 남한의 전략을 좌우하거나 어떨 때는 북한의 술수에 종속되고 있는 게 아니냐는 비판을 받기도 한다. 남한의 전략이 상황에 따라 탄력적으로 운용되는 것일 수도 있지만 북한에게 보수와 진보 정부의 방향은 이제 익숙한 것이 되었고 지속적으로 과거로 회귀하는 빌미로 작용하면서 국방정책에 영향을 주는 대북정책의 일관성 문제가 거론되고 있다.

남북한에 형성된 이질적 전략문화가 근대국가가 형성된 시기부터 주어진 극복할 수 없는 문제라면 대북정책 혹은 남북관계에 대한 인식에 변화를 줄 시기를 맞고 있는지도 모른다.

마지막으로 이 책은 남북은 물론 전 세계에 급격한 변화가 일기 시작한 1990년대 이후 30년간을 중점적 연구 기간으로 정했으며, 뚜렷한 비교를 위해 남한과 북한으로 표기했다.

I.

국익에 대하여

전략문화와 북한의 핵 가스라이팅

II.

남북 전략문화의 기원

정치 군사 사회문화적 요인

I.

국익에 대하여

전략문화와 북한의 핵 가스라이팅

전략문화적 관점에서 북한의 핵은 최대의 국가이익인 생존을 뛰어넘는다. 핵은 그들의 습관이 되었으며 따라서 스스로의 습관을 버리지 않는 한 북한은 그 어떤 상황이나 조건하에서도 핵을 포기하지 않을 것이다.

1. 죽느냐 사느냐

생사를 다투는 현장은 다양하다. 겉으로 평화로워 보이는 숲은 살기 위해 몸부림치는 수많은 동식물의 생존 다툼 속에 만들어졌다. 생사를 이기고 지는 문제로 좁히면 인간세계도 마찬가지다. 군대는 말할 것도 없으며, 기업의 생존 전략도 수시로 강조된다. 승부를 겨루는 스포츠는 상대방과 치열한 경쟁을 하지만, 내면의 갈등을 겪는 사람들은 자신과의 싸움이 더 힘들 수 있다.

국가도 이러한 범주에서 크게 벗어나지 않는다. 수백 개의 공국 혹은 봉건 영주들이 다스리던 유럽은 우여곡절을 거쳐 수십 개로 축소됐으며, 600년 역사의 오스만 제국이 제1차 세계대전 이후 몰락하면서 중동지역에는 20여 개의 국가가 새로 생겨났다. 500년간 조선이 지배하던 한반도는 일제의 강점기가 끝난 이후 남한과 북한 두 개의 나라가 만들어졌다.

이러한 과정을 통해 세계는 죽지 않고 사는 것이 국가의 가장 중요한 목표가 되었고, 이를 위해 서로 편을 갈라 뭉치거나 헤어지기를 반복한다. 제2차 세계대전이 끝난 1945년부터 1990년 이전까지의 냉전기에는 자유 진영 대 공산 진영의 이념과 미국과 소련의 힘을 중심으로 뭉쳤다. 소련 공산주의 체제가 붕괴한 1990년 이후 탈냉전기에는 이념보다 세계화, 즉 경제-기술-자원의 상호 의존 등 다양한 수단으로 이익을 확대해 왔다.

남북 역시 마찬가지다. 통일이라는 이상적 가치를 제외하면 두 국가 모두 생존을 최고의 덕목으로 삼는다. 문제는 남을 절멸시켜 얻는 생존이냐 아니면 공존 개념의 생존이냐. 여기에서 남북의 이익 개념이 달라진다. 북한이 강조하는 이익에는 생존뿐만 아니라 남조선 혁명도 포함돼 있다. 이른바 무력 통일이다.

남한은 그러나 무력 통일을 지향하지 않는다. 이런 상황에서 두 국가 사이는 아주 특수하며 복잡하다. 같은 민족이었다가 갈라지고, 비극적 전쟁을 치렀고, 이념으로 대립하고, 왕래도 할 수 없다. 근대 국가 가운데 전 세계적으로 이런 공통적 요소를 갖춘 국가를 찾아보기 어렵다.

남북은 여전히 냉전 상태를 벗어나지 못하고 있고, 국가 간 합리적 경쟁은 자취를 감추다시피 했다. **인간 본성**을 지적하고 있는 현실주의 국제정치이론을 보면 인간의 이기주의나 악한 본성이 전쟁을 일으킨다고 한다. 또 상대방의 무력 증강 의도를 의심하면서 비롯되는 **안보 딜레마**와 의심이 없더라도 생존을 위해 자연적으로 힘을 무한히 추구한다는 **안보 경쟁**도 원인으로 거론된다.

이 밖에 자위적 조치나 영토 확장을 통한 경제적 이익, 역사적으로는 정치-종교적 이념 강요 등 전쟁에는 다양한 이유가 있다. 그래서 대화를 통한 신뢰와 평화구축이 강조되고 있지만 북한은 자신들이 필요할 때를 제외하고는 응하지 않는다. 사이가 좋아질 일보다 나빠질 일이 더 많은 것이다.

오랫동안 좋은 관계를 유지하더라도 속마음을 열거나 내 것을 쉽게 내줄 수 있을 만한 사이로 발전하기가 쉽지 않다. 하물며 툭하면 도발하고 툭하면 합의를 깨는 북한의 모습은 가까이 하기에는 너무 먼 당신이다. 지난 30년간 핵을 앞세운 북한의 행동은 일종의 가스라이팅에 가깝다. 국가를 위협하는 대량살상무기를 가스라이팅으로 폄하하는 것이냐는 반론이 있을 수 있겠지만 국제적으로 사용불가능한 무기를 만들며 도발을 지속하는 북한의 행동에서 유추한 것이다. 가스라이팅의 개념을 보면 물리적 지배를 넘어 어쩌면 더 무서울 수 있는 심리적 지배 의도가 깔려있다.

또 국가 관계는 불신의 연속이다. 아무리 죽고 못 사는 연인 사이라도 끊임없이 헤어짐과 사랑하는 이유를 확인하려 드는 것처럼 말이다. 상대 국가가 나에게 선의를 갖고 있는지, 혹은 악의를 갖고 있는지를 묻고 또 확인한다. 상대방이 악의적이고 내 힘이 약하면 강하거나 우호적인 국가와 동맹을 맺어 생존을 모색한다. 강한 국가가 하나이고 악의적이라면 약한 국가끼리 힘을 합쳐 대응하거나 어쩔 수 없이 악의적 국가에 편승한다. 또 강하면서 악의적인 국가가 여러 개라면 어느 쪽에 기대는 게 유리한지 계산할 것이다. 국가는 **생존**을 위해 움직인다.

그러나 모든 동맹은 법적 책임이 명문화된 결혼이 아닌 동거에 비유된다. 사랑이 식거나 서로에 대한 관심이 사라지면 헤어지는 것처럼 말이다. 결혼의 이면에는 이혼이 있듯이 백년해로를 하는 동맹이 있을지는 좀 더 지켜볼 일이다. 장기간 이어지고 있는 한미동맹과 미일동맹은 현재 70년을 지나고 있다. 동거의 방식도 다양하다. 우연한 기회에 동거에 들어가거나 조약을 맺어 합치는 경우도 있고, 이심전심으로 동거하는 경우도 있다.

예를 들어 미국은 시리아 북부지역에 출몰했던 이슬람 급진주의 단체인 IS(Islamic State)를 격퇴하기 위해 시리아에 거주하는 쿠르드족 민병대인 인민수비대(YPG)를 지원했다. 그러나 2017년 YPG가 락카 지역에서 IS를 물리치고 급성장하자 이번에는 쿠르드족의 성장에 위협을 느낀 튀르키예가 발끈했다. 2019년 튀르키예는 결국 이들에 대한 군사작전에 돌입했고, 미국은 슬쩍 발을 빼며 오랜 동맹국인 튀르키예를 지원했다. 쿠르드족보다 튀르키예와의 동맹이 더 소중했기 때문이다.

미국은 튀르키예 내 인지를리크 지역에 전술핵 미사일 50기를 배치하며 튀르키예와 핵 공유 협정을 맺고 있다. 시리아와 시리아 내 소수민족이었던 쿠르드족은 IS 퇴치 후 튀르키예가 공통의 위협이 되면서 서로 우호 관계를 맺게 된다. 미국을 도왔던 쿠르드족은 러시아와 친한 시리아와 손을 잡았다. 다른 이유는 없다. 서로 추구하는 가치와 이익이 어긋나면 헤어질 결심도 하는 게 동맹관계다.

또 미국과 이스라엘은 법적 조약을 통해 맺은 동맹 관계는 아니지만 동맹국이라는 인식이 강하다. 이러한 상황을 인지적 동맹으로 부르기도 한다(인남식, IFANS 2018년~2023년). 비슷한 예로 제2차 세계대전 종전을 앞둔 1945년 2월 미국의 루스벨트 대통령과 사우디아라비아 초대 국왕인 압둘 아지즈 이븐 사우드의 석유를 매개로 한 에너지 동맹도 있다. 서로 조약을 맺지는 않았지만 미국이 사우디 왕정의 체제와 안보를 보장하고, 사우디는 미국에 석유를 안정적으로 공급하기로 하는 이심전심으로 동맹에 버금가는 모습을 보였다.

그러나 미국이 사우디와 불편한 관계인 이란과 핵 합의(JCPOA, 2015년)를 하거나 사우디의 인권 문제(2018년 10월 언론인 자말 카슈끄지 살해 사건 등)를 거론할 때 둘의 관계는 흔들렸다. 반면 적과의 동침과 비슷한 경우도 있다. 제1차 세계대전~제2차 세계대전 당시 소련(러시아)은 생존을 위해 미국과 영국, 프랑스 등 자유민주주의 연합국과 동맹을 맺고 전쟁을 일으킨 독일과 싸웠다.

동맹의 오랜 모델을 찾아가다 보면 고대 그리스에서 있었던 그 유명한 펠로폰네소스 전쟁(BC.431~BC.404)과도 마주한다. 그리스 도시국가였던 스파르타 주도의 펠로폰네소스 동맹과 아테네 중심의 델로스 동맹 간 패권 다툼이다. 스파르타가 승리하면서 그리스 패권은 스파르타 동맹이 가져갔지만 오랜 기간 이어진 전쟁은 결국 유럽 문명에 영감을 준 그리스 몰락의 서막을 열기도 했다. 이처럼 오랜 역사에 걸쳐 동맹의 이합집산이 무수했지만 현재 세계적으로 가장 영향력 있는 동맹은 나토(NATO)와 한미동맹, 미일동맹 등 얼마 되지 않는다.

그러나 동맹의 가치도 변하고 있다. 이념으로 대결하던 시절엔 군사동맹이 전부였으나 지금은 안보동맹으로 다양화하는 중이다. **군사동맹**과 달리 **안보동맹**은 군사안보나 경제안보, 정보안보, 기술안보, 식량안보처럼 추구하는 가치가 다양하다. 6·25 전쟁이 끝난 직후 시작된 한미동맹(한미상호방위조약, 1953년 10월 체결)은 군사동맹에서 출발했지만 탈냉전과 함께 본격화된 상호 의존의 세계화 이후 중국을 사이에 두고 균형 딜레마에 빠진다. 중국과의 경제적 **상호 의존**이 커지면서 공통의 위협이나 적에 맞서 맺는 군사동맹 조건이 약화했기 때문이다.

책에서는 동맹이나 홀로서기 등 국가의 다양한 군사 안보 생존 전략과 이를 둘러싼 행동을 분석하는 방법 가운데 전략문화 접근법을 소개하려 한다. 이 접근법에 따르면 생존을 모색하는 남북 행동의 배후에는 현실주의적 요소 외에 독특한 **신화**가 형성돼 있음이 발견된다.

오랫동안 형성된 생존 신념이 신화로 발전하면서 남북은 일정한 행동 패턴을 보여주고 있다. 이러한 신념에서 비롯된 **전략문화**적 관점은 북한이 지난 30년간 체제 유지나 생존적 측면에서 핵 개발을 하고 있다는 이익개념의 현실주의적 분석과는 다른 시각을 제공한다. 신화에 휩싸인 북한은 절대 비핵화에 나서지 않을 것이며 국제사회의 압박이나 협상은 불행하게도 성공하지 못할 것으로 본다.

2. 전략문화란 무엇인가

그렇다면 **전략문화**란 무엇인지 살펴보자. 이 책에서는 북한이 독특한 전략문화를 형성하고 있으며 그 문화를 표현하는 변하지 않는 상수는 공격우위신화라고 주장할 것이다. 북한의 전략문화는 국가는 합리적 이기주의자라는 현실주의 국제정치이론의 보편적 가치를 뛰어넘는다. 비합리적 요소가 존재하기 때문인데 남북은 이 속에서 충돌과 갈등을 지속한다.

합리성과 비합리성의 차이는 여러 상황이 있겠으나 여기에서는 군사행동 혹은 군사 안보 정책을 집행하는 과정에서 국제 사회의 규범과 규칙을 따르는지로 단순화했다. 이러한 신화 속에 형성된 전략문화는 북한처럼 비합리적 행위를 하는 국가의 행동을 원인을 설명하는데 또 다른 시각을 제공해 준다.

이 책에서 시종일관 제시하는 전략문화 개념은 미국의 정치학자 잭 스나이더(Jack L. Snyder)가 처음 문을 열었다. 1977년 미 랜드연구소에 실은 논문『소련의 전략문화 : 제한 핵 작전에 대한 함의』에서 전략문화 개념을 소개했다. 그는 **"한 국가의 전략공동체가 갖는 신념과 태도, 그리고 반복된 경험을 통해 획득하는 습관적인 행동 패턴의 총합"**[1]이라고 정의했다.

전략공동체는 외교 안보 정책을 총괄하는 지배그룹, 즉 일종의 지배연합이다. 지배연합은 모든 것을 거머쥔 북한의 김정은처럼 지도자 개인일 수도 있고, 지도자를 둘러싸고 있는 권력공동체로도 볼 수 있다. 신념과 태도는 믿음이며, 반복된 경험은 역사이고, 습관적인 행동 패턴은 오래된 버릇이다. 전략문화 연구가 로렌스 손드하우스(Lawrence Sondhaus)가 분류한 근거에 의하면 신념과 경험을 통해 축적한 습관적인 행동 패턴은 일관성과 지속성이 특징이다.

스나이더는 미-소 핵전략과 관련한 소련의 행동 특성을 전략문화론적 개념으로 설명하면서 "국가의 핵전략은 정책 수준을 벗어나 반영구성을 가진 문화적 요소의 영향을 받을 수밖에 없다"[2]고 밝혔다. 그러면서 소련군의 공세적 군사력 사용과 **선제공격 선호** 이유가 러시아에서 나타났던 안보 불안과 권위주의적 통치에서 비롯됐다고 결론지었다. 이에 따라 "소련의 전략 사상은 협력보다는 피해제한전략(Damage Limitation Strategy)을 구사하는 경향이 있다"고 강조했다.

로버트 맥나마라 미국 국방부 장관(1961년~1968년 재임)이 제기한 피해제한 혹은 피해국한전략은 핵 선제공격을 받기 전, 적의 공격 능력

---

1   Jack L. Snyder, *The Soviet Strategic Culture:Implications for Nuclear Options, R-2154-AF,* (Santa Monica:Rand Corporation, 1977), 1977, p. 8.

2   Jack L. Snyder, *ibid,* 1977, p. 8.

을 먼저 무력화시켜 피해를 최소화하는 전략이다(고봉준, 2017). 소련도 피해제한전략을 구사하는 경향이 있다는 말은 소련이 미국의 핵 공격 위협에 맞서 선제공격을 선호할 수 있다는 의미다.

스나이더는 또 "미국의 전시억제(intrawar restraint) 규칙을 소련이 지킬 것이라고 낙관해서는 안되고, 이를 이해하려면 소련이 독특한 전략적 사고를 한다는 걸 알아야 한다"고 강조한다. 전시억제는 전쟁 시 전술핵 교전이 전략핵 교전으로 확대되는 것을 막는 조치이다(류기현, 조홍일, 차명환, 2017).

전시억제 규칙을 소련이 지키지 않을 수도 있다는 말은 소련도 핵전쟁 발발 시 전술핵보다 피해가 광범위하게 확산하는 전략핵 교전을 두려워하지 않을 가능성이 있다는 의미다. 스나이더는 소련이 이러한 공세적 전략문화를 가진 배경으로 영토팽창에 주력하던 러시아 차르 시대의 역사적 경험을 꼽았다.[3]

소련의 공세적 성향처럼 북한의 반복적이면서도 다양한 형태의 습관적 도발은 일시적 전략이 아니라 전통이나 역사적 배경 때문이라는 가정이 가능하다. 그 시작은 김일성의 **항일 운동 신화**인데,[4] 이 가운데 북한의 핵은 김일성 신화를 이어가기 위한 핵심 수단이다. 북핵을 신화로 볼 수 있는 최근의 상징적 사례 가운데 하나로 대륙

---

3 스나이더는 역사적 경험 가운데 소련의 2차세계대전의 경험과 스탈린 치하의 당군 경험에도 주목하고 있다. Jack L. Snyder, *ibid*, 1977, p. 9, pp. 28-29.

4 김일성 신화는 해방 이전 김일성의 항일 운동에서 시작된다. 김일성이 일부 항일 운동을 한 사실은 알려져 있어 이 책에서 자세하게 다루지 않았다. 전략문화의 배경인 '혁명전통'도 김일성의 항일 운동에서 출발한다.

간탄도미사일, ICBM 발사 차량(TEL)에 공화국 영웅 메달을 수여한 모습이 있다.[5] 무생물을 인간화시켜 북한 주민의 의식 속에 핵 무력을 실존하는 믿음, 만능보검으로 주입하고 있다.

이는 비핵화 조건이 그럴듯하더라도 신화로 발전한 북한의 공격적 신념은 쉽게 변하지 않을 것이라는 추론을 가능하게 하는 **상징적 표현**이다. 신념을 상징화한 것인데, 북한은 왜 핵을 포기하지 않을까 하는 것에 대한 1차 답변이다. 담뱃갑에 흉악한 사진과 함께 '당신은 담배로 인해 암에 걸려 죽을 수 있다'는 경고문구를 아무리 써넣어도 담배를 끊을 정도의 충격적 계기나 의지가 없다면 끊기 어려운 것과 같은 이치이다. 처음부터 아예 흡연을 시도하지 않는 사람도 많다.

따라서 행동이 합리적이든 비합리적이든 이 책에서는 남북 행동의 배후에 자리 잡은 신화를 국가의 행동을 좌우하는 원천으로 보았고 신화는 신념이 극대화한 것으로 규정했다. 뒤에 제시하겠지만 미사일에 영웅 메달을 수여한 것과 같은 상징화 작업은 전략문화를 구성하는 주요 수단이기도 하다. 또 상징물이나 신화는 꾸며낸 이야기나 설화가 아니라 엄존하고 있는 현실이다.

신화에 대해 철학자 캐시러(Ernst Cassirer)는 "이성이나 논리와 무관하거나 논리를 뛰어넘는 인간의 판단이나 믿음"[6]이라고 보았다. 정

5 박수윤, 북, ICBM '화성-15형' 발사 차량에도 '공화국 영웅' 메달 수여, 연합뉴스, 2023.2.20

6 Ernst Cassirer, *The Myth of the States*. 에른스트 캐시러, 국가의 신화, 최명관 역, p. 7, 1979.

치학자 제프리 랜티스(Jeffrey S. Lantis)는 "신화는 근거가 없거나 거짓과 같은 개념이 아니라 구조나 무의식 혹은 사회의 정치적 가치를 표현하는 신념 체계(body of beliefs)이고 지도자들은 반드시 지배를 위해 신화를 유지해야 한다"[7]고 주장한다.

북한뿐만 아니라 남한에도 신화가 존재한다. 이는 **방어우위신화**이다. 방어우위신화에 대한 자세한 설명은 뒤에 거론하겠지만, 방어는 전쟁을 추구하기보다 균형과 협력, 즉 현상유지가 특징이다. 따라서 남북의 안보 딜레마 혹은 안보 경쟁 구도에서 발생한 신화를 각각 방어우위와 공격우위신화로 볼 수 있다. 신화의 의미에 대해 캐시러와 랜티스의 개념을 토대로 보면 방어 신념과 공격 신념이 된다.

지배를 위해 신화를 유지해야 한다는 렌티스의 정의를 빌어보면 남북의 지배연합 인 두 전략공동체는 종종 국내정치, 즉 통치의 수단으로 이 신념을 사용해 왔다. 민족을 앞세워 통일을 지향하는 신화가 형성된 것도 통치 수단의 일부였거나 지배연합의 일방적 의지가 개입됐다는 판단이다.

통일 지향을 신화라고 본 것은 남북 쌍방이 각각의 신념은 있으나 북한은 혁명론을 고수하고 있으며, 남한 내에는 통일 방안을 둘러싼 논란이 일었다. 김대중 대통령 이후 등장한 역대 대통령의 취임사를 보면 '통일'을 아예 언급하지 않거나(노무현, 문재인, 윤석열 대통령) 원론적인 언급(이명박 대통령 3번, 박근혜 대통령 1번)만 있을 뿐이다. 북한의

---

7 Jack L. Snyder, *The Myths of Empire.* 잭 스나이더, 제국의 신화, 함택영, 박수헌 외 공역, p. 26, 1996.

핵 개발이 고도화되면서 남한 내 통일 방안 논의는 자취를 감추었다. 특히 이 논의의 중요한 배경 가운데 하나가 한민족이었는데, 한민족이 한 나라를 이루어 살아야 한다는 개념은 약해진 지 오래다.

1민족 1국가를 따라야 한다면, 55개의 소수민족이 한 나라를 이룬 중국은 그만큼의 나라가 분리돼야 한다. 수많은 부족이 흩어져 사는 아프리카 대륙에는 1,000개가 넘는 민족국가가 필요하다는 주장도 제기된다. 이러한 극단적인 설명을 제외하더라도 세계 여러 나라에서 보듯 국가를 형성하는데 민족 중심의 접근법은 절대적 기준이 아니며, 맹목적으로 따를 경우 심각한 국수주의(Ultranationalism)에 빠질 수도 있다.

전략문화적 현상을 좀 더 살펴보면 미국과 소련의 아프가니스탄 침공과 이에 맞선 아프가니스탄의 사례가 있다. 강대국인 미국과 소련은 각각 20년(미국, 2001년~2021년)과 10년씩(소련, 1979년~1989년) 아프가니스탄과 전쟁을 벌였지만 결국 손을 들고 말았다. 점령은 했으나 지배에 실패했고, 친미 혹은 친소정부를 구축하지 못하고 철수했다.

미-소가 아프간에서 철수할 수밖에 없었던 이유 가운데 소련의 경우 1980년대 말 경제난과 함께 아프간 무자헤딘(Mujahidin: 성스러운 이슬람 전사)의 **일관된 저항** 등이 있었다. 또 미국의 '피 흘리게 하기(bloodletting)' 전략도 숨어있었다. 우크라이나전에서도 일부 확인되지만 아프간 무자헤딘에게 무기를 지원해 소련의 힘을 빼는 전략이다. 그렇다고 하더라도 아프간 무자헤딘의 일관된 의지가 없었다면 이 전략은 무용지물이었을 것이다. 서방의 지원을 받기는 하지만 우크라이나도 군사 강국 러시아에 맞서 일관된 투쟁 의지를 보이는 점이 잘 설명해 준다.

미국은 러시아나 중국의 방해를 받지 않고 스스로 전쟁을 치렀는데도 아프가니스탄에 민주주의를 이식하고 중앙집권화된 국가를 만들려 했던 계획이 실패로 돌아갔다. 아프가니스탄 아슈라프 가니 대통령은 미국이 철수할 무렵 무장단체 탈레반이 수도 카불을 점령하자 행선지를 밝히지 않은 채 국외로 도피했다.

미국과 소련의 사실상 패배는 아프간의 오래된 **전략문화적 역사성**, 즉 10여 개의 부족이나 군벌 등을 형성하며 세력다툼을 이어가고 있었던 점을 간과한 것이기도 하다. 아프가니스탄에 첫 민족 중심의 국가가 형성된 것도 18세기 중엽일 정도로(1747년, 두라니 왕조) 쉽게 뭉치지 못하는 특성을 지녔다. 또 역사적으로 이슬람과 몽골 등 외세의 침략에 시달려왔고, 여전히 부족 중심의 문화가 형성되면서 쉬아(19%)와 순니 이슬람(80%)을 믿는 부족 내 종파나 군벌 간 다툼도 흔했다. 아프간을 공격했던 영국과 소련, 미국 등 당대 강대국이 이 지역에서 물러난 근본적인 이유 가운데 하나다. 아프간 국민에게 미·소 등 외세는 자신들 싸움에 끼어든 또 다른 세력에 불과했다.

또 해발 2,000m가 넘는 곳이 전 국토의 50%에 이르고, 국토의 75%가 산악 지대라는 자연환경,[8] 즉 지정학 요인도 외세가 극복하기

---

8 박현도, 강대국에 둘러싸인 아프간, 분열로 국민 고통 이어져, 중앙일보, 2021.10.13.

어려웠다는 지적도 있다. 후에 언급하겠지만 이러한 지리전략적 요소는 전략문화를 형성하는 중요한 요인이 된다. 아프간인들은 영국과 미국, 소련 등에 모두 맞서 외세의 개입에 저항해 온 역사를 반복했고 제국의 무덤이라는 말을 만들어 냈다.

러시아와 국경을 맞대고 있던 핀란드에는 능수능란한 외교, 엄밀히 말하면 중립주의를 **상징**하는 '**핀란드화**(Finlandization)'라는 개념이 존재한다. 1939년 11월 소련의 침공으로 시작된 이른바 겨울 전쟁(1939년 11월~1940년 3월)으로 핀란드는 영토의 10%를 내주었다. 핀란드는 이에 맞서 전범국 독일과 손잡고 연합국 편에 섰던 소련을 공격하기도 했고, 1944년에는 패전으로 치닫던 독일과 다시 헤어졌다. 핀란드는 소련과 국경을 맞댄(1,340km) 국가 가운에 유일하게 독립을 지켰다는 평가를 받는다. 전범국과도 손잡았던 핀란드의 행위의 배경은 **국익**이었다.

이러한 행위와 관련된 두 가지 잘 알려진 사례를 꼽자면, 먼저 프랑스 혁명 이전 절대 왕정을 완성하는 데 큰 공을 세운 리슐리외(본명: Armand Jean du Plessis, 1585년~1642년, 리슐리외는 그가 다스리던 영지) 재상의 사례가 있다. 국가주의자로도 불리는 그는 가톨릭을 따르던 프랑스를 대표하는 가톨릭 추기경이면서도 30년 종교 전쟁(1618년~1648년) 당시 프랑스의 국익(왕권 강화 등)을 위해 개신교(프로테스탄트) 진영을 지원했다.

당시 리슐리외는 "국가의 행동은 개인 이성이 아니라 국가 이성에 따라 이루어진다"며 스페인-오스트리아 제국의 확장을 막았는데, 오늘날 강조되는 국익이란 개념도 여기에서 시작됐다(이근욱, 왈츠 이후, 2009). 또 총리보다 외무장관으로 유명한 영국의 파머스턴 경(Henry John Temple Palmerston, 1784년~1865년)의 "영원한 우방도, 적도 없으며 우리의 이익이 영원해야 한다. 이를 추구하는 것이 우리의 의무다"라는 말은 지금도 회자된다.

다시 핀란드를 돌아보면, 오로지 국익을 위해 핀란드는 '핀란드화' 전략을 통해 전범국 독일과 손잡고 서방 연합국에 합류한 소련을 공격했으며, 종전 직전에는 독일과 헤어졌고, 전후 냉전 기간에는 중립주의 정책으로 전쟁을 했던 소련과의 마찰도 피했다.

에마뉘엘 마크롱 프랑스 대통령은 러시아-우크라이나 전쟁이 발발(2022년 2월 24일)하기 직전인 2022년 2월 초 푸틴 러시아 대통령과의 회담 직전 우크라이나의 핀란드화 해법을 제시했을 정도로 '핀란드화'는 핀란드의 오래된 전략문화로 자리 잡아 왔다. 그런데 핀란드는 최근 중립주의 정책에 변화를 주었다. 2023년 4월 러시아의 반대에도 나토(NATO)에 가입했는데 이는 오랫동안 형성된 전략문화는 스스로 바꾸기 전에는 바뀌기 어렵다는 점을 역설적으로 보여주는 사례이다.

또 2020년 이란 외무장관이던 모하마드 자바드 자리프(Moham-mad Javad Zarif)는 미국의 전략문화적 성향을 언급한다. 그는 미국이 1776년 독립을 선포한 이후 220년이 넘는 기간 동안 전쟁을 벌였다며 미국 중심의 유엔 문화를 비판하기도 했다(강상훈, 연합뉴스, 2020.10.27.).

전쟁에 대한 자신감이 충만했던 미국의 전략문화는 군사-외교-경제-정치력을 총동원하는 **총력전**을 선호하는 경향이 있었다. 그러나 이러한 전략문화는 제2차 세계대전 때보다 더 많은 포탄을 쏟아붓고도 패한 베트남전을 계기로 큰 변화를 맞이한다. 미국의 화력에 맞서 북베트남이 구사한 인민 전술이나 게릴라 전술 등 비대칭전 혹은 제4세대 전쟁[9] 앞에서 총력전의 비효율성이 드러난 것이다.

이후 미국이 주도한 전쟁 가운데 걸프전(1991년 1월~1991년 2월)과 이라크전(2003년 3월~2011년 12월), 아프가니스탄전(2001년 10월~2021년 8월)을 보면 적은 병력으로도 첨단무기를 앞세워 전쟁을 주도하는 이른바 기술 중심의 전략문화로 이전하고 있다. 군사전략가 양욱은 "미국이 '상쇄전략(저자 주: Offset Strategy, 군사 기술을 앞세우는 전략이다. 1950년대 저비용으로 소련의 거대 군사력을 상쇄할 수 있는 전략을 마련했는데 지금은 AI, 스텔스, 전 세계 감시 타격 등으로 3차 상쇄전략을 구축 중이다)'을 통해 정보 우위와 기술 지향적 안보를 추구하고 있다"[10]고 강조한다. 병력을 줄이고 있는 우리 군도 북한의 위협에 맞서 첨단무기로 상쇄하는 전략으로 변화를 모색하는 중이다.

이밖에 북한 비핵화 정책과 관련된 전략문화적 성향을 살펴보면, 2018년과 2019년 두 차례의 북미정상회담이 좋은 예다. 미국은 북핵

---

9 1989년 미국의 군사전문가 윌리엄 린드(William S. Lind)가 처음 정의하고 토마스 햄즈(Thomas X. Hammes)가 저서 『21세기 전쟁, 2004』에서 발전시켰다. 1세대 전쟁은 병력 전쟁으로 나폴레옹 전쟁을, 2세대 전쟁은 화력전으로 1차세계대전을, 3세대는 기동전으로 2차세계대전을, 4세대 전쟁은 게릴라전, 네트워크전, 심리전 등을 아우른다. 김문경, [와이파일] 5세대 전쟁의 키워드 '무인전력', 미래 게임 체인저 되나, YTN, 2022. 7. 13.에서 재인용

10 양욱, 모자이크전을 통한 결승 중심전의 미래전, 아산리포트, 아산정책연구원, 2022, pp. 9-11.

협상에서 '완전하고 검증이 가능하며 돌이킬 수 없는 비핵화 (CVID:Complete, Verifiable, Irreversible Dismantlement)'를 강조해 왔다. CVID는 2000년 초 부시 행정부 때 만들어진 북한 비핵화 원칙이다.

미국은 2018년 북미 1차 정상회담 전후 최종적이고 완전히 검증 가능한 비핵화(FFVD:Final, Fully Verified Denuclearization)로 변화를 주다 볼턴을 앞세운 2차 정상회담에서 다시 CVID를 요구했다. 바이든 정부에 들어와서도 마찬가지인데, 지난 20년 동안 미국의 북핵 외교 신념은 변함없이 유지되고 있다.

미국이 이러한 기조를 유지하는 이유는 종잡을 수 없는 북한과 같은 비합리적 국가에는 핵을 절대 용인하지 않겠다는 신념 때문으로 보인다. 이 신념의 배후에는 오래된 **전통**도 스며들어 있다. 미국은 자신을 도덕적인 국가로 보고 북한과 같은 세력을 악의 축(부시 미 대통령, 2002년)으로 규정한다는 주장이 있다.[11]

전쟁의 정당성을 종교적 관점의 선악 대결에서 찾고 있다는 것인데, 로널드 레이건 미 대통령이 1983년 전국 복음주의 교회 연합 연설에서 소련을 향해 악의 제국이라고 부른 것이 대표적 예다. 부시 미 대통령도 이라크를 침공하기 1년여 전인 2002년 1월 연두교서에서 이라크와 이란, 북한을 악의 축으로 규정하기도 했다. 또 칸트의 영구 평화관에서 시작된 민주주의 국가는 서로 전쟁하지 않는다는 믿음도 강

---

11 뱅상 데포르트, 프랑스 장군이 바라본 미국의 전략문화, 최석영 옮김, 2013, pp. 45-52.

조돼 왔다.

데이비드 싱어(David Singer)와 같은 학자들은 1,000명 이상 사망한 것을 국가 간 전쟁으로 분류하고 100년이 넘는 기간(1816년~1991년) 동안 발생한 전쟁을 분석해 실제로 민주주의 국가는 서로 전쟁을 하지 않았다는 점을 통계적으로 규명하기도 했다(김형민, 한국세계지역학회, 2013). 이러한 **민주평화론**적 관점에서 보면 악의 축이자 독재 국가인 북한이 핵을 보유하는 것은 그야말로 끔찍한 일이다. 2023년 6월 조 바이든 미국 대통령은 공군사관학교 졸업식에서 "미국은 언제나 민주주의를 옹호해 왔다"며 변치 않는 미국의 신념을 다시 한번 강조했다.

이로 미뤄보면 미국의 북한 비핵화의 목표가 비핵화에만 있는 것이 아니라 북한을 민주평화론을 지향하는 합리적인 국가, 즉 선한 국가로 만들기 위한 선행 조건으로 보고 있는지도 모른다. 북한 김정은도 2021년 1월 제8차 당 대회 사업총화 보고에서 "미국에서 누가 집권하든 미국이라는 실체와 대조선 적대 정책의 본심은 절대로 변하지 않는다"며 "앞으로 강 대 강, 선 대 선의 원칙에서 미국을 상대할 것"[12]이라고 밝혔다. 김정은은 이후 다시 핵무기 고도화에 나섰다.

이러한 국가의 전략문화 기조와 관련해 제3세대 전략문화 연구가이자 정치학자인 존스턴(Alastair Iain Johnston)은 "국가의 정책이 합

---

12 북한 조선중앙통신, 2021.1.9. 김정은은 미국을 최대의 주적으로 규정하고 국방력 강화를 주문했다.

리적 선택으로 생성되는 것뿐만 아니라, 문화적 전통이나 역사적 요소 같은 관념과 함께 신념이나 반복된 경험을 통해 결정된다"[13]고 강조했다. 이를 근거로 보면 남한의 정책 결정 과정에도 문화, 역사, 관념, 신념, 반복된 경험이 반영됐다면 북한과 마찬가지로 하나의 국가 전략문화가 자리 잡았을 것이라는 추정이 가능하다.

전략문화 접근법의 개념을 처음 제시한 스나이더와 달리 존스턴은 전략문화이론이 주로 역사와 문화에 기반해 독립변수와 종속변수 간 상호작용이 불분명하다고 비판하며 새로운 분석 방법을 시도했다. 대표적인 방법이 국가사회에 강조됐던 언어 상징인 **문맥**을 살피는 것이었다. 그는 중국의 병법서 무경칠서(중국 7대 병법서: 〈손자병법〉, 〈오자병법〉, 〈육도〉, 〈삼략〉, 〈사마법〉, 〈울요자〉, 〈이위공문대〉)에 나타난 **문맥의 분석**(Defining Texts)을 통해 중국의 전략문화는 전쟁을 일상으로 인식하고 있었으며, 이에 따라 화해가 아닌 침공이나 군사적 파괴를 선호하고 있다고 주장했다.

특히 명나라 시대 중국의 군사적 행동을 집중적으로 분석했는데 방어보다는 공격에 치우쳤고 이것의 원인은 명나라 지배연합이 무경칠서를 생활화한 것에서 비롯됐다는 결론을 내렸다.[14] 무경칠서에 자주 오르내렸던 호전적 문맥이 사회 전반에 많은 영향을 미쳤고,

---

13 Alastair I. Johnston, *Cultural realism: Strategic Culture and Grand Strategy in Chinese History*(Princeton, N.J.: Princeton University Press, 1995), p. iv, 1995.

14 이근욱, 왈츠 이후 - 국제정치이론의 변화와 발전, 2009, pp. 269-276. "명나라는 자신의 군사력이 우위에 있는 경우 항상 몽골을 공격했다."

이로 인해 중국도 방어보다 팽창을 추구하는 문화가 형성됐다는 것이다. 뒤에 제시하겠지만 북한이 신문과 방송 등 전 매체를 동원해 군사적 용어와 혁명, 국방력 강화를 끊임없이 강조하는 것도 존스턴의 무경칠서 사례와 비슷하다고 볼 수 있다. 북한 사회에 공격성을 끊임없이 주입하는 사회문화를 형성하고 있는 것이다.

3. 북한이 핵을 포기하지 않는 이유

북한이 핵을 포기하지 않는 이유가 생존 외에 다른 이유는 없는 걸까. 전략문화적 관점에서 보면 김일성 신화를 뒷받침하기 위한 군비 확장의 습관적 신념, 즉 **지배연합의 오래된 버릇** 때문일 가능성이 존재한다. 황일도 교수는 북한의 전략문화에 대해 "김일성 회고록 『세기와 더불어』에 총체적으로 집합됐다"고 주장한다. 그에 의하면 『세기와 더불어』에는 군사나 무력 사용에 관한 전략문화 메시지가 등장하는 총횟수는 697회로 집계됐다.[15] 김일성의 발언이 북한의 정책추진 과정에 반복적으로 나타나는 점도 제시된다.[16]

또 다른 설명 가운데 홍용표 전 통일부 장관은 "합리적 선택 가설에 기초한 전략이론에서는 동일한 안보 환경에 처한 엘리트는 동일한 안보 전략을 선택한다고 가정하지만, 전략문화이론은 서로 다른

---

15 황일도, 북한의 전략문화와 군사행태 : 핵무기 개발, 재래식 전력배치, 연평도 포격사례를 중심으로, 연세대 박사학위 논문, 2013, pp. 70-71.

16 황일도, *ibid*, 2013, pp. 65-68.

문화적 영향하에서 엘리트들이 서로 다른 전략적 선택을 할 수 있다는 점을 인정한다"[17]고 강조한다.

이 말은 현실주의 관점의 경우 국가는 합리적 선택을 하므로 규범에 따른 행동을 할 것이라고 예측할 수 있지만 어떤 특정 국가의 행동에 대한 예측은 빗나갈 수 있다. 지배 엘리트들이 서로 다른 선택을 하는 이유는 그 사회 속에 오랜 기간 형성되어 온 문화를 따르거나 본인의 개인 의지를 더 중요시하기 때문이다.

황일도나 홍용표의 연구 모두 북한의 행동 즉, 김정은을 에워싸고 있는 지배연합인 전략공동체의 정책 결정과 그 과정에서 나타나는 행동 패턴은 내부에서 스스로 만들어 온 오래된 버릇이 더 크게 작용하고 있다는 점을 설명해 주고 있다. 내부의 오래된 버릇은 일종의 지배전략이나 지배연합의 정치적 이익 때문에 만들어진 문화이다. 이를 토대로 지난 30년간 북핵 문제를 살펴보면 '왜 비핵화에 실패했는가'를 거시적이면서 담론적 차원에서 설명이 가능하다.

예를 들어 북한의 핵 개발 이유에 대해 국방력 강화라는 국내적 측면과 외부의 위협이라는 대외적 측면이 거론된다. 또 과거 많은 전문가들은 협상 수단(비핵화 가치 높이기)으로 설명해 왔다.[18] 신현실

---

17 홍용표, 북한의 전략문화와 안보정책, 통일연구원 연구총서(서울:통일연구원), 2002, p. 2. 김문경, 북한의 공세적 전략에 관한 문화적 요인 연구, 한국국가전략 통권 제16호, 2021, p. 271에서 재인용.

18 국립통일교육원은 〈통일교육지침서〉에서 북한의 핵 개발 이유에 대해 "군사력 우위를 확보해 협상수단으로 활용하고 내부적으로 체제결속을 도모하고 있다"고 서술해 왔지만, 윤석열 정부들어 첫 발간한 지침서에서는 '협상 수단'을 삭제하고 '독재 유지'로 변경했다. 홍제성, 통일교육지침서 개정…'대한민국이 유일한 합법정부' 표현 부활, 연합뉴스, 2023. 3. 14.

주의 국제정치이론을 제시한 케네스 왈츠에 따르면 국가는 생존을 위해 세력균형을 유지하는데 세력균형의 방법으로 내부의 힘을 기르는 것(내부 균형)과 동맹을 통한 방법(외부 균형)이 있다. 이 관점에 의하면 북한의 핵 개발 행동은 내부의 힘을 길러 균형을 추구하기 위한 것으로 볼 수 있지만, 문제는 합리성이다. 모든 국가들이 국제 규범을 어겨가며 핵 보유를 추구하지 않는다.

북한은 국제 사회가 핵 포기에 따른 경제적 보상, 체제 안전 보장, 제재와 압박 등 유인책이나 강압책을 써도 핵을 포기하지 않고 있다. 이를 전략문화론적 개념으로 설명하면 북한이 핵을 개발하는 근본 이유를 내부에서 찾을 수 있다. 현실주의에서 강조하는 내외부 균형을 만들기 위해 핵을 개발하고 국가의 생존을 모색하는 것이 아니라 이보다 더 오래된 가치를 유지하거나 추구하기 때문이다. 뒤에 자세히 살펴보겠지만 함택영 교수는 북한의 군사력 강화 이유를 북한 군부의 습관적인 군비 확장으로 설명하기도 한다.

그렇다면 북한이 왜 비핵화 협상에 나섰는지가 마지막 질문으로 남지만 북한이 핵 보유 국가가 된 이상 핵 보유 전략의 큰 틀을 마련하기 위한(예를 들어 시간벌기) 전술에 불과했다는 결과로 막을 내리고 있다. 남북 혹은 북미 간의 협상 실패는 북한의 합리성, 즉 북한도 결국 최대의 이익을 쫓아 비핵화를 선택할 것이라는 현실주의적 시각에 함몰돼 북한 전략공동체가 비합리적인 선택이나 행동을 할 것이라는 점을 간과하거나 외면한 결과에 따른 것으로 볼 수 있다.

또한 합리성을 선택한 것으로 평가받는 다른 비핵화 국가들의 비핵화 모델을 따르다 협상이 실패했을 것이라는 추정도 가능하다.

예를 들어 우크라이나(1994년, 부다페스트 안전 보장 각서)와 리비아 (2003년, 선 핵 포기 후 단계별 보상), 남아프리카 공화국(1991년 핵폭탄 6 기 해체, 데 클레르크 대통령 자발적 비핵화 선언), 이란(2015년, 포괄적 공동 행동 계획-JCPOA, 핵 개발 동결) 등이 그 예다. 이 국가들은 국제 사회 와의 협상을 통한 합의나 압박 혹은 자발적 의지에 따라 핵을 포기 하거나 동결했다. 물론 비핵화에 따른 경제적 지원이나 체제보장도 약속받았다.

먼저 남아프리카의 경우 1989년 취임한 데 클레르크 대통령이 각 료 회의에서 국제 사회의 압박과 이로 인해 비롯된 고립을 탈피하기 위해 인종 분리 정책의 폐기와 핵무기 해체를 주장했고, 1989년 12 월 전문가 그룹을 결성해 핵폭탄 해체 방안을 수립했다. 결국 비핵 화 이후인 1991년 7월 핵확산금지조약(NPT: Nuclear Nonproliferation Treaty)에 가입하고 국제원자력기구(IAEA: International Atomic Energy Agency)의 핵사찰을 받아들였다.[19]

남아공과 달리 우크라이나는 소련이 붕괴하면서 핵을 떠안은 것일 뿐 지속적으로 핵무기를 개발할 능력이 없었던 측면도 존재한다. 예 를 들어 플루토늄 기반의 핵탄두에 섞어 쓰는 삼중수소의 반감기는 12년이며, 3년~4년 혹은 5년~6년에 한 번씩 핵물질을 재충전하지 않으면 폭발력이 크게 떨어진다는 관측이 있다(다만 고농축 우라늄탄

---

19 이윤진, 핵무기 포기 결정 요인에 대한 비교 연구 -남아프리카 공화국, 우크라이나, 리비아의 사례를 중심으로-, 연세대학교 대학원, 2009, pp. 28-79.

은 반영구적이다).[20] 우크라이나 입장에서 유지 보수할 능력이 없는 핵을 포기하고 경제적 지원과 군사적 안전을 보장받는 것이 합리적이었기 때문에 핵을 포기했을 수 있다.

또 이란은 핵을 포기한 게 아니라 동결하는 조건으로 국제 사회(미, 영, 프, 러, 중+독)와 합의했다. 2015년 합의 이후 핵 개발 동결 기간(정확하게는 우라늄 농축 제한)은 최대 15년이었는데, 이 기간이 지나면 핵무기를 만들든 무엇을 하든 이란의 자유였다. 그 사이 이란은 서방의 경제제재를 벗어나는 조건이었고, 국제 사회는 이란이 경제적 상호 의존에 얽히면 더 이상 핵 개발에 나서지 않을 것으로 보았을 가능성이 높다.

이와 함께 리비아 카다피 대통령이 2003년 12월 19일 대량살상무기 포기를 발표한 것은 첫째, 군사적 압박 때문이라는 시각이 있다. 미국의 이라크 침공(2003년 3월) 이후 사담 후세인 대통령이 생포된 지(2003년 12월) 6일 후에 리비아는 대량살상무기 포기를 선언했다. 둘째, 미국과 영국의 수년간에 걸친 외교적 노력 때문이라는 주장도 존재한다. 마지막으로 리비아 내부에서는 경제 회생과 정권 유지 차원의 결정이었다는 분석[21]도 나온다.

결국 이 국가들도 북한처럼 비핵화 과정에서 국제 사회의 압박을 받거나 갈등이 있었지만 핵 확산을 금지한 국제 사회(NPT)의 기대에

---

20 신동아, 숨겨둔 핵무기 사용 연한은?, 2018. 6. 20.

21 이윤진, *ibid*, 2009, pp. 66-67.

부응하는 조치를 내렸다. 일각에서 우크라이나와 리비아가 핵을 포기하지 않았다면 전쟁에 휩싸이거나 몰락하지 않았을 것이라는 지적을 내놓고 있지만 과거에 대한 가정은 무의미하다. 우크라이나의 경우 앞에 제시한 부분에 더해 1990년대 공산주의 체제가 몰락해 안보 위협에서 벗어났다는 판단 때문에 핵을 포기했을 수 있다. 비록 현재(2023년)는 전쟁(우크라이나)에 휩싸였거나 정치적 불안정(리비아)이 존재하지만 여전히 국익의 가장 큰 가치인 주권 국가로 남아있다.

억지로라도 리비아 모델을 토대로 북한의 핵 보유에 대한 정당성을 부여한다면, 북한은 국가 생존보다 김정은 개인의 생존 때문에 핵을 가지려 한다는 설명이 가능하다. 카다피는 사라졌으나 리비아는 존재하기 때문이다. 다시 말해, 백두혈통 생존이 핵 보유의 목적이라면 백두혈통이 존재하는 한 비핵화는 불가능할 수 있다. 특히 북한은 우크라이나와 달리 자체적으로 핵을 개발했고 유지 보수할 능력을 갖추고 있다. 또 중국과 러시아를 뒷배로 두고 안정적인 체제를 유지하고 있어 정치적으로 불리한 위치에 있지도 않다.

또 북한은 미국의 위협을 거론하며 자주국방과 생존적 차원에서의 핵 개발의 정당성을 강조하고 있지만, 오랫동안 추구해 온 혁명의 수단을 갖추기 위한 기만 전략일 가능성도 존재한다. 따라서 과거의 비핵화 모델을 토대로 단계별 비핵화(비핵화 단계별로 제재 해제)나 스냅백(Snap back, 단계별 비핵화 미이행 시 제재 유지) 등 각종 주고받기식 협상이 성공할지는 미지수이다. 김일성 신화로 형성된 북한의 전략문화를 간과한 것일 수 있기 때문이다. 이미 신화로 격상된 핵은 북한 전략문화의 최고 정점에 있다.

이러한 전략문화적 시각에 근거하면 앞서 제시한 4개의 비핵화 국가 가운데 굳이 참고할 수 있는 북한 비핵화 모델, 즉 합리적 비핵화 모델은 셀프 비핵화에 가까운 남아프리카 공화국의 신념이 제일 가까울 수 있다.

결국 권력 공동체의 신념(belief)과 신화(myth) 속에 장기간 형성되어 온 북한의 전략문화에 대해 합리성을 다투는 외부 변수가 미치는 영향력은 극히 제한될 수 있다. 미제와 그 추종 세력을 물리치고 외세로부터 해방을 통해 혁명을 완성하는 것이 목표인 북한 사회주의 전쟁관의 기조도 이를 뒷받침 한다. 이러한 공격성은 1948년 국가 설립 이전부터 강조돼 온 김일성 신화를 바탕으로 한 **혁명전통**과 만인 대 만인의 투쟁인 **홉스적 문화, 핵 개발, 정치 엘리트**를 배후 요소로 삼아 발전해 갔다.

이 가운데 책에서는 북한 전략문화의 문화적 배경을 혁명전통에 있다고 보았는데, 북한이 매체 등을 통해 공개한 여러 메시지와 1987년 발간한 『영광스러운 우리 당의 혁명전통』, 김정은 위인전으로 불리는 2020년 발간 『위인과 강국시대』라는 북한 서적 등을 근거로 했다. 북한의 최고 권력기관인 조선노동당의 규약 속에도 혁명전통 개념이 녹아 있다. 혁명전통과 홉스적 문화의 개념에 대해서는 뒤에 다시 설명하기로 한다.

오늘날 합리적 국가는 국제법이나 규범, 규칙을 대체로 준수한다. 이른바 합리적 선택을 선호하는데, 그러나 "국제법은 침략을 비난하지만 일단 침략이 성공한다면 비난을 멈춘다"는 주장처럼[22] 무엇이 합리적 선택인지는 주관적 판단이 작용할 수 있다. 북한이 핵무기를 가장 선호하는 국익으로 본다면 그들 스스로 핵 보유는 합리적이라고 생각할 것이다. 따라서 핵 개발을 포기하지 않을 것이다. 또 남한을 향한 도발에 사과하지 않거나 도발을 멈추지 않는 것도 그들 스스로는 합리적 선택이라고 믿기 때문일 수 있다.

우리가 이렇게 국제규범을 무시하는 북한과 마주하고 있는 것은 큰 불행이다. 그러나 현실은 엄존하는데, 전략문화적 관점은 이에 대한 대처 방법으로 또 다른 인식 기준을 제공하게 될 것이다.

1980년대에는 국제관계, 1990년대에는 비교 정치 등으로 적용이 넓어졌던 합리적선택이론은 국가의 행동을 설명하는 방법 가운데 하나이다. 합리적선택이론에서 국가는 주어진 상황에서 가장 선호하는 결과를 가져오는 방안을 선택한다.[23] 이 **선호**(preferances)와 **기대**(expectations)가 행동을 만든다는 것이다.[24]

그러나 선호나 기대가 예측을 벗어날 수 있다는 시각도 존재한다. 이는 사회적 관습, 규범, 아이디어, 문화적 특성 등과 같은 비합리성이나 제한적 합리성 때문인데, 따라서 이 부분도 함께 고려되어야

22　Hedley Bull, *The Anarchical Society: A study of Order in World Politics*, 헤들리 불, 무정부 사회, 진석용 옮김, 2012, p. 183.

23　Graham Allison and Philip Zelikow, *Essence of Decision: Explaining the Cuban Missile Crisis.* 그레이엄 앨리슨, 필립 젤리코, 결정의 본질, 김태현 옮김, 2020, p. 43.

24　Alexander Wendt, 국제정치의 사회적 이론: 구성주의, 박건영, 이옥연, 구갑우, 최종건 옮김, 2015, p. 173.

행동의 이유에 대한 적절한 설명이 가능하다는 것이다.[25]

북한의 핵을 예로 들면 핵 보유나 비핵화 가운데 무엇을 **선호**하는지, 비핵화를 한다면 **보상 기대**의 범위가 어디까지인지 가늠하기 어려울 수 있다. 비핵화와 보상을 놓고 마주했던 협상은 반복적으로 실패했다. 그렇다면 앞으로도 비핵화를 목표로 북한의 합리적 선택을 유도하거나 북한의 합리적 선택에 기대며 진행되는 주고받기식 협상은 타협점을 찾지 못할 것이라는 추정이 가능하다. 남북정상회담이든 실무회담이든 남북 간 협상도 이 틀에서 크게 벗어나지 않는다. 합의하고 돌아서면 다시 과거로 돌아가는 북한의 모습을 보라.

이러한 게임론적 방법과 달리 **전략문화이론**은 이른바 합리적 선택 이론에서 제시하는 합리성의 범위에 역사나 문화 같은 **비합리적 요소**를 접목시켜 발전해 왔다. 따라서 북한이 갖는 합리성의 범위에 영향을 미치는 요소를 좀 더 살펴보면 북한이 왜 지금과 같은 행동을 하는지에 대한 또 다른 시각을 얻을 수 있다. 북한의 선호나 기대가 주고받기식의 게임협상에 영향을 받는 것이 아니라 북한 내부에 오랫동안 내재된 전략공동체의 지배 습관을 따를 수 있기 때문이다.

그렇다면 북한에 형성된 신화는 조건이 무엇이든 크게 변하지 않을 수 있다. 그러나 이러한 결론을 내리면 무언가 허망해진다. 과거 미국 오바마 정부가 추진했던 전략적 인내 정책, 즉 제재와 압박을 앞세워 북한이 스스로 변하기를 기다렸던 핵심 정책이 결과적으로

---

25 정준표, 합리적 선택이론에 있어서 합리성의 개념, 대한정치학회보 11집 2호, 2003, pp. 434-435.

실패했는데 또 비슷한 걸 제기하느냐는 지적도 제기될 수 있다. 그러나 오바마 정부의 전략적 인내는 단기간에 그쳤다는 점이 변수다.

그런데도 왜 전략문화 접근법인가를 주장하는 이유는 30년간 변하지 않는 북핵 문제의 배경을 다른 시각으로 보기 위해서다. 일각에서는 전략적 인내를 넘어 지금까지 한 번도 해보지 않은 것을 하자며 무관심론을 거론하기도 한다. 남한을 직접 타격하는 도발을 하지 않는 한 아무것도 하지 말자는 것이다. 바꾸어 말하면 **무관심 전략**이다. 이것도 해보고 저것도 해보았지만 뚜렷한 답을 얻지 못한 현실에 대한 자조이다.

그런데 주식시장에서도 이와 비슷한 투자 방법이 있다. 가격이 빠질 만큼 빠지거나 시장에서 소외돼 사람들의 무관심이 극에 달했을 때가 매수 적기라는 것이다. 등락의 주기는 반복된다는 믿음을 갖고 최대의 효용을 얻기 위해 무관심한 상태로 인내할 수 있는지가 관건이다. 수시로 인과 관계를 다투는 선호나 기대에 따라 행동하는 것이 아니라 신념에 근거한 판단을 내리기 때문에 합리적 선택과는 무관할 수 있지만 차선책은 될 수 있다.

4. 기대는 전략을 바꾸지 못한다

전략문화이론을 처음 개념화한 잭 스나이더도 합리적선택이론에 대해 의문을 둔 것으로 보인다. 그는 전략의 독특한 접근 방식이 고착화되면 환경(situation)이 변화해도 전략이 지속되는(persist) 경향이 있다고 밝혔다.[26]

이에 따라 합리적선택이론에서 설명하는 최대의 기대 효용이 나타나더라도 전략은 쉽게 바뀌지 않는다. 이를 북한에 적용하면, 공세적 전략문화를 추구해 온 그들의 습성상 비핵화를 기대하는 협상은 쉽지 않을 것이라는 가정이 가능하다. 그들이 생각하는 최대의 기대 효용이 무엇인지 도 정확하게 알 수 없다. 비핵화 협상에 나설 때마다 남한과 미국은 북한의 안보나 김정은 개인의 안전, 경제적 보상 등을 언급했지만 북한은 끝내 문을 닫았다.

전략문화이론의 첫 근거가 된 소련도 비슷한 경로를 밟았다. 소련

---

26 Kim Sung Soo, *Strategic Culture and Its Limited Application in Doing Strategy*, 공사논문집, Vol.68 No.1, 2017, pp. 42-43.

의 전략문화는 유라시아 지역으로 팽창했던 과거 러시아 제국의 전통 목표와 전 세계 공산주의화 전략이 접목되거나 통합됐다는 게 기존의 분석이다. 1917년 볼셰비키 혁명 훨씬 이전부터 있었던 팽창 전략을 혁명 이후에도 계승하며 고유의 전략문화가 형성됐다는 시각도[27] 여기에서 비롯된다. 소련을 뒤이은 러시아는 지금도 팽창 중이고, 존스턴의 예측대로 중국 역시 공세적 전략문화를 여전히 구사하고 있다. 과거 소련이나 현재 중국의 행동이 밖에서 예측하는 합리성 외에 다른 이유가 있을 것이라는 추정을 가능하게 한다.

이에 따라 존스턴은 미국도 러시아가 합리성을 추구하지 않을 거라는 것에 대해 미 관료들도 인지하고 있음을 지적하고 있다. 그는 "미국 정책입안자들은 예상대로 소련이 상호확증파괴억제전략(Mutual Assured Distruction Deterrence Doctrines)을 채택하지 않을 것이라고 분석했다"고 밝혔다. 상호확증파괴는 이른바 **'공포의 균형'**의 일종인데, 공격을 받더라도 타격 능력을 갖춰 대응할 수 있으므로 심각한 피해를 입을 수 있는 행위를 서로 억제한다는 개념이다.

소련이 미국의 뜻을 따르지 않을 것이라고 예측한 이유는 소련은 자신의 역사성을 더 선호할 것이라고 보기 때문이다.[28] 이 때문인지 미-소간에 진행된 핵 군축 협상은 억제에는 어느 정도 성과를 냈지만 핵무기를 완전히 내려놓지는 못했다. 1969년대 말 시작된 전략무

---

27 Lawrence Sondhaus, *Strategic Culture and Ways of War.* 로렌스 손드하우스, 전략문화와 세계 각국의 전쟁 수행방식, 이내주 역, 육군 화랑대연구소, 2007, pp. 58-59.

28 Alastair Iain Johnston, *ibid*, 1995, p. 2.

기제한협정(SALT: Strategic Arms Limitation Talks)은 1980년대 전략무기감축협정(START: Strategic Arms Reduction Talks)으로 이어졌으며 지금은 신전략무기감축협정(New START)이 진행되고 있다.

박창희도 러시아 전략문화에 대해 "역사적 경험과 지정학적 여건의 산물에 따른 것"이라고 밝혔다. 즉 "스스로를 방어하기 위해 대외적으로 팽창정책을 추구하지 않을 수 없었고, 내부적으로는 정권과 군부 간에 긴장이 조성되면서 대외적으로 국력을 효율적으로 발휘하는데 제약 요소로 작용하고 있다"[29]는 것이다.

초기 전략문화이론은 이렇게 합리적 선택을 따르지 않는 소련의 최대 기대 효용과 팽창 전략을 유지하려는 이유가 무엇인지를 분석하면서 발전되었다. 그렇다면 남북의 역사성과 같은 비합리성도 국가 행동의 중요 원인이 될 수 있음을 파악할 수 있고 비합리성을 추구하는 북한의 전략문화에 맞서 새로운 대북정책을 고민해 볼 수 있을 것으로 판단된다. 스나이더도 "전략문화 이론은 합리적 행위자 모델의 한계에 대한 보완적 측면 혹은 모든 방법들이 실패했을 때 유일한 설명 방법으로 사용될 수 있다"[30]고 설명한 바 있다.

이는 외교정책을 연구할 때 문화나 문화 정체성의 영향을 연구하는 것 또한 많은 가능성을 제공해 준다는 정치학자 밸러리 허드슨(Valerie M. Hudson)의 지적[31]과 연결된다.

---

29 박창희, 군사전략론, 2018, pp. 432-433.

30 Kim Sung Soo, *ibid*, 2017, p. 45.

31 Valerie M. Hudson, *Foreign Policy Analysis: Classic and Contemporary Theory*. 밸러리 허드슨, 외교정책론, 신욱희, 최동주, 조윤형, 김재천 옮김, 2009, pp. 177-211.

이러한 전략문화적 특성은 국제정치이론의 한 범주를 구성하고 있는 구성주의 시각과도 맞물려 있는 것으로 보인다. 예를 들어 핵무기는 절대적 힘을 과시하는 또 다른 수단이 되었지만 핵무기를 지녔어도 팽창을 시도하지 않는 국가가 있다. 국가 내부에 형성된 관념을 따르기 때문인데, 힘이 있더라도 갈등보다는 협력을 우선시하는 국가 내부의 사회적 관념으로 인해 팽창을 자제한다는 것이다.

구성주의 시각은 바로 이러한 점을 지적하고 있는데 대표적인 학자인 알렉산더 웬트(Alexander Wendt)는 세계 각국 가운데 특히 동북아시아의 갈등 구조를 관념에 따른 구조로 설명하고 있다. 그는 "동북아시아의 갈등은 왈츠의 신현실주의에서 강조하는 물질적 요인, 즉 힘이나 이익에서 비롯되는 것이 아니라 관념적 요인에 있다"고 주장한다. 그러면서 '**관념**'은 **이념과 문화, 역사**라고 강조했다.[32]

이 설명에 따른다면 남북 간 갈등의 원인에 대해 권력투쟁보다 관념 차이가 더 클 수 있다. 또 갈등을 없애기 위해서는 권력투쟁보다 이질적인 문화나 역사와 같은 관념 문제를 우선 해결해야 한다는 추측이 가능하다. 남북의 이질감 가운데 가장 으뜸은 이념일 것이며, 북한의 백두혈통, 최고존엄, 세습과 같은 왕조적 문화 또한 마찬가지다. 북한이 이러한 일관된 전략문화를 갖고 있다면 남북이 갈등을 해소하고 통일로 나아가기는 어렵다.

북한은 2020년 주민 통제를 강화하기 위해 **반동사상문화배격법**을

---

32 Alexander Wendt, *ibid*, 2015, p. 9.

만들었는데, 주요 내용은 남한 영화나 드라마 등 이른바 괴뢰 문화를 보거나 유포하면 최대 사형까지 처할 수 있도록 했다. 과거보다 강화되고 있는 그들의 습성을 보면 체제를 위협하는 남한의 자유 문화는 절대로 받아들이기 어려울 것이며 남한 역시 마찬가지다. 전쟁을 제외하고 이런 관념 문제에 따른 갈등이 해소되려면 단절된 기간만큼의 대화나 교류의 시간이 필요할지도 모른다.

웬트의 또 다른 설명을 보면 무정부 상태의 압력이 행동을 결정한다는 왈츠의 주장과 달리 압력이 있더라도 행동의 방향과 크기는 사회적 맥락에 따라 달라진다고 보았다. 웬트는 그 사회에 퍼진 관념에 따라 압박과 행동이 항상 일치하지 않는다고 지적한다. 그러면서 "500개의 영국의 핵무기는 북한이 가진 5개의 핵무기보다 위협적이지 않으며 이는 핵무기에 대한 공유된 이해 때문"이라고 주장했다. 이어 "파괴의 힘에 의미를 부여하는 것은 파괴의 관계들"이라고 강조했다.[33] 즉 영국의 핵무기보다 북한의 핵이 더 위험한 건 핵무기 숫자가 아니라 북한에 대한 인식 때문이라는 것이다.

북한이 이런 **평판**(reputation)을 받게 된 건 지난 수십 년간 축적된 북한의 공격적이고 공세적이고 도발적 행동 때문이다. 평판은 상대방에 대한 판단 기준이고 미래 행동에 대한 예측 기준으로 작용한다. 따라서 누가 핵을 갖느냐에 따라 압박은 더할 수도 있고 덜할 수도 있고 이로 인해 국가의 행동도 달라질 수 있다. 북한의 핵무기 보

---

33 Alexander Wendt, *ibid*, 2015, pp. 362-363.

유에 국제 사회가 우려하고 비핵화를 압박하는 이유도 여기에 있다.

웬트는 또 국제 체제가 무정부적이라는 신현실주의적 접근은 인정하지만 무정부적 상태가 국가마다 동일한 의미를 갖지는 않는다고 주장한다. 그러면서 국가의 정체성에 따라 국제 체제의 의미가 결정된다고 강조한다. 웬트는 물리적 힘을 강조한 왈츠와 달리 물질적인 국제 체제와 개별 국가의 정체성에 의해 나타나는 사회적 측면, 즉 그렇게 생각할 수밖에 없게 만든 역사나 문화 등을 통해 형성된 평판이나 관념적 측면을 동시에 고려해야 한다고 밝히고 있다.[34]

이에 따라 웬트는 무정부적 국제 체제가 어떤 문화를 갖느냐에 따라 국가 간 관계도 달라진다고 분석했다. 그 세 가지 국제 체제 문화는 첫째, 만인 대 만인의 투쟁인 **홉스적 문화**, 둘째, 다원적 안보공동체로 평화를 지향하는 **칸트적 문화**, 셋째, 집단이나 사회 정체성, 즉 제도주의적 성향을 띠는 **로크적 문화**로 구분한다.[35]

웬트의 이러한 국제 체제는 여러 해석을 낳았다. 먼저 "홉스적 문화는 안보보다 권력을 추구하는 국가가 있다는 미어셰이머 교수의 공격적 현실주의에서 묘사하는 세계이며, 칸트적 문화는 국내 여론과 같은 변수를 강조하는 자유주의 이론인 민주평화론을 언급하는 세계"이다. 마지막으로 "로크적 문화는 국제협력(UN 등)의 가능성을 분석하는 로버트 코헤인의 제도주의 이론에서 등장하는 세계"[36] 등

34 이근욱, *ibid*, 2009, pp. 240-249.

35 Alexander Wendt, *ibid*, 2015, pp. 368-425.

36 이근욱, *ibid*, 2009, pp. 250-253.

으로 제시됐다.

따라서 만인 대 만인의 투쟁으로 대표되는 정치철학자 홉스(Thomas Hobbes, 1588년~1679년)를 빗댄 홉스적 문화 상태에서 상대에 대한 인식은 적이며, 이에 따라 적대감을 표출하고, 끊임없이 죽느냐 죽이느냐의 관계로 발전한다. 공동선을 강조한 영국 정치 사상가 존 로크(John Locke, 1632년~1704년)의 관념에서 비롯된 로크적 문화에서는 적이 아닌 경쟁하는 친구 관계이고 이에 따라 공존이나 공생을 추구한다. 마지막으로 영구평화를 추구했던 독일 철학자 이마누엘 칸트(Immanuel Kant, 1724년~1804년)의 칸트적 문화에서는 국제체제는 모두가 친구이고 우정을 쌓으며 영구평화를 지향한다.[37]

웬트의 세 가지 문화가 현실주의적 측면이 강조됐다는 점에서 구성주의의 관념을 벗어났다는 것은 아니다. 관념이 세 가지 문화 속에 나타난 국가 간 힘의 의미와 내용, 이익을 추구하는 전략, 이익 자체를 결정한다는 정의는 지켜지고 있다. 관념이 힘과 이익보다 더 중요하다는 것이 아니라 오히려 힘과 이익을 구성한다는 것이다.[38] 이에 따라 그는 "홉스적 문화의 높은 사망률은 로크적 문화로 가는 동기를 만들고, 로크적 문화의 지속적인 폭력은 칸트적 문화로 움직일 유인을 만든다"[39]고 밝혔다.

전략문화이론과 구성주의 관념은 힘을 강조했던 현실주의 혹은 신

---

37 이근욱, *ibid*, 2009, p. 251.

38 Alexander Wendt, *ibid*, 2015, p. 433.

39 Alexander Wendt, *ibid*, 2015, p. 437.

현실주의 국제정치이론을 보완해 국가의 행동 원인을 분석하는데
또 다른 지혜를 주고 있음을 볼 수 있다. 앞서 설명했듯이 현실주의
처럼 국가는 권력이나 이익 등을 위해 물리적 힘을 추구한다는 분석
도 중요하지만 정체성과 역사, 문화, 언어, 상징, 은유 등을 분석하는
전략문화 이론을 통해 국가의 행동을 보완적으로 살펴보는 것도 필
요하다.

완전히 다른 인식을 만들어 낸 영국의 핵무기와 북한의 핵무기가
구성주의 관념의 사례라면, 군사전략을 만들 때 오랫동안 그 사회에
생성되거나 지배연합 의 의지에서 비롯된 문화를 반영한다는 전략
문화이론과 접점을 유지하고 있다고 볼 수 있다.

웬트의 관념에 비춰보면 평화를 추구하는 **남한**은 칸트적 문화 관
점의 **유사전략문화**를, 공격적 성향의 **북한**은 만인 대 만인의 투쟁인
홉스적 문화의 **전략문화**를 추구하면서 갈등과 충돌을 지속하고 있
다는 판단이다. 다만 공존을 강조하는 로크적 문화의 지속적인 폭력
(절멸이 아닌 싸움)이 칸트적 문화를 유인한다는 개념에서 보면 남한만
이라도 칸트적 문화를 지속적으로 추구해야 한다는 지적이 있을 수
있다.

그러나 북한은 남한의 힘과 평화 우선 정책에 대한 불신이 적지
않다.[40] 따라서 칸트적 문화로 가기에 앞서 북한을 홉스적 문화에서

---

[40] 30년 가까이 유지되고 있는 국방목표는 "외부의 군사적 위협과 침략으로부터 국가를 보위하고 평화통
일을 뒷받침하며 지역의 안정과 세계 평화에 기여"하는 것이다. 대한민국 국방부, 「1994-1995 국방백
서」, p. 20.

공존을 강조하는 로크적 문화로 유인할 수 있는 방안에 대한 필요성이 제기될 수 있지만 상호주의가 결여된 북한에게 이를 기대하는 것은 절망적이다.

북한이 홉스적 문화를 추구한다고 가정했지만, 북한이 대화에 나서며 정상 국가화를 시도할 때는 도발을 멈추고 방어우위 상황이 있었던 점도 존재한다. 이는 홉스적 문화가 아닌 로크적 혹은 칸트적 문화를 추구한 것으로 볼 수 있겠지만 공격 본능의 과거 회귀를 반복해 오고 있다는 점에서 홉스적 문화에 기반한 북한 전략공동체의 공격우위신화는 계속 유지되고 있다.

남북 전략문화의 기원

정치 군사 사회문화적 요인

한반도의 오래된 지리전략적 위치는 공격보다는 방어, 전쟁보다는 평화와 세력균형을 통해 생존을 모색하는 것이었다. 이러한 전략문화는 분단과정에서 방어 대 공격이라는 서로 다른 전략문화를 지니게 된다.

1. 추측에서 과학으로, 존스턴의 등장

　기존 연구를 보면 전략문화 이론은 세 단계에 걸쳐 발전해 왔다. 1977년 잭 스나이더에 의해 전략문화 개념이 정립된 이후 1세대 전략문화는 1970년대 말-1980년대 초에 본격 등장했다. 당시에는 주로 미국과 소련의 핵전략 차이의 원인을 역사적 경험과 정치문화, 지리 등을 변수로 돌리고 있다. 1980년대 중반에 등장한 2세대 전략문화론은 정책결정자들이 생각하거나 말하는 것과 실제 행동 사이에 나타나는 차이에 대해 집중했다. 중요한 것은 존스턴으로 대표되는 제3세대다. 1990년대에 등장한 3세대 전략문화는 개념이나 방법논리적 측면에서 더욱 엄격해졌다. 이 세대들은 신현실주의자(neorealist)들의 이론에 맞지 않는 방법을 찾기 위해 조직이 전략적 선택을 할 때 나타나는 문화적 규범의 역할에 대한 연구에 집중했다.[41]

　1, 2세대 전략문화 이론가들과 달리 존스턴 등 3세대 전략문화 연

41　Alastair Iain Johnston, *Cultural Realism in Chinese History*, 1995, pp. 5-18.

구자들은 전략문화 개념의 정당성을 확립하기 위해 과학적 방법론을 구축할 것을 주장한 것이 가장 큰 특징이다. 이들은 앞세대들과 달리 존스턴의 접근법인 문맥 분석을 과학적 방법론으로 제시했는데, 이를 통해 특정한 정책 결정에 영향을 미친 보다 구체적인 전략문화적 요소를 하나하나 추적해 내는 작업에 초점을 맞췄다.[42]

스나이더가 전략공동체의 습관적인 행동 패턴의 총합을 전략문화의 개념으로 제시했다면 2세대 전략문화 연구가 켄 부스(Ken Booth)는 전통적 상징을, 3세대 전략문화 연구가 존스턴은 상징을 더 구체화 시켜 논법의 구조와 언어, 은유 등을 전략문화를 생성시키는 요인에 포함했다. 또 전략문화가 전략 이슈 형성에 도움을 준다고 밝혀 전략적 행동의 근원이 전략문화에 있음을 밝히고 있다. 켄 부스의 상징과 존스턴의 언어, 은유 등과 같은 문맥은 그 공동체의 전략문화를 형성하는 요인이 된다. 이들로 인해 초기 스나이더의 전략문화 개념이 더 확장됐다.

존스턴의 방법론으로 남북관계 속에서 전략문화적 현상을 찾아보자면, 서로 계속 사용돼 온 언어 그 자체나 은유적 표현 모두를 전략문화로 가정하고 이에 대한 분석이 가능하다. 남한은 평화나 통일 혹은 공존과 협력, 억제, 한미동맹이라는 언어를, 북한은 핵 개발이나 도발 과정에서 나타난 공격적 언사와 혁명전통, 백전백승, 혁명 등의 언어를 주로 사용했다면 그 자체가 전략문화를 형성하는 **상징** 혹은 **문**

---

42 황일도, 북한의 전략문화와 군사행태 - 핵무기 개발, 재래식 전력배치, 연평도 포격사례를 중심으로, 2012, p. 37.

맥이 된다.

예를 들어 북한의 경우 2023년 3월 1일 북한 김정은은 노동당 중앙위원회 제8기 제7차 전원회의 확대 회의를 끝내면서 "알곡 고지를 기어이 점령하고 농업발전의 전망 목표를 성과적으로 달성해 나가자"라고 강조했다(조선중앙통신, 2023.3.2). 여기에서 **'알곡 고지' '점령'** 등과 같은 문맥은 군사적 용어로 볼 수 있는데, 이뿐만 아니라 북한 매체의 보도를 보면 매일 혁명과 관련된 문맥이 빠지지 않고 등장한다. 따라서 북한은 군사문화에 휩싸인 국가라고 추정할 수 있다.

이러한 문맥은 전략문화적 분석과 연결된 지점이다. 중국 명나라에서 무경칠서 문맥 개념이 생활화한 것이 공세적 전략문화로 이끄는 요인이 됐다는 존스턴의 주장과 흡사한 형태이다.

존스턴의 이 연구는 역사적 배경이나 지리적 배경에 집중돼 과학적 검증이 부족하다는 비판을 받고 있던 전략문화이론을 사회과학의 범주로 끌어올렸다는 평가를 받는다. 존스턴은 이를 토대로 중국이 손자의 부전승론처럼 전쟁과 폭력을 혐오하는 '공자-맹자 패러다임'을 추구해 전쟁을 회피하고, 정복 대신 징벌을 통해 외교적 협력을 모색해 왔다는 기존의 페어 뱅크(John K. Fairbank — 중화주의 조공체제론 주장)적 시각을 반박했다.[43]

이밖에 켄 부스 등과는 달리 콜린 그레이(Colin S. Gray)는 독특한 역사적 경험과 지리적 기반을, 롱허스트(Long Hust)는 신념과 태도

---

[43] 박창희, 중국의 전략문화 — 전통과 근대의 부조화, 2015, pp. 29-37.

등도 전략문화 개념으로 정의했다. 마찬가지로 남북관계에 이러한 문맥의 상징성이 녹아 있는지 등을 보는 것도 의미 있는 일로 판단된다. 남북한이라는 국가가 만들어진 역사적 배경과 국가를 유지하기 위한 신념에 대해 비교해 보는 일인데, 존스턴의 색다른 해석을 좀 더 살펴보면 다음과 같다.

케네스 왈츠는 국가의 행동에 정체성과 문화, 역사적 경험은 무의미하며 안보를 위해 '**상대적 힘**'이 중요하다고 보았다. 그러나 존스턴은 "강대국이라 해도 현실에서는 다르게 행동하며 안보 효용에 두 개 이상의 균형점이 있다면 국가들은 정체성이나 문화의 측면에서 좀 더 친밀하고 수용할 만한 균형점을 선택한다"[44]고 반박했다. 존스턴은 자신의 이러한 개념을 **문화 현실주의**(Cultural Realism)라고 불렀다.

이 책에서는 상대적 힘을 강조한 왈츠의 현실주의적 시각보다 존스턴의 전략문화적 개념을 위주로 남북 전략문화 관점을 설명하고 관념을 강조한 웬트의 구성주의적 시각(국제 체제의 문화 유형-홉스, 로크, 칸트적 문화)을 보완적 개념으로 다뤘다.

---

44 이근욱, *ibid*, 2009, pp. 264-265.

2. 전략과 전략문화, 유사전략문화

그렇다면 전략과 전략문화, 유사전략문화는 어떻게 다를까. 전략 (戰略: Strategy)은 과거부터 전쟁, 즉 국가의 생존 문제와 맞물려 발전된 단어다. 온창일은 "고대 그리스 국가들은 방진(方陣: phalanx)이라는 부대를 보유하고 있었는데 이 군대는 군사령관을 의미하는 스트레테구스(strategus, 혹은 straegos)가 지휘했다"며 "군사령관은 승리를 위한 지혜를 동원할 목적으로 스트레테지아(strategia)라는 사령관실을 운영했고 전략이라는 어원은 여기에서 비롯되었다"[45]고 밝혔다.

독일의 군사 연구가 클라우제비츠(Carl von Clausewitz, 1780년~1831년)가 제기한 전략의 개념을 살펴보면 "전략이 관련을 맺고 있는 것은 전투뿐이며 전략은 전쟁의 목적을 이루려고 전투를 쓰는 것", "전략엔 지성과 감성의 힘도 있는데, 이 힘은 전투를 할 때 제일 중요한 힘" 등으로 나타난다. 그러면서 그는 "전체 전쟁 행동에 대해 전쟁

---

[45] 온창희, 전략론, 2013, pp. 13-14.

목적에 맞는 목표를 설정해야 한다"[46]고 강조한다.

영국의 군사 역사학자인 리델 하트(B.H. Liddell Hart, 1895년~1970년)는 그러나 "클라우제비츠는 전투만이 전략 목적을 위한 유일한 수단이라고 하는 결함을 내포하고 있다"[47]고 주장하며 대전략(Grand Strategy) 개념을 제시했다. 그는 "전쟁을 수행하는 국가가 정치적 목적을 달성하기 위해 모든 자원을 분배하고 조정하는 역할을 수행하는 것이자 전쟁 이후 평화까지 고려하는 것"[48]을 대전략으로 규정한다.

전략 이론가 콜린 그레이(Colin S. Gray) 또한 "명실상부한 군사력과 외교력, 첩보력, 은밀한 행동이나 긍정 혹은 부정적인 경제제재 등의 대전략에 의존하는 경향은 특정 문화를 특징짓는 경향이 있다"[49]고 설명한다. 노벨 경제학상 수상자인 미국의 경제학자 토머스 셸링(Thomas C. Shelling)도 "전략적 행동은 자신의 행동이 상대의 행동과 어떤 관련이 있을지 따져 상대의 선택에 영향을 주는 것"[50]이라고 밝히고 있다.

전략의 개념은 이처럼 다양하나 오늘날에는 군사적 문제뿐만 아니라 여러 의미로 사용되고 있다. 이 책에서 강조하는 전략문화 역시

46 Carl von Clausewitz, Vom Kriege. 칼 본 클라우제비츠, 전쟁론, 김만수 역, 2019, p. 237.

47 B.H.Liddell Hart, *Strategy*. 바실 리델 하트, 전략론, 주은식 옮김,, 2018, p. 451.

48 B.H.Liddell Hart, *ibid*, 1991, pp. 321-322.

49 Colin S. Gray, *Modern Strategy*, 1999, p. 150.

50 Thomas C. Shelling, *Strategy of Conflict*. 토마스 셸링, 갈등의 전략, 이경남 옮김, 남영숙 감수, 2013, p. 34.

마찬가지다. 각 국가의 군사적 결단을 내리는 배경에 영향을 미치는 요소를 연구하는 과정에서 전략문화적 접근법이 탄생했다. 따라서 전략문화 역시 국가뿐만 아니라 기업, 단체, 각급 기관 등 다양한 방면에 존재하는 전략공동체의 문화를 분석하는 데에도 사용될 수 있다.

전략문화 이론가는 아니지만 저명한 정치학자인 밸러리 허드슨도 전략공동체의 전략적 결정 배경에 문화의 중요성을 강조하고 있다. 그는 "국가 이익이나 지도자 개인의 리더십과 관련해 문화가 국가의 외교정책 혹은 국가의 정체성을 형성하는 데도 영향을 미친다"고 주장한다. 특히 "탈냉전 시대에 국가가 외교정책을 결정하는 과정에서 국제적인 세력균형을 고려하는 것 이상으로 국가 정체성과 문화가 중요하다"고 보았다. 이어 "지도자는 자신이 속한 국가의 문화에서 체득한 정치적 사회화 과정을 무시할 수 없다"고 보았으며, "서로 상이한 문화를 기반으로 외교정책의 차이를 설명하는 것은 매우 설득력을 지닌다"[51]고 강조한다.

이처럼 전략의 개념이나 전략적 행동은 시대나 학자에 따라 다양한 시각과 해석이 존재한다. 이 전략적 개념은 과연 어디에서 비롯됐는가를 두고 전략과 전략문화의 차이점이 발견된다. 스나이더에 의하면 전략문화는 전략 이슈 형성에 영향을 준다. 이에 따라 전략은 전략문화에서 비롯되며, 전략이 일관성-지속성을 유지할 경우 이는

---

51 Valerie M. Hudson, *ibid*, 2009, pp. 198-199.

고유의 전략문화가 될 수 있는 것이다.

승전 혹은 전투 목적을 이루기 위해 수단과 방법을 수시로 바꿀 수 있는 전략과 달리 전략문화는 역사와 전통, 문화 등에 기반을 두어 웬만한 충격 없이는 장기간 일관성이 유지된다. 따라서 전략문화는 전략에 비해 더 근원적이다. 문화가 접목된 전략은 한 사회나 집단의 일관된 행위나 신념 체계, 즉 쉽게 변하지 않는 반영구적 특징으로 자리 잡는다. 우리 속담의 '세 살 버릇 여든까지 간다'는 말을 떠올려 보라.

스나이더와 함께 1세대 전략문화 이론을 구성한 콜린 그레이도 "모든 인간은 문화적으로 학습된 존재이며, 모든 전략적 행동은 문화적이고, 문화를 벗어난 전략적 행동은 이뤄질 수 없다"[52]고 밝힌 것으로 보인다.

전략문화이론을 통한 분석이 확산하면서 개념 정의를 위한 포괄적 협의도 눈에 띈다. 2006년 미국 캘리포니아 몬테레이 주에서 미 국방위협감소국(Defense Threat Reduction Agency)의 주최로 열린 비교 전략문화회의가 그것인데, 그러나 결국 합의에 이르지 못했다.

다만 참석자들은 전략문화의 개념에 대해 "집단 정체성을 형성하는 공통의 경험에서 나온 행동 양식이며 공유된 신념이고, 이는 안보 목표를 달성하기 위한 적절한 목표와 수단을 결정한다는 의미를 지닌 것"이라고 의견을 모았다. 또 캐나다 해군 중위 출신인 멜라니

---

52 Colin S. Gray, *ibid*, 1999, p. 128, p. 142.

그레이엄(Melanie Graham)은 "전략문화는 역사적으로 형성된 안보 선호에 따라 사회의 문화적, 경제적, 정책적 가치와 우선순위를 공유한다"고 강조했다.[53] 러셀 하워드(Russell D. Howard)도 "전략문화는 국가의 전통과 가치, 태도와 행동 패턴, 습관, 상징이며 위협이나 군사력 사용과 관련한 문제를 해소하기 위한 특별한 방안"[54]이라고 주장하고 있다.

따라서 우리도 남북의 행동 특성과 정책, 그동안 강조해 온 문맥을 짚어가다 보면 남북 사이에 형성되는 갈등과 충돌의 근본적 원인을 설명하고 위에 제시한 러셀 하워드의 주장처럼 군사력 문제를 해소하는 방안을 찾을 수 있을지도 모른다.

랜티스는 이러한 전략적 행동을 결정하는 전략문화의 형성 요인과 관련해 지리와 기후, 자원도 국가의 전략적 사고를 하는 기본적인 요소가 됐다고 강조한다. 그는 또 국제관계 이론은 약소국과 강대국을 주로 규정하고 있지만 전략문화는 서로 다른 종류의 국가들은 각기 다른 전략적 문제에 직면하거나 각각의 물질적, 관념적 문제에 직면할 수 있다고 보았다.

랜티스는 이 밖에 군사 강령이나 민군관계 등도 전략문화 형성에 영향을 줄 수 있으며 신화와 상징 또한 전략문화 정체성의 발전 과정에 안정 혹은 불안정 요소로 작용할 수 있다고 밝히고 있다. 상징은

---

53 Russell D. Howard, *Strategic Culture*, JSOU Report 13-8, 2013, pp. 1-2.

54 Russell D. Howard, *ibid*, 2013, p. 2.

상식적 수준에서 사회적으로 인정된 형상이다.[55] 랜티스가 규정한 전략문화의 잠재적 요소는 다음과 같다.

〈표1〉 전략문화의 잠재적 요인

물질적 요인	정치적 요인	사회-문화적 요인
지리	역사적 경험	신화
기후	정치체제	상징
천연자원	엘리트 신념	문맥 정의
세대 변화, 기술	군사 조직	

마지막으로 유사전략문화는 전략과 전략문화적 성향은 있지만, 일관성-지속성이 흔들리는 것이다. 나는 일관된 전략문화를 추구하는 북한과 달리 남한의 전략문화적 성향은 일관성을 갖추지 못하고 있다고 판단해 이를 유사전략문화라고 규정했다.

유사전략문화의 구체적 설명은 뒤에 제시하겠지만, 남한이 이같은 문화를 형성한 것은 정치-사회적 배경이 그 원인이라고 보았다.

---

55 Jeannie L.Johnson, Kerry M. Kartchner and Jeffrey A. Larsen, Strategic Culture and Weapons of Mass Destruction, 2009, pp. 39-41.

3. 남북 전략문화는 어떻게 만들어졌나

❖ 정치적 요인

앞서 제시한 랜티스의 전략문화 형성 요인을 토대로 남북 전략문화 형성 요인을 살펴보면 남한 전략문화에 가장 큰 영향을 미친 것은 정치집단이다. 무엇보다 보수와 진보라는 이질적인 정치 성향이 이러한 결과를 이끈 것으로 보인다. 가장 큰 변동은 1998년 진보정권이 첫 집권을 하면서 등장하기 시작했다. 첫 남북정상회담이 열렸고 사회-문화적 교류도 활발하게 이어졌다. 전략문화에서 중요하게 다뤄지는 군사-안보적 가치도 요동쳤다.

김대중 정부에서 노무현 정부로 이어지는 10년 동안 진보정권은 북한을 현상유지 정권으로 보고 대북정책을 펼친 것으로 보인다. 현상유지적 시각은 국경선을 인정하는 원칙으로, 갈등보다 평화를 선호한다. 이는 김대중 정부 이전 북한을 현상타파. 즉, 국경을 위협하는 국가로 인식한 보수 정부와는 다른 근본적 변화이다. 다만 남북

간에는 국경선이 아닌 휴전선이 존재한다.

보수에서 진보로 정권이 바뀌었다는 건 대대적인 변화를 예고한다. 이를 설명하는 여러 개념들이 있으나 여기에서는 조직행태의 패러다임을 분석한 미국의 저명한 정치학자 그레이엄 앨리슨(Graham Allison)과 필립 젤리코(Philip Zelikow)의 설명을 근거로 제시하고자 한다. 이들은 프로그램화된 절차에 따르는 정부 조직이 극적인 변화를 초래하는 원인 가운데 하나로 '큰일'을 꼽았다. 즉 '큰일'이 터지면 정부 조직 내에 새로운 문화를 형성하게 되는 큰 변화를 겪게 된다고 강조한다.[56]

이 주장에 따른다면 건국 이후 수십 년간 계속됐던 남한의 정권이 1998년 보수에서 진보정권으로 교체됐다는 건 큰 변화를 예고한 셈이고 실제로 그렇게 진행됐다. 이는 별도의 설명이 필요 없을 정도로 많은 국민이 주지하고 있는 사실이기도 하다.

이는 인간 사회에서도 마찬가지다. 큰일이란 결혼이나 이혼이 될 수 있고, 집안의 애경사가 될 수 있다. 개인으로 보면 인생의 전환점이 되는 졸업이나 입학이 될 수 있고 취업이나 퇴직도 큰일이다. 남자에겐 병역의 의무도 있다. 인생의 이런 경로에서 우리는 무언가 선택을 해야 하는 상황이 발생하는 것처럼 국가도 마찬가지다. 국가의 행동도 결국 국가 내에 존재하는 인간의 행위에 따른 것이기 때문이다.

---

56 Graham Allison and Philip Zelikow, *ibid*, 1999, pp. 205-206.

정치적 요인 가운데 마지막으로 정치 엘리트의 신념이다. 정치 엘리트란 전략공동체의 지도자이고, 전략공동체의 결정에 도움을 주고 집행해 나가는 집단, 지배연합이다. 정치 엘리트를 지도자로 보면 남한에서는 대통령이고, 북한에서는 '최고존엄'이다. 정치 엘리트를 집단으로 규정하면, 남한에서는 청와대(현재는 대통령실)의 국가안보실 혹은 정부 협의체인 국가안전보장회의(NSC: National Security Council)이다.

북한에서는 김정일 시기에는 국방위원회, 김정은 시기에는 국무위원회다. 북한은 그러나 1인 전체주의 독재체제인 점을 감안하면 '최고존엄' 외에 엘리트 집단이 차지하는 위상은 큰 의미가 없다.

앞서 러셀 하워드는 전략문화 형성 주체를 '역사와 가장 영향력 있는 엘리트' 등으로 묘사했는데, 이는 국제정치를 학문으로 발전시킨 한스 모겐소(Hans Morgenthau)로 대표되는 고전적 현실주의 시각과도 맞물린다. 전략공동체를 차지하는 정치와 군사 엘리트의 인간 본성이다. 이들이 어떤 행위를 선호하는지에 따라 전략문화 역시 좌우될 수 있다. "정치는 사회와 마찬가지로 인간 본성에 지배를 받으며, 정치 법칙의 근거가 되는 인간 본성은 변하지 않는다"[57]고 한 한스 모겐소의 주장이 이를 뒷받침한다.

결국 국가의 행동이 국가 내에 존재하는 엘리트에 의한 행위에서 비롯되고 이것이 그 국가의 전략문화를 만들어 낼 수 있게 된다는

---

[57] Hans J. Morgenthau, *Politics Among Nations* : the struggle for power and peace. 한스 모겐소, 국가 간의 정치 1, 이호재-엄태암 옮김, 2014, p.83, p. 87.

논리다. 그러나 권위주의 국가와는 달리 국민 여론을 살피는 다원화된 국가의 경우 엘리트 주도의 전략문화를 일방적으로 만들어 낼 수 없다는 시각도 존재한다. 주로 북한이나 중국, 러시아와 같은 권위주의 체제에서나 지도자의 의지에 따라 전략문화가 만들어질 수 있다는 것인데, 뒤에 제시하겠지만 전략문화는 국가 혹은 비국가 행위자 등에서 다양하게 나타나고 있는 모습이 확인되고 있다.

모겐소와 달리 국제관계를 무정부 체제에 의한 갈등 관계로 묘사하고 있는 신현실주의자 케네스 왈츠는 인간 본성의 한계를 제시하기도 한다. 그는 "인간의 한계는 선천적이나 이 한계를 극복하려는 인간의 욕망 또한 선천적이고, 인간이란 무한한 열망을 품은 유한한 존재이며, 스스로를 거인이라고 생각하는 난쟁이"[58]라고 주장했다.

따라서 전략문화이론은 왈츠의 신현실주의보다 모겐소의 인간 본성과 앞서 제시한 구성주의의 관념적 접근 방법에 더 가깝다. 이는 신현실주의 접근법을 무시하는 게 아니라 보완적 개념이며, 앞서 제시한 랜티스의 가정을 빌리면 모겐소의 설명대로 엘리트의 신념 혹은 본성이 국가의 전략문화를 만드는 요인 가운데 하나가 될 수 있는 것이다.

공세적 전략문화가 명백한 북한과 달리 남한에서는 정치적 성향을 달리하는 지도자가 나타나면서 정권을 뛰어넘는 일관성 있는 전략이 형성되지 못했다. 1인 지배 체제인 북한과 달리 남한 지도자의 각

---

58 Kenneth Neal Waltz, Man, the State and War. 케네스 왈츠, 인간, 국가, 전쟁, 2018, pp. 42-43.

기 다른 인간 본성이나 신념에 의해 추진한 정책도 각기 다른 특징을 지녔다. 황일도 교수는 국방 분야가 그나마 전략문화가 유지되고 있다는 점을 강조했는데,[59] 국방 분야 역시 보수-진보정권에 따라 북한의 도발에 대한 대응 강도가 달리 나타나고 있다. 특히 2년마다 발간되는 국방백서에 나와 있는 국방목표는 흔들림 없이 30년간 지속되고 있지만, 도발 대응과 국방목표 이행 개념은 정권에 따라 수시로 바뀌었다.

예를 들어 1994년에 확정된 국방목표(**외부의 군사적 위협과 침략으로부터 국가를 보위하고 평화통일을 뒷받침하며 지역의 안정과 세계 평화에 기여, 출처: 국방백서**)는 지금도 온전히 유지되고 있다. 다만 목표를 견인하기 위한 수단 혹은 이행 개념은 정권에 따라 자주 흔들렸다(**예를 들어 주적 개념의 삭제와 부활**). 국방목표뿐만 아니라 정권별 대북정책 개념도 비슷한데 평화를 더 강조할지 아니면 비핵화나 신뢰 구축을 더 우선할지를 놓고 상이하다. 이에 따라 남한의 전략문화는 북한과 같은 일관된 전략문화가 아닌 유사전략문화로 발전해왔다. 국방목표 이행 수단이 일관성이 없다 보니 역설적으로 남북관계를 저해하는 요소로도 작용하고 있고 북한의 대남전략에 빌미를 주고 있는 것으로 보인다.

종합하면 남한의 유사전략문화에 영향을 미친 요소는 국방목표와 남남 갈등, 영구평화 개념의 칸트적 문화, 정치 엘리트 등이다.

---

59 황일도, 전략문화이론의 소개와 북한에 대한 적용: 최근 상황과 관련한 시사점, 제주평화연구원, JPI 정책포럼, 2013-6,7,8.

남북 전략문화를 방어 대 공격우위신화로 규정했지만, 남북의 행위에는 공격과 방어가 수시로 맞물려 발전했다는 점도 존재한다. 예를 들면 유화적 입장에서 다시 공세적으로 돌아가는 북한의 **'회귀 딜레마**(resilence dilemma)'가 있다. 노태우 정부 당시의 남북기본합의서 체결(1991년)과 진보 정부에서만 진행된 남북정상회담 이후 나타나는 북한의 공격성이 회귀 딜레마의 대표적 사례다.

이는 남한의 진보나 보수 정부와 상관없이 북한의 회귀는 여지없이 나타나는 점을 따른 것이다. 북한의 회귀가 남한 정부에 따라 변화하는 대북정책 때문인지는 불투명하나 북한은 남한의 보수-진보 정부를 가리지 않고 공격성을 계속 나타내고 있다는 점에서 일관된 공세적 전략문화는 유지되고 있다.

❖ 군사적 요인

전략문화 형성의 두 번째 요인으로 군사 문제를 제기한 것은 전쟁과 안보의 역사성과 특수성 때문이다. 인류가 등장한 이래 전쟁은 늘 존재했고 제1, 2차 세계대전에서 보듯 전쟁은 국가를 만들거나 사라지게 했다. 대부분의 국제정치 이론도 전쟁을 하거나 막고 이 과정에서 국익을 지키거나 확대하려는 데서 출발하고 있다.

E.H 카(Edward Hallett Carr, 1892년~1982년)는 "국제관계에서 권력의 시험은 전쟁을 통해서 이뤄진다"고 보았다. 국제관계에서는 군사적

힘에 의해 질서가 만들어진다는 논리인데, 카는 "국내정치의 이면에 항상 혁명이 잠복해 있듯이 국제정치의 이면에는 늘 전쟁이 잠복해 있다"고 강조했다. 나아가 "군사력은 정치적 가치의 주된 기준이며, 위대한 문명치고 군사력의 우위를 누리지 않는 문명은 없다"[60]고 밝혔다.

국가 간 상호 의존이 심화된 지금도 카의 주장은 크게 흔들리지 않는다. 최근에는 힘의 기준이 군사력에서 경제력으로 변화하는 경향이 있지만, 러시아-우크라이나 전쟁에서 보듯 힘에 의한 국가 관계는 유지되고 있는 모습이 지속되고 있다.

앨빈 토플러(Alvin Toffler, 1928년~2016년)는 "1945년 평화가 마련된 이후 전 세계에서 일어난 전쟁과 내전은 계산 방법에 따라 150회~160회에 이른다"고 분석했다. 그는 이 과정에서 "군인 약 720만 명이 살육당했는데, 이는 제1차 세계대전 전체 전사자 약 840만 명보다 조금 낮은 수치이고, 1945년 이후 제1차 세계대전을 다시 한번 치른 셈"이라고 강조했다. 또 "1945년~1990년의 전체 2,340주 가운데 지구상에서 전쟁이 전혀 없었던 기간은 3주에 불과했고, 1945년 이후 지금까지의 기간을 전후 시기로 부르는 것은 아이러니이고 이를 되돌아보면 한 가지 뚜렷한 패턴이 드러난다"[61]고 밝혔다. 이 한 가지 뚜렷한 패턴에 대해

---

60 Edward Hallett Carr, The Twenty Years' Crisis, 1919-1939: *An Introduction to the Study of International Relations.* 에드워드 카, 20년의 위기, 김태현 편역, 2014, pp. 148-149.

61 Alvin Toffler, *War and Anti-War:Suvival at the Dawn of the 21st Century.* 앨빈 토플러, 전쟁과 반전쟁, 이규행 감역, 1994, pp. 28-29.

그는 평화에 대한 낙관론과 반대개념인 지속적 경쟁을 거론한 것으로 보인다.

국가의 안보를 위협하는 요소 가운데에는 정치-군사적 개념인 전통적 안보위협과 코로나19와 같은 감염병과 사이버 테러, 자연재난 등 비전통적 안보위협도 존재한다. 전통적 안보위협과 마찬가지로 비전통적 안보위협 상황에서도 국가는 막대한 권력을 휘둘렀다.

2020년 12월 스웨덴 스톡홀름에 있는 국제민주주의-선거지원 기구(IDEA)의 「코로나19 전후 세계 민주주의 동향 파악」이라는 제목의 보고서를 보자. 이 보고서는 2020년 11월 말까지 민주국가 43%, 비민주국가 90% 등 전 세계 국가의 61%가 코로나19 확산을 막기 위한 규제 조치가 집회와 결사의 자유를 일시적으로 억압하는 등 민주주의와 인권을 침해할 가능성이 있다고 설명했다. 또 말레이시아, 말리, 미얀마, 스리랑카는 코로나19 이후 독재가 굳어졌으며, 아르헨티나와 엘살바도르의 경우 코로나19 확산을 계기로 민주주의가 악화했다고 판단했다(한종구, 연합뉴스, 2020.12.10).

당시 국가는 안보와 국민 안전을 이유로 국경을 봉쇄해 물자와 사람의 이동을 제한했고, 국민 개개인의 활동에도 상당 부분 제약을 가했다. 정부는 사회적 거리 두기로 집회 규제, 영업시간 단축, 종교 등 대면 모임 자제와 위반 시 징벌, 마스크 착용 강제, 재택근무 권고, 행정 명령, 자가 격리 지침, 등교 중단 등과 같은 조치를 줄지어 내렸다. 정도의 차이는 있으나 국가의 강제력은 세계 거의 모든 국가에서 취해졌다.

왈츠는 "전쟁이 정부가 세금을 인상하고, 관료 기구를 확대하며, 국민에 대한 통제력을 증대시키는 구실을 제공한다"[62]고 밝혔는데, 코로나 시대 적어도 이 세 가지가 남북한을 비롯한 세계 각국에서 비슷하게 제기됐다는 점은 주목할 만한 모습이다.

왈츠의 지적을 보면 지도자가 국가와 국민의 안전을 위해 자유를 억압할 수 있다는 명분을 준 코로나와의 싸움은 또 하나의 전쟁이었던 셈이다. 위 보고서에 나와 있듯이 이러한 자유 제한 조치가 한편으로는 지도자의 권력을 유지하거나 강화하기 위한 수단이었을 가능성이 있다는 의심도 여전하다.

코로나든 전쟁이든 왈츠의 주장은 더불어민주당 이낙연 대표의 2020년 9월 국회교섭단체 대표 연설에서도 확인된다. 이 대표는 "전쟁이 생명만 앗아가는 것이 아니라 사람들의 일상도 송두리째 앗아가듯이 코로나19도 마찬가지다"라고 경고했으며, "이른바 'M세대(Mask Generation)'는 개발과 성장, 경쟁과 효율이 중시되던 시대가 지나고, 생명과 평화, 포용과 공존이 중시되는 시대를 맞고 있다"고 주장했다. 이 대표의 주장은 정부 조직이 변하는 큰일은 아니지만 국내정치에 영향을 주는 사회문화가 변하는 큰일이 일어났고 이는 국제관계에도 영향을 미칠 수 있음을 에둘러 표현한 것으로 보인다.

전쟁과 평화를 둘러싼 여러 갈등 과정에서 국제정치이론이 발전했듯이 코로나와 같은 비전통적 안보위협 과정에서도 비슷한 동기가

---

62 Kenneth Waltz, *ibid*, 2018, p. 145.

생길 수 있다는 주장도 있다.

문정인은 "현실주의, 자유주의, 구성주의라는 국제정치이론이 코로나 사태의 재앙적 발생을 예측하지 못했고, 이론의 장점인 예측이 실패했다는 점에서 국제정치이론이 심각한 위기를 맞고 있다"고 강조했다. 특히 "기존의 군사 안보 개념으로는 코로나 바이러스의 변칙성을 이해할 수 없고, 전쟁과 평화가 인간의 계산과 의지의 결과라면, 팬데믹은 자연적 요소가 전쟁의 매개변수로 작용할 수 있음을 시사하며, 인종 갈등과 문명 갈등, 국제 리더십의 실종과 같은 변칙 현상을 불러왔다"고 주장한다.[63]

북한도 마찬가지다. 김정은은 2021년 7월 28일 노병대회에 참석해 "사상 초유의 세계적인 보건 위기와 장기적인 봉쇄로 인한 곤란과 애로는 전쟁 상황에 못지않은 시련의 위기로 되고 있고, 전승 세대처럼 우리 세대도 오늘의 어려운 고비를 보다 큰 새 승리로 바꿀 것"[64]이라고 강조했다. 코로나19가 전쟁 상황에 못지않다는 위기의식을 드러낸 김정은의 발언은 코로나19가 국제 사회에 또 다른 질서를 만드는 계기가 될지 모른다는 점을 주시하고 있는 것이다.

군사 전략문화를 형성하는 비전통적 요인 이외에 전통적 요인으로 돌아보면 남북이 근대국가를 형성한 이후 가장 큰 영향을 미친 것은 군사 분야이다. 1950년 6월 25일 전쟁 개시 후 1953년 7월까지 비극

---

63 문정인, 문정인의 미래 시나리오, 코로나19, 미중 신냉전, 한국의 선택, 2021, pp. 86-95,

64 북한 조선중앙통신, 2021.7.28.

적인 전쟁을 치렀고, 1953년 7월 27일 정전협정이 발효된 이후 2020
년까지 북한은 3,120건의 도발을 감행했다.

도발의 의미를 살펴보면 통합방위법은 "적이 특정 임무를 수행하기
위하여 대한민국 국민 또는 영역에 위해(危害)를 가하는 모든 행위(통
합방위법 제2조 제10항)"이며, 위협은 "대한민국을 침투-도발할 것으로
예상되는 적의 침투-도발 능력과 기도(企圖)가 드러난 상태(통합방위법
제2조 제11항)"라고 밝히고 있다. 즉, 남한의 영토-영공-영해에 대한 직
접적 공격만이 도발이라고 규정한다.

그러나 남을 집적거려 화나게 함이라는 사전적 의미와, 비군사적
형태의 위협, 정부 성향에 따라 북한의 군사적-비군사적 행위에 대해
도발과 위협이란 용어가 혼용되고 있는 것이 현실이다. 문재인 정부
와 윤석열 정부의 용어 선택을 살펴보면 문재인 정부에서는 위협이
라는 표현이, 윤석열 정부에서는 도발이라는 표현이 주로 사용됐음
이 확인된다. 이 책에서는 통합방위법과 사전적 의미를 고려해 북한
의 군사적 행동을 모두 도발로 규정한다.

시간이 갈수록 북한의 지상 도발이 점차 줄어들고 해상도발이 눈
에 띄게 증가했으며 보수정권 집권 기간에 도발이 집중되는 경향을
보였다. 그러나 남북대화가 무르익고 대화와 만남이 오가던 진보정
권 집권 기간에도 북한은 직접 도발을 멈추지 않는 경향을 보였다는
점은 특기할 만하다.[65]

---

65 다른 연구에서는 정전협정 발효 이후 북한의 무력도발 사례는 40만 건이 넘는다는 지적이 있으며, 북
한도 남측의 정전협정 위반이 80만 건이 넘는다고 주장하고 있다. 박영민, DMZ 군사충돌 사례와 요인
연구, 공공정책과 국정관리 VOL.11 NO.4[2018], pp. 123-124.

2016년 이후 북한의 재래식 도발 횟수는 급감하는데 이때 북한은 핵 무력 강화를 위한 조치를 급격하게 증가시키고 있다. 문재인 정부 (2017년~2022년) 시기 북한이 남한에 대한 직접 도발은 자제했지만 남한에 비대칭인 핵 무력과 전략무기 체계를 지속적으로 발전시켜왔다. 북한의 직접적인 도발은 주춤했지만 공세적 전략문화의 근본은 바뀌지 않았고, 공격우위신화의 전략문화를 포기했다는 증거도 없다. 문재인 정부 시기는 물론 윤석열 정부에 들어와서도 북한의 도발 습관이 반복되고 있는 모습이 나타나기 때문이다.

❖ 사회문화적 요인

랜티스는 전략문화의 사회-문화적 요소로 **신화와 상징, 문맥 정의** 등을 거론했는데, 앞서 거론했듯이 신화는 신념 체계(body of beliefs) 이다.

신념과 관련해 웬트는 "집단 신념의 경우 다른 집단과의 유대관계를 구성하는 신화와 설화, 전통 등이 집단기억에 새겨져 있다"며 "설화의 경우 단순히 어느 시간대의 공유된 신념이 아니라 지속적인 사회화를 통해 세대 간에 전수되는 역사적 현상이며 이에 따라 집단은 영속성과 정체성을 확보한다"고 보았다.[66]

---

66 Alexander Wendt, *ibid*, 2015, p. 236.

집단에 새겨진 영속성과 정체성에 대한 웬트의 설명을 전략문화적 관점에서 보면 지속성과 연결된다. 신화(myth)는 정치학 사전에 의하면 논리적 사고에 의한 법칙, 즉 로고스(logos)의 상대어로 신화는 논리적 사고나 법칙을 뛰어넘는 인간의 믿음이다.

장성욱은 "국가나 정치 세력들이 상호 대립되는 다양한 이해관계들을 통합시키고 이를 정당화하거나 합리화하는 기제로 신화를 활용해 왔다"며 "이 과정에서 객관은 은폐되거나 조작됐고, 허구나 과장된 객관이 정치적 신화로 격상돼 국가권력이나 특정 이해관계를 유지하거나 강화하고 나아가 비이성적-비합리적 행위를 초래하기도 했다"[67]고 밝혔다.

상징과 관련해 박창희는 "공동의 이해를 바탕으로 한 사회적 인식체"라고 주장했다. 그러면서 "문화적 공동체의 전략적 사고와 행동에 안정적인 지표를 제공한다"고 보았는데, 미국의 독수리나 중국의 용과 같은 전통적 국가 이미지 같은 것을 예로 들었다. 그는 또 "역사적으로 내려오는 고전도 행위자들의 전략적 사고와 행동에 중요한 영향을 미친다"며 중국의 손자병법이나 투키디데스의 펠레폰네소스 전쟁사, 클라우제비츠의 전쟁론 등도 상징물에 포함시켰다.[68]

이를 바탕으로 남북 전략문화를 형성하는 사회-문화적 요인은 남한에서 강조하는 여러 평화적 수사나 언어 혹은 남한 고유의 현상인

---

[67] 장성욱, 북한의 '공격우위신화'와 선군정치-탈냉전기 군비태세와 군사전략에 관한 이론적 연구-, 고려대학교 대학원 정치외교학과 박사학위 논문, 2009, p. 26.

[68] 박창희, 군사전략론, 2018, pp. 411-412.

남남 갈등과 같은 것들이 예가 될 수 있다. 북한의 경우 열병식이 열리는 김일성 광장과 북한 주민의 학습물인 김일성 저작물, 김일성과 김정일이 잠들어 있는 금수산태양궁전 혹은 혁명전통 등을 꼽을 수 있다.

이밖에 랜티스는 지리적 요소와 천연자원, 세대 변화, 기술 등을 전략문화 형성의 물리적 요인에 포함시켰는데, 이 가운데 **지리적 요인**은 각국의 전력문화를 형성하는 중요한 요소로 거론하고 있다.

건국 이후 제1차 세계대전이 발발하기 전까지 고립주의를 택한 미국과 제국주의 시기 해양전략을 발달시켰던 영국의 선택 역시 지리적 요인에서 비롯된 것으로 거론된다. 다른 여러 나라와 국경을 맞대고 있는 유럽 국가들 역시 마찬가지이며, 대부분의 지역이 평지로 이어져 지리적 방어선을 갖지 못했던 러시아가 유라시아로 팽창했던 이유 가운데 하나도 지리적 한계 때문이다.

한반도의 경우 역사적으로 이웃 강대국들에 의해 대륙과 태평양을 연결하는 지리전략적(geostrategic) 중요성을 평가받아 왔다. 이 때문에 많은 외침이 있었으며 한반도의 전략공동체는 강대국의 권력 이동을 상당히 의식해 왔다.[69] 이러한 이유로 인해 한반도는 방어적 전략문화를 형성해 왔으나, 일제 강점기 이후 남북은 각기 다른 이념을 도입하면서 정반대의 전략문화를 형성해 대립해 오고 있다.

본 책의 주된 내용은 남북 전략문화에 초점을 두고 있지만 소련의

---

69 Ken Booth and Russell Trood, *ibid*, 1999, pp. 93-94.

예에서 보듯 전략문화는 여론을 좌우할 수 있는 권위주의 국가에서 뚜렷한 특징을 보이고 있다. 이는 전략문화는 전략공동체의 습관적인 행동 패턴이라는 스나이더의 정의에 따라 설명될 수 있다. 특히 전략공동체가 습관적인 행동 패턴을 지니려면 국민 여론을 무시하거나 이끌고, 혹은 조작하는 힘이 있을 때 더 수월하기 때문이다.

따라서 다원화된 국가에는 선천적으로 전략문화가 존재하기 힘들다고 생각할 수 있지만 스나이더 이후 연구물은 다양한 시각을 보여준다. 예를 들어 전략문화 연구가 로렌스 손드하우스의 설명을 보면 전략문화는 권위주의 국가에서만 나타나는 현상이 아니다. 그는 영국의 전쟁 수행 방식에 대해 해양을 매개로 한 기업가적 관점에서 전쟁을 수행하는 전통을 갖고 있었다는 리델 하트의 설명을 제시한다.[70]

또 여러 국가와 국경선을 마주한 프랑스는 전략문화의 사회문화적 요인인 지정학적 조건에 따라 독립과 세계적 영향력 유지라는 관점을 따르고 있으며,[71] 독일은 두 차례의 세계대전을 기점으로 팽창의 전략문화가 반전(反戰)으로 바뀌었다고 강조한다.[72]

그러나 이들 국가가 속한 유럽연합(EU)의 경우 집단안보를 강조하는 조직이라 서로 결정적 군사행동을 할 수 없으며, 유럽연합 내에서 유사한 전략문화와 정치적 목표를 갖고 있는 연합이 또 출몰할 수도

---

70 로렌스 손드하우스, 전략문화와 세계 각국의 전쟁 수행 방식, 이내주 옮김, 2007, pp. 34-38.

71 로렌스 손드하우스, *ibid*, 2007, p. 58.

72 로렌스 손드하우스, *ibid*, 2007, pp. 82-86.

있다는 입장도 있다.[73] 정체성이 서로 다른 국가 집합체인 유럽연합은 집단적-독자적 전략문화를 만들 수 없으며, 만든다 해도 비슷한 정체성을 지닌 국가들끼리만 힘을 합칠 것이라고 본 것이다.

특히 중동 각국의 전략문화 역시 관심을 모으고 있다. 손드하우스는 아랍에 둘러싸인 이스라엘의 경우를 설명하면서 드레이크(Laura Drake)의 주장을 인용하고 있다. 드레이크는 "이스라엘은 선제공격의 정당성, 충분한 보복 능력, 주변 아랍국가들의 핵무기 보유 방지와 이를 통한 핵 억제력 유지를 기반으로 3가지의 뚜렷한 전략문화를 만들어 냈다"고 설명한다. 드레이크는 또 "이스라엘은 이를 토대로 선제공격 시 압도적 군사력으로 초토화 시킨다"는 전략문화가 형성됐다고 주장했다. 손드하우스는 이 주장을 토대로 이스라엘 역시 권위주의 국가와 같은 확실한 전략문화를 발전시켰다고 평가했다.[74]

기존의 전략문화 형성의 전제 조건은 영토를 가진 국가의 행동에 한정되었으나 국가에 영향을 미치는 비국가 행위자도 전략문화를 지닐 수 있다는 지적도 있다. 예를 들어 알카에다와 같은 테러 집단이 여기에 해당한다. 알카에다의 전략문화는 폭력을 통해서라도 과거 칼리프 체제와 같은 강력한 순니 이슬람 국가를 재건하는 목표를 갖고 있으며 자살 공격(지하드)은 그 수단 가운데 하나가 된다. 이 과정에서 지하드는 순교의 의미로 포장돼 동기를 부여하고 있다.[75]

---

73 로렌스 손드하우스, *ibid*, 2007, p. 98.

74 로렌스 손드하우스, *ibid*, 2007, p. 157.

75 Russell D. Howard, Strategic Culture, JSOU Report 13-8, 2013, p. 55, p. 58, p. 59.

중국의 전략문화는 2010년 이후 전환점을 맞는 것으로 나타난다. 1949년 중화인민공화국을 창건한 마오쩌둥은 주로 중국 내 육상전 개념의 비대칭 게릴라전(인민 전쟁)을 구사했다. 그러나 중국 해군 제독 장화첸(Zang Huachen)은 2010년 4월 "중국은 해안 방어에서 경제적 이익의 확대를 위해 먼바다 방어로 가고 있으며, 국가의 해군 전략이 바뀌었다"[76]고 설명하고 있다. 이는 중국의 전략문화가 육상전 중심에서 해상전으로 확대되고 있다는 설명이다. 손드하우스는 "장화첸의 주장은 중국의 전략문화가 근본적으로 바뀌는 신호일 수 있다"고 지적하고 있다.

10여 년이 지난 현재 미중 간 갈등을 보면 장화첸의 주장은 현실화하는 중이다. 장화첸의 발언과 맞물린 시기인 2010년부터 중국의 국내 총생산(GDP)은 일본을 넘어섰는데 이로 미뤄 앞서 제시한 정치, 사회, 군사 문제뿐만 아니라 경제도 전략문화 형성에 영향을 미치고 있음을 추정할 수 있다.

---

76 Russell D. Howard, *ibid*, 2013, p. 74 참조.

III.

창과 방패의 싸움

신화에 빠진 국가들의 특징은 굳은 신념을 그 배경으로 갖고 있
다. 국제정치에서는 방어와 공격 가운데 어느 것이 도덕적, 현실적으
로 더 우월한 것인지에 대한 논란은 분분하다. 국익의 가치를 따지
기 때문이다.

1. 방어 vs 공격이란 무엇인가

　앞서 남북은 갈등 과정에서 **방어우위신화** 대 **공격우위신화**로 발전했고, 이것을 토대로 각각의 전략문화를 형성했다고 설명했다. 결국 남북의 갈등 구조는 방어 신화 대 공격 신화가 대립하고 있는 양상이다. 방어와 공격, 공격과 방어라는 이 단순한 개념에도 여러 이론들이 제기돼 왔다.

　공격-방어우위신화는 현실주의 국제정치 이론의 지류인 공격-방어 균형이론에서 파생됐다는 것이 국제정치학계의 보편적인 견해로 보인다. 이는 현실주의가 공격적 현실주의와 방어적 현실주의로 나뉘는 것과도 맞물린다. 신욱희는 "공격적 현실주의는 국가가 권력을 추구하며 현상변경 목표를 갖지만, 방어적 현실주의는 국가가 안보를 추구해 현상유지적 목표를 추구한다"[77]고 지적한다.

　한스 모겐소는 **권력**에 대해 **'나의 의지를 남에게 강요하는 힘'**으로

---

[77] 신욱희, 데탕트와 박정희의 전략적 대응 — 박정희는 공격적 현실주의자인가?, 서울대 국제문제연구소, 세계정치 14권 0호, 2011, p. 45.

정의했는데, 이를 근거로 보면 신욱희의 주장처럼 공격적 현실주의에서의 권력 추구는 현상타파를, 방어적 현실주의에서의 안보 추구는 현상유지적 성향을 나타낸다. 따라서 권력을 추구하는 공격우위 상황에서는 전쟁 가능성이 높아지고 방어우위 상황에서는 협력 가능성이 커진다.[78] 따라서 북한이 공격이 아닌 방어우위를 지향할 때 비로소 대부분의 보편적인 국가들이 추구하는 협력의 틀로 들어올 것이라는 추측이 가능하다.

그러나 무엇이 국익을 위해 나은지는 여러 논란이 있다. 공격-방어 균형이론의 권위자인 미국의 정치학자 로버트 저비스(Rovert Jervis, 1940년~2021년)는 "공격이 유리할 때 영토를 지키는 것 보다 빼앗는 것이 더 쉬우며, 방어가 유리할 때는 현상을 유지하는 것이 더 낫다"고 주장했다. 그러면서 "공격이 유리할 때는 확장을 위한 기회로 보고 행동해야 하고, 방어가 유리할 때는 상대방을 위태롭게 하지 말아야 국가를 안전하게 만들 수 있다"[79]고 강조했다.

비슷한 연구물은 제1차 세계대전의 원인을 공격우위신화에 따른 것이라고 한 반 에버라(Stephen Van Evera)가 있다. 그는 당시 유럽은 방어우위의 상황이었지만 정책결정자들이 단기간 내 승전할 수 있다는 믿음을 갖고 공격우위를 택하면서 전쟁으로 이어졌다고 주장한다.

---

78 김태형, 방어적 현실주의와 외교정책 : 폴란드의 탈냉전기 외교정책을 중심으로, 사회과학연구 제20집 2호, 2012, pp. 130-134 참조.

79 Robert Jervis, *Cooperation Under the Security Dilema, World Politics*, Vol.30. No.2, 1978, pp. 187-194.

그에 따르면 제1차 세계대전 이전 유럽은 무기의 발달(소총, 기관총 등)과 철조망, 철도의 개발로 공격보다 방어가 유리했었다. 그러나 전쟁이 단기간에 끝날 것이라는 믿음이 계속 높아졌고, 이는 방어의 장점과 공격의 장애물을 모두 가려버리는 신화가 형성됐다. 단기간 내 승전할 수 있다는 편향된 믿음에 따라 제1차 세계대전이 발발할 수밖에 없었고, 여기에서 비롯된 개념이 곧 공격우위신화(the cult of the offensive)이다.[80]

---

80 Stephen Van Evera, *The cult of offensive and the Origins of the First World War*, International Security, Vol. 9. No.1, 1984, pp. 58-61.

2. 그 밖의 다양한 개념들

균형이 무너지거나 신화에 휩싸이면서 전쟁이 발생할 수도 있지만, 영토 정복이 쉬울수록 비용이 줄면서 전쟁 가능성이 증가한다는 논리도 있다. 또 군사 기술이 공격이나 방어에 영향을 준다는 주장도 있는데 무기 체계의 공격-방어 능력, 즉 어떤 무기 체계가 균형이 아닌 불균형적으로 기여 하느냐에 따라 공격우위나 방어우위의 원인이 된다는 것이다.

이에 따라 군사 기술이 발전할수록 과거 무기 체계의 역할은 계속 줄어들고 발전된 기술이 오히려 전략공동체의 정책을 이끌 수도 있다. 특히 핵 시대 군사 기술은 엄청난 파괴력으로 인해 오히려 억제에 기여하거나 전쟁(제한 핵전쟁 포함)을 감소시킨다는 논리도 제기된다.[81]

나아가 집단안보나 방어동맹, 중립국의 균형적 행동과 같은 외교

---

[81] Jack S. Levy, *The Offensive/Defensive Balance of Military Technology:A Theoretical and Historical Analysis*, International Studies Quarterly, Vol.28, No.2, 1984, pp. 222-227.

적 요인도 크다는 관측도 있다.[82] 즉 집단안보에 속한 국가들과 방어
우선의 동맹을 체결한 국가들, 또는 강대국과 약소국 사이에서 균형
을 맞춰왔던 중립국들이 어떤 선택을 하는지에 따라 전쟁이 일어나
거나 그렇지 않을 수 있다는 논리다.

이와 달리 힘의 무조건적인 팽창을 꼽는 사례가 있다. 제1차 세계
대전의 원인[83]과 관련해 잭 스나이더는 공격우위신화를 인정하면서
도 신화 형성 배경에 제국의 팽창이 있었다고 보았다. 과거 주요 강
대국들의 공격적이고 팽창적인 정책은 공격우위신화보다 제국의 신
화(myths of empire)에 매료되었기 때문이라는 주장이다. 제국의 신
화는 국내정치 세력과 경제적으로 이해관계가 맞물린 사람들에 의
해 정당화되면서 만들어진 허구(fiction)였으나 시간이 흐르면서 이데
올로기가 됐다는 것이다.[84]

스나이더는 제국의 과대 팽창의 원인으로 첫째, 공격적일 때의 이
점을 꼽았다. 군사 기술이 공격자에게 유리할 때 팽창주의적 안보 전
략은 매력적이며, 둘째, 정복을 통해 국력 자원을 늘릴 수 있을 때
팽창을 선택하며, 셋째, 국가는 자신의 상대적 힘이 기울 것으로 예

---

82 Stephen Van Evera, *Offense, Defense, and the Causes of War*, International Security, Vol.22, No.4, 1998, pp. 5-22.

83 제1차 세계대전 당시 당사국의 입장은 방어 혹은 예방적이라는 시각도 존재한다. 이는 Edward Hallett Carr, ibid, 2014, p. 151 참조.

84 장성욱, 북한의 공격우위신화와 선군정치 — 탈냉전기 군비태세와 군사전략에 관한 이론적 연구, 고려대 대학원 정치외교학과 박사학위 논문, 2009, pp. 6-7.

상되면 항상 예방적 공격에 대한 유인을 지닌다고 보았다.[85] 이를 종합해 보면 자국의 국력이 상대방보다 강한 상태에서 영토확장과 자원획득 등 공격에 따른 이익이 예상될 경우 또는 공격이 수월한 지리적 이점이 있을 경우 국가는 공격우위신화에 빠질 확률이 높은 것으로 보인다.

그러나 공격우위신화 논리는 전쟁의 원인을 너무 단순화했다는 지적도 받는다. 전쟁이 승리의 신화에 휩싸이고 이로 인해 균형[86]이 깨져 발생하는 것이 아니라 강대국의 팽창 때문이라는 논리이다. 조셉 나이(Joseph S. Nye, 혹은 조지프 나이)는 이와 관련해 "유럽에서 국가 체제 이후 5세기 동안 강대국은 119번의 전쟁을 치렀으며 이 가운데 10번은 다수의 강대국이 개입하면서 패권 혹은 세계대전이 되었다"고 주장한다. 그러면서 세력균형이 근대 국가 체제 기간에 평화를 유지한 것은 아니라고 강조했다.[87]

또 전쟁을 억제하는 요소에 대해 토마스 셸링(Thomas Schelling)은 "상호억지를 가능하게 하는 것은 균형이 아니라 균형의 안정성"이라고 밝히고 있다.[88] 먼저 공격하더라도 상대방의 반격 능력을 완전히 파괴하지 못한다고 판단하면 공격 자체가 억제되면서 안정적 균형이

---

85 Jack Snyder, *Myths of Empire*. 잭 스나이더, 제국의 신화, 함택영-박수헌 외 공역, 1996, pp. 31-38.

86 Hans Morgenthau, *ibid*, 2019, pp. 413-414, pp. 432-438. 그러나 해들리 불은 잠재적 패권국의 영향력을 억제할 수단이 전쟁밖에 없다면 세력균형은 전쟁을 필요로 한다고 강조한다. 이는 Hedley Bull, *ibid*, 2012, pp. 204-212.

87 조지프 나이, *ibid*, 2009, p. 110.

88 Thomas Schelling, *ibid*, 2013, p. 288.

이뤄진다고 본 것이다. 셸링의 이러한 시각은 군사 기술이 공격 혹은 방어 본능을 좌우할 수 있다는 잭 레비(Jack Levy)의 공격-방어 균형론적 관점과도 맞물린다.

이밖에 헤게모니를 통한 안정론도 제기된다. 로버트 코헤인(Robert O. Keohane)은 19세기 영국과 20세기 미국을 예로 들며 "세계가 안정되려면 하나의 안정화 세력이 있어야 한다"는 킨들버거(Charles Poor Kindleberger)의 논리를 제시하고 있다. 헤게모니를 쥐기 위해서는 원료와 자본, 시장 원천을 통제해야 하며, 고부가가치 상품생산에서 경쟁적 우위를 차지해야 한다"[89]는 시각이다. 이러한 현실주의 시각은 힘만이 국익을 지킬 수 있다는 논리를 따르고 있다.

그러나 이상주의에서 발전한 제도주의이론을 보면 로버트 코헤인은 힘보다는 대화나 집단안보를 통한 평화 달성이 중요하다고 지적한다. 이를 위해 UN과 같은 기구를 우선하기도 했다. 또 이 책의 앞부분에 지적한 구성주의의 경우 국가의 힘도 중요하지만 관념이나 정체성(identity)을 통하는 것이 힘보다 우선할 수 있다는 주장도 있다.

위에 열거한 내용은 대부분 현실주의적 시각, 즉 강대국 주도의 헤게모니 다툼을 거론한 것이다. 그러나 이 책에서 살피게 될 남북 전략문화에서는 이처럼 다양한 변수를 상정하고 있는 국제정치이론과 달리 폭을 조금 더 좁혀 공격-방어 모두 신화에 휩싸여 있는 상황을 가정하고 있다. 어떤 신념이 너무 강한 나머지 현실주의나 제도주의

---

89 Robert O. *Keohane, After Hegemony.* 로버트 코헤인, 헤게모니 이후 — 세계정치경제에서의 협력과 불화, 이상환, 설규상, 김석수, 홍원표 옮김, 2012, pp. 81-94.

혹은 구성주의에서 거론하는 수단들은 독립변수가 아니라 신화를 떠받치는 종속변수로 보았다.

한반도의 지정학적 문제가 전략문화 형성의 사회문화적 요인과 밀접한 관련이 있는데, 이는 예로부터 주변 국가에게 전략적 완충지대의 역할을 해왔다는 점 때문이다. 영구불변인 지정학 요인으로 보면 한반도 내 정치 세력들은 외부 세력에 맞서 민족적 특성을 발현시키거나 생존을 위해 세력균형을 추구해 왔고 이에 따라 공격보다는 방어, 전쟁보다는 평화를 선호하는 경향이 강했다. 그러나 해방 후 각기 다른 이념이 투사되면서 한쪽은 공격을 한쪽은 방어를 우선하는 신화를 형성한 것으로 보인다.[90]

---

90 VICTOR D. CHA, Strategic Culture and Military Modernization, ARMED FORCES & SOCIETY, Vol.28.No1, Fall, 2001, pp. 115-116. Balbina Hwang, *Shattering Myths and Assumptions : The Implications of North Korea's Strategic Culture for U.S. Policy*, International Journal of Korean Unification Studies, 2009, pp. 32-37. Haksoon Yim, *CULTURAL IDENTITY AND POLICY IN SOUTH KOREA*, The International Journal of Cultural Policy, Vol. 98(10), 2002, p. 38. Ken Booth and Russell Trood, *ibid*, 1999, pp. 93-95. 김태현, 북한의 '공세적 전략문화'와 '지정학': 촉매적 방어 확증을 중심으로, 한국 국가전략 통권 제9호, 2019, pp. 206-212.

3. 남북 방어-공격우위신화의 기원

❖ 남한 방어우위신화

  그렇다면 남한의 방어우위신화는 언제부터 형성됐을까. 딱 잘라 말하기는 어렵지만 방어우위신화가 고착화한 것은 박정희 정부에서 시작해 노태우 정부 때로 보인다. 이승만 정부는 북진통일론을 내세우며 공격우위를 추구했으나 정책이 단기간에 그치면서 전략문화로 발전하지 못했다. 박정희 정부도 철저한 반공주의로 군사력을 발전시켰으나 한편으론 대화와 협상의 대북정책을 시도했다. 이승만 정부의 대북정책과 뚜렷하게 다른 부분이다.

  대표적인 것이 1972년 7월 4일 합의한 남북공동성명이다. 이는 6·25 전쟁 이후 처음으로 남북 간에 맺은 첫 번째 합의로 이후 발생하는 모든 남북대화의 주요 모델이 되었다. 남북은 당시 공동성명에서 통일 원칙 가운데 하나로 "상대방을 반대하는 무력 행사에 의거하지 않고 평화적 방법으로 실현하여야 한다"고 명시했다.

다만 냉전기 남북관계는 약간의 공격우위신화도 엿보인다. 1967년 첫 국방백서에서 남한은 북한을 북괴로 표현하고 있다. 이 용어는 이듬해 발간된 1968년 국방백서에도 이어진다. 세 번째 국방백서가 1968년 이후 20년 만인 1988년 발간될 때까지 이 북괴 개념은 큰 변화가 없는 것으로 보인다. 20년의 시기 동안 남북관계 악화 사례가 국방백서의 북한의 대남 침투, 도발일지에 드러나기 때문이다.

그러나 탈냉전기로 접어드는 1988년 세 번째 국방백서를 보면 북괴라는 호칭은 북한으로 바뀌었다. 서울에서 공산권 국가가 참가한 가운데 '88 서울올림픽'이 개최되는 상황 등을 반영한 것으로 보인다. 국제정치가 국내정치를 좌우하던 것에서 벗어나 국가 간 경쟁과 이익개념이 다원화하면서 국내정치가 국제정치를 좌우하는 상황으로 옮겨가기 시작한 것이다.

이에 따라 국방정책상 북한에 대한 적대적 개념은 계속 유지되고 있지만 범정부 차원의 대북정책은 변화가 일기 시작했다. 남한이 방어적 현실주의, 즉 권력이 아닌 안보를 추구하는 방어우위적 전략문화를 본격적으로 형성한 것은 이때부터로 볼 수 있다. 북한의 끊임없는 공세적 행동에 시달렸지만 이승만 정부의 북진통일론과 같은 정책이 더는 남한의 지배연합, 즉 전략공동체의 담론으로 제시되지 않았으며 이른바 **평화통일론**으로 대체되기 시작한다. 국방백서에 북괴는 북한으로 바뀌고 평화통일 등의 **문맥**이 강조되면서 새로운 문화가 자리 잡기 시작했는데 이는 대표적인 **전략문화적 상징어**에 해당한다 하겠다.

1998년 보수에서 진보정권으로 권력이 이동하면서 이후 10년간 평화와 협력, 민족과 대화를 앞세운 방어우위는 더 확장되기에 이른다. 이 기간 두 차례의 연평해전과 1차 핵 실험 등 북한의 공세적 행동이 계속됐지만 남한의 방어 기조는 그대로 유지됐다.

2008년 다시 보수정권이 시작되고 이명박, 박근혜 정부시기 천안함 폭침과 연평도 포격 도발, 여러 차례의 핵 실험 등 북한의 정치-군사적 도발은 더 극대화했지만 힘으로 현상을 변경하려는 공격적 성향은 발견되지 않는다. 이명박 정부의 '대북 5·24 조치'와 박근혜 정부의 '개성공단 폐쇄'가 현상 변경의 수단으로 거론될 수 있겠지만 이 역시 반작용적 대응이라는 점에서 공격우위적 요소로 평가하기에는 한계가 있다. 후에 설명하겠지만 문재인 정부에서는 방어우위적 성향이 더 강하게 나타나는 모습이 확인된다.

❖ 북한 공격우위신화

김씨 일가를 중심으로 형성된 **북한 전략문화**는 건국(1948년 9월) 이전부터 형성되어온 **공격우위신화**가 자리 잡고 있다. 이 신화는 김일성의 자주성과 공격성을 강조하는 항일유격대 정신부터 시작됐다. 항일 운동은 김일성을 신격화했고 북한 사회 전체로 퍼져나가 하나의 이데올로기로 발전했다. 북한은 김정일 시기의 선군정치도 항일유격대 정신이 그 기원이라고 밝히고 있으며, 김정은 시대에도 지속적으로 강조되고 있다.

남한을 향한 북한 공격우위신화의 대표적 행동 특성은 **군사도발**이다. 2020년 현재 북한의 대남 침투 2,002건 가운데 박정희 집권기인 1960년~1970년대 1,319건이 자행돼 가장 많았으며, 국지 도발 역시 1,118건 가운데 420건을 기록할 정도로 북한의 도발이 극심하게 진행됐다. 그러나 국지 도발의 경우 남북대화가 활발했던 2000년부터 2017년까지에도 462건을 기록하고 있다는 점은 아이러니다.[91] 공세적 북진통일론을 탈피해 방어우위신화가 형성된 남한과 달리 북한의 공격우위신화는 계속되고 있거나 발전하고 있음을 볼 수 있다.

북한이 외부와의 협력보다 내부의 힘을 키우는 것에 집중하고 있는 만큼 공격 신화는 내부에서 힘을 키워 남한과 세력균형을 유지하거나 아니면 압도하겠다는 의지를 지닌 것으로 볼 수 있다. 이는 국제정치가 용인하는 합리적 행위일 수 있겠지만 대화 시에도 공세적 위협을 계속해온 북한의 행동을 설명하기에는 한계가 따른다. 또 무엇이 북한으로 하여금 방어보다 공격이 더 유리하다고 판단하고 있는지에 대한 의문이 제기될 수도 있다. 이에 따라 공격-방어 균형이론을 설명할 때 제시한 반 에버라의 주장대로 북한이 단기간 내 승전가능이라는 편향된 믿음을 지녔는지 확인할 필요가 있다.

---

91 대한민국 국방부, 2020 국방백서, 2020, p. 319.

IV.

백두산과 멈추지 않는 도발

북한은 공격우위신화에 빠진 국가의 전형적인 모습을 갖추고 있다. 백두산이라는 전략문화적 상징은 북한의 정치-사회문화를 규정짓는다.

1. 백두혈통에 집중된 북한 전략문화

　지금부터는 남북이 전략문화를 형성하는 과정에서 발생한 구체적 사례를 살펴본다. 이는 남북 전략공동체 모두 어떤 편향된 믿음을 갖는 데서 비롯된다. 먼저 북한의 전략문화에 대한 기존 연구 가운데 조화성은 북한의 전략문화를 갈등 지향적이지만 협력 행위가 결합된 전략적 유연성을 지닌다고 강조한다.[92] 이 정의는 그러나 북한의 1, 2차 핵 협상 전략에 국한시켜 분석한 것으로 보인다. 갈등 지향적이지만 전략적 유연성을 지녔다는 것은 일관성을 강조하는 전략문화가 아닌 수시로 바뀔 수 있는 전략에 가깝다.

　미 조지타운대 교수인 발비나 황(Balbina Hwang)에 따르면 안보 인식에 관한 국가의 전략문화에 따른 전략적 선호도(strategic preferences)는 변화에 쉽게 반응하지 않고, 역사적 경험과 뿌리를 기반으

---

[92] 조화성, 북한의 전략문화와 핵 협상전략에 관한 경험적 연구, 국제정치논총 49(5), 2009, pp. 149-168.

로 하는 전략문화는 물질적 조건의 변화보다 느리게 변화한다.[93] 여러 차례의 남북정상회담과 고위급 남북대화, 2차례의 북미정상회담까지 열렸지만 북한은 공세적 태도와 비핵화 의지를 버리지 않았으며 북한의 핵은 오히려 고도화되는 추세다. **핵과 공격우위신화**라는 북한의 **전략적 선호도**는 변화에 쉽게 반응하지 않고 있음을 엿볼 수 있다.

이러한 북한의 전략문화적 특성과 관련해 조세프 버뮤데즈(Joseph S. Bermudez Jr.)는 크게 6가지로 분류했다. 첫째, 김씨 일가(The Kim clan)와 그들의 권력과 영향력이다. 이는 북한 전략문화의 가장 우선적인 원칙이다. 둘째, 김씨 일가의 권력을 위협하는 모든 외부 위협의 제거와 특권과 강력한 군대, 김씨 일가에 대한 절대적 충성이며, 셋째는 남북통일이다. 넷째, 통일을 위한 압도적 재래식 무기의 강화를, 다섯째, 대량살상무기(WMD)와 탄도미사일 획득, 여섯째, 압도적 재래식 무기의 강화와 대량살상무기 유지로 한미에 대한 억제력 확보 등이다.

그는 이 여섯 가지 특성이 북한의 정치 이데올로기인 주체사상을 통해 전개됐으며, 이른바 역사적 세계관(historical world view), 정치적 세뇌(political indoctrination), 미국에 대한 증오(hatred for the U.S.), 독재 문화적 지배(authoritarian cultural rules) 등 네 개의 요소로 자기

---

93 Hwang Balbina, *ibid*, 2009, pp. 37-39.

기만의 렌즈(lens of self deception)[94]를 구성했다고 강조한다. 자기기만(self deception)은 왜곡된 관점으로 다른 사람에게 부정적 영향을 끼치는 것을 말한다. 본인에게 잘못이 있음을 인지하지 못하고 다른 사람을 비난하는 행위인데 자기기만에 빠지면 무엇이 문제인지 모르는 상태여서 문제 해결에 강하게 저항한다(오무철, 전남대, 2011).

이러한 관점을 기반으로 버뮤데즈가 제시한 북한 전략문화의 특성 6가지를 구체적으로 살펴보면, 첫째, 김씨 일가의 권력과 영향력은 백두혈통으로 대표된다. 둘째, 김씨 일가를 위협하는 세력 제거의 경우 과거에는 종파 분쟁이 있었고, 최근에는 김정은의 고모부 장성택과 이복형 김정남 살해가 있다. 남한과 미국은 외부 위협이다. 셋째, 남북통일은 남조선 혁명론을 고수하는 것이고, 넷째와 다섯째 압도적 재래식 무기와 탄도미사일은 이스칸데르급 미사일과 초대형 방사포 등 전술핵 탑재 무기 개발을 꼽을 수 있다. 마지막으로 대량살상무기는 전략핵과 그 운반 수단(IRBM, ICBM, SLBM 등)이 된다.

북한 전략문화의 이념적 특성인 주체사상은 개인을 포함한 국가 전반에 큰 영향을 미치고 있다. 주체사상을 설명하는 권한을 가진 유일한 인물은 김씨 일가이고, 북한의 신화와 상징, 역사와 경험은 모두 통치 이데올로기의 가치와 원칙에 종속된다.[95] 덧붙여 북한의

---

94 Joseph S. Bermudez, Jr., *North Korea's Strategic Culture, Defense Threat Reduction Agency Advanced Systems and Concepts Office*. Comparative Strategic Cultures Curriculum Contract No: DTRA01-03-D-0017, Technical Instruction 18-06-02, 2006, p. 3.

95 Lucia HUSENICOVA, *Scientific Bulletin VI.XXIII No1(45)*, MATEJ BEL UNIVERSITY IN BANSKA BYSTRICA, SLOVAKIA, 2018, pp. 31-32.

전략문화에 가장 영향을 미치는 중요한 요소는 김씨 왕조이며 왕조와 국가의 생존을 위한 **일관된 목표**(consistent goals)를 지니고 있고 모든 계층을 아우르는 이데올로기는 주체사상과 수령, 선군정치(military first)라는 주장도 제기된다.[96]

북한의 전략문화적 특성은 결국 김씨 일가, 이를 둘러싼 지배연합, 주민을 결속하기 위한 이데올로기인 주체사상과 끊임없는 군사적 능력 향상 등이 맞물려 형성됐다. 이러한 특징의 총체적 배경과 기원은 김일성의 항일유격대를 앞세우는 **혁명전통**이다. 혁명전통에 기반한 북한의 공세적 문화는 핵 보유국을 선언한 김정은 체제에 이르러서도 계속됐으며, 북한은 신념 세습을 강조하는 혁명전통의 원칙에 따라 행동해 왔다. 이 과정에서 수령이나 주석 혹은 최고존엄은 신화적 존재를 넘어서고 있다.

---

96 Russell D. Howard, *ibid*, 2013, p. 41, pp. 47-50.

2. 첫 번째 발현 — 6·25 전쟁

북한이 공격우위의 전략문화를 가졌다고 가정하면, 앞서 설명했듯이 공격이 방어보다 더 유리하고 승전에 대한 편향된 믿음을 가지고 있어야 한다. 북한의 공격우위 믿음을 확인하는 방법은 앞서 제기한 제1차 세계대전의 원인을 공격-방어균형이론으로 분석한 사례가 있다.

남북관계의 경우 기존 연구를 보면 6·25 전쟁을 일으킨 북한은 그 당시 승전에 대한 확고한 믿음을 지니고 있었던 것으로 보인다. 스탈린은 1949년 3월 모스크바를 방문해 남침 의사를 밝혔던 김일성에게 북한이 남한보다 군사적으로 월등하지 않은 한 남침을 해서는 안 된다고 만류했다.

그러나 이듬해인 1950년 1월 12일 미 국무장관이었던 딘 애치슨이 한반도를 극동방위선에서 제외하는 애치슨 라인[97]을 선포하면서 북한의 남침 야욕을 더욱 자극했다.[98] 이는 김일성에게 승전에 대한 확고한 믿음과 단기간 내에 이길 수 있다는 신념을 제공했고 소련과 중국의 승인에 따라 전쟁을 실행에 옮겼다.

---

[97] 애치슨 선언 때문에 소련과 북한이 한국전쟁을 결심했다는 주장은 소련 문서에서는 뒷받침되지 않는다. 소련 문서에 따르면, 중국 내전에서 공산당의 승리가 한국전쟁을 결심하는 데 더욱 중요한 역할을 하였다. 이는 이근욱, 냉전, 2012, p. 45 참조.

[98] 채규철, 한국전쟁의 기원에 관한 연구 — 한국인의 성격적 심리적 특성을 중심으로, 국제정치 논총, 2000, pp. 419-423.

3. 멈추지 않는 도발 ― 시기별 특징

6·25 전쟁만 놓고 보면 북한의 전략문화가 공격우위신화에서 비롯됐다는 가설은 증명이 되고도 남는다. 그렇다면 이 책의 연구 시기인 1990년 이후에도 북한이 공격우위신화를 계속 유지하고 있는지 살펴보자. 공격-방어균형이론에서 거론하는 공격우위신화가 전쟁에서의 승리와 반드시 부합하는지 아니면 위기 조성이나 위협 혹은 도발을 통한 정치적 이익을 획득하려는 행위도 공격우위신화에 해당하는지는 분명하지 않다.

다만 지난 30년간 공격우위신화의 기본 개념, 즉 방어의 장점과 공격의 장애물을 모두 가려버리는 신화가 형성되고 있음을 아래 표에서 확인할 수 있다. 북한의 공세가 되풀이되는 습관적 행동이 고스란히 나타나고, 이 행동은 군사 기술이 발전하며 수위가 강화되고 있음을 보여준다.

❖ 1990년~2000년

〈표 2〉 1990년~2000년 북한의 공세적 행동과 남북관계[99]

연도	공세적 행동-위협	사건 전후 남북관계
1990년	■ 비군사 10월 강화 반잠수정 침투, 남파간첩 이선실 등 월북	■ 남북회담 24회 1월 남측, 남북자유왕래 제안, 북측, 장벽철거, 자유왕래, 전면 개방 주장 3월 남북정상회담 제안(북 거부) 7월 자유왕래 및 개방 제의(북 거부)
1991년	■ 비군사 2월 어선 납북 두 차례	■ 남북회담 19회 1월 북, 남북대표 — 각 정당, 사회단체 '민족통일 정치협상회의' 제의 8월 쌀 5천 톤 라진항 도착 9월 남북 유엔 동시 가입 11월 북일 수교 회담 12월 남북기본합의서 채택, 한반도 비핵화 공동선언 합의
1992년	■ 군사 5월 DMZ 은하 계곡 무장 공비 침투 사건(적 3명 사살, 아군 수명 부상)	■ 남북회담 88회 (정치 분야 80회, 인도 8회)
1993년	■ 정치-군사 4월 전국, 전민, 전군 준전시 상태 선포 5월 노동1호 미사일 발사	■ 남북회담 4회 3월 한미 팀스피리트 훈련 재개 북 NPT 탈퇴 선언

---

99 위 기록들은 나무위키(https://ko.wikipedia.org/wiki)에 나와 있는 사건 기록과 기사 검색으로 교차 확인해 구성했다. 남북회담 횟수는 통일부 남북회담본부 홈페이지를 참조했다.

연도	공세적 행동-위협	사건 전후 남북관계
1994년	■ 정치-군사 3월 판문점 서울 불바다 위협	■ 남북회담 10회 7월 김일성 사망 10월 북핵 제네바 기본합의
1995년	■ 정치-군사 5월 판문점 중립국 감독위 북측 사무실 폐쇄 10월 임진강 무장공비 침투(1명 사살, 1명 월북 추정), 부여 간첩 사건(1명 사살, 1명 생포 및 교전 중 경관 2명 순직)	■ 남북회담 3회 1월 북, 대민족회의 제의 2월 남북 정당회담 제의, 팀스피리트 훈련 중지 5월 북에 밀가루 반출 첫 승인 6월 첫 대북 쌀 지원, 인공기 게양 사건
1996년	■ 군사 9월 강릉 잠수함 ― 무장공비 침투 사건(13명 사살, 11명 자살 혹은 사형, 1명 생포, 남측 전사 11명, 민간인 4명, 경찰-예비군 각 1명, 사망, 부상 27명)	■ 남북회담 없음 4월 북, 군사분계선과 DMZ 유지 및 임무 포기선언 11월 판문점 연락사무소 일시 폐쇄 12월 북, 3개월 만에 잠수함 사건 '깊은 유감' 표명, 무장공비 유해 24구 북에 인도
1997년	■ 군사 6월 북 경비정 서해 NLL 침범 후 함포 발사. 북한군 12명 군사분계선 월선 후 대성동 마을 주민 2명 납치(사흘 후 석방) 7월 GP 총격 사건. 북한군 14명 군사분계선 월선 후 GP 2곳에 총격. 23분간 교전	■ 남북회담 4회 4월 2월 망명 황장엽, 제3국 거쳐 4월 2일 입국 6월 남북미 준 고위급 회담 뉴욕서 개최 8월 북 신포경수로 착공

연도	공세적 행동-위협	사건 전후 남북관계
1998년	■ 군사 6월 속초 유고급 잠수정 침투 사건 　(북 승조원 9명 사망, 7월 북측에 송환) 7월 동해 앞바다 무장공비 시신 발견. 　생존자 침투 가능성 제기 8월 대포동 1호 발사 11월 강화군 화도면 간첩선 침투 　사건(발각 후 우리 측 추격받고 북상) 12월 여수 앞바다 반잠수정 침투 사건 　(반잠수정 격침, 북 승조원 3명 사살)	■ 남북회담 3회 2월 당비서 김용순, 남측 정당과 　사회단체에 대화 제의 천명 6월 정주영 회장 소 500마리 몰 　고 방북 9월 현대 대북사업 승인 10월 정주영 회장 2차 소 떼 방북 11월 금강산 관광 시작, 북, 영변 　지하 핵시설 사찰 거부 12월 정주영 3차 방북 및 서해안 　공단 조성 합의
1999년	■ 군사 6월 제1차 연평해전 발발 9월 북, 서해 NLL 무효 주장 및 새 　해상 분계선 일방 선포	■ 남북회담 5회 4월 북 김용순 남북대화 　3개 선행실천 사항 요구 6월 이산가족해결 베이징 차관 　급 접촉 8월 금강산 관광 재개 　(6월 남측 관광객의 북측 안내원 　귀순 공작 사건으로 관광객 억 　류 후 일시 중단)
2000년	특이사항 없음	■ 남북정상회담 남북회담 27회 8월 1차 이산가족 상봉 11월 2차 이산가족 상봉

위 〈표〉는 1990년 이후 10년간 북한의 정치-군사적 행동 관점에서
정리한 것으로 해당 기간 남북관계의 특성 전반을 나타낸다. 〈표〉에
서는 확인되지 않고 있지만 1990년대 초반에는 외부 변수, 즉 소련의
붕괴 등 사회주의권의 변화와 당시 노태우 정부의 한-소 정상회담

(1990.6.) 등 북방정책도 남북관계에 영향을 미쳤다. 이에 따라 1990년과 1991년 2년 연속 눈에 띄는 도발적 행동이나 위협이 없었던 것으로 보인다.

남북회담 횟수를 보면 1990년부터 3년간 정치, 군사, 경제, 인도, 사회문화 등 분야에서 131차례 진행됐다. 특히 남북기본합의서가 발효되던 해인 1992년 한해에만 88회의 남북회담이 이뤄진 점은 주목할 만하다.

1년 365일 가운데 거의 4일에 한 번꼴로 남북회담이 진행된 셈이다. 이는 첫 남북정상회담이 열렸던 2000년에는 27회, 두 번째 정상회담이 있던 2007년에는 55회, 그리고 3번의 정상회담이 열렸던(판문점 비공개 회담 포함) 2018년의 36회를 훨씬 뛰어넘는 것으로 남북기본합의서 체결에 대한 남북 쌍방의 기대가 지금보다 더 높았음이 회담 수치로 확인되고 있다.

그러나 북한의 공세적 행동은 1990년과 1991년 2년만 중단되는 데 그쳤다. 1992년 DMZ 내 남북 군간 교전을 시작으로 이듬해인 1993년 김일성은 준전시 상태를 선포하며 공세를 강화하기 시작했다. 당시 북한은 재개된 한미 팀스피리트 훈련을 맹비난하였고 핵확산금지조약(NPT) 탈퇴를 선언하기에 이른다. 남북관계가 급속도로 얼어붙으며 직전 88회나 이뤄졌던 남북회담은 이듬해 4회로 급격하게 축소됐다.

북한은 1993년에는 노동1호 미사일을, 1998년에는 장거리 로켓 대포동 1호를 처음으로 발사하면서 대륙간탄도미사일, ICBM을 개발하겠다는 의지를 드러냈다. 1994년 이후부터는 북핵 문제가 본격적으로 대두되며 남북관계와 맞물려 돌아가기 시작한 것으로 보인다. 〈표〉에서 보듯 북한의 공세적 행동은 한 해도 거르지 않고 지속되다가 첫 남북정상회담이 이뤄지던 2000년에 주춤해졌다.

그러나 이마저도 한 해에 그쳤다. 1차 남북정상회담 이후 남북경계선상에서 북한의 도발적 행동이 지속되고 있음을 확인할 수 있다. 이는 안보 인식에 관한 국가의 전략문화에 따른 전략적 선호도(strategic preferences)는 변화에 쉽게 반응하지 않는다는 발비나 황의 지적과 습관적 행동 패턴이 특징인 전략문화적 성격(승전에 대한 편향된 믿음)을 여실히 드러낸다. 북한의 이 같은 행동은 1차 남북정상회담 이후 10년간의 남북관계에서도 마찬가지였다.

❖ 2001년~2010년

〈표 3〉 2001년~2010년 북한의 공세적 행동과 남북관계

연도	공세적 행동-위협	사건 전후 남북관계
2001년	■ 군사 11월 북, 파주 DMZ 초소에 기관총 발사 11월 북 경비정 서해 NLL 침범, 36분간 머물다 북상	■ 남북회담 8회 2월 남북군사실무회담서 비무장지대 내 경의선 철도/도로 연결 위한 DMZ 규칙안 합의, 3차 이산가족 상봉 12월 통일부 옥수수 10만 톤 지원 확정
2002년	■ 군사 1월 북경비정 서해 NLL 침범 6월 제2차 연평해전	■ 남북회담 32회 4월 4차 이산가족 상봉 7월 북, 2차 연평해전 유감 표명 8월 8.15 민족통일행사 참석차 북 대표단 110여 명 서울 방문 9월 5차 이산가족 상봉 경의선/동해선 철도 도로 연결공사 개시, 첫 남북군사 직통전화 개통, 한미 북핵 개발 시인 공식 발표, KEDO 12월부터 대북 중유제공 및 경수로사업 재검토 결의, 북핵 동결 조치 해제 및 핵시설 가동 건설 즉시 재개 발표 12월 북, 사찰단 추방 결정
2003년	■ 정치-군사 1월 북 NPT 탈퇴 발표 7월 경기 연천 DMZ 기관총 발사	■ 남북회담 36회 2월 6차 이산가족 상봉 3월 금강산 육로 관광 첫 실시 6월 7차 이산가족 상봉 8월 북핵 첫 6자회담 개최 9월 8차 이산가족 상봉

연도	공세적 행동-위협	사건 전후 남북관계
2004년	■ 군사 11월 북 경비정 3척, 서해 NLL 침범(해군 경고사격)	■ 남북회담 32회 3월 9차 이산가족 상봉 6월 개성공단 시범단지 준공 7월 10차 이산가족 상봉 8월 아테네 올림픽 남북선수 공동입장, 11차 이산가족 상봉 12월 동해선 남북연결도로 임시 개통
2005년	■ 정치-군사 2월 북 핵무기 보유 및 6자 회담 참가 중단 선언 4월 핵무기 유엔 이관 시 선전포고 간주 선언 5월 영변 원전서 폐연료봉 8천 개 인출 발표	■ 남북회담 34회 3월 한전 개성공단 입주업체에 분단 후 첫 전기 공급 6월 남북장관급 회담 11월 12차 이산가족 상봉
2006년	■ 군사 7월 대포동 2호 발사 10월 북 1차 핵 실험	■ 남북회담 23회 3월 13차 이산가족 상봉 6월 14차 이산가족 상봉 7월 남북장관급회담 9월 북, 수해복구물자 지원 요청. 북미일 6자회담 조기 재개 합의 11월 남측, 첫 유엔 대북 인권결의안 찬성 투표 12월 도하 아시안게임 공동입장
2007년	■ 도발 규정 보류(단거리 미사일) 5월 동해로 단거리 미사일 발사 6월 동해로 단거리 미사일 발사	■ 남북정상회담 남북회담 55회 1월 북, 영변원자로 중단 및 IAEA 사찰단 입국 허용 5월 15차 이산가족 상봉, 남북군사장성급 회담(열차 시험운행, 군사보장 합의서 채택) 6월 내금강 관광 개시 7월 영변 핵 실험 가동중단 발표 10월 남북정상회담 16차 이산가족 상봉

연도	공세적 행동-위협	사건 전후 남북관계
2008년	■ 민간인 사망 사건 7월 금강산 관광객 총격 사망 　(남북관계 악화 계기)	■ 남북회담 6회 7월 북, 금강산 피격 유감 표명, 명승지 종합개발 지도국 대변인 "유감스럽지만, 박 씨의 군사통제선 월선이 원인, 책임은 남측…사과해야", 정부, 금강산 관광 중단 발표
2009년	■ 군사 4월 은하2호 로켓 발사 5월 2차 핵 실험 11월 서해 대청해전	■ 남북회담 6회 9월 17차 이산가족 상봉
2010년	■ 군사 3월 서해 천안함 피격 11월 연평도 포격전 11월 해군 8전대 준전시 상태 선포(비공식)	■ 남북회담 8회 11월 18차 이산가족 상봉

　2001년 이후는 남북관계보다 북한의 전략적 변화가 눈에 띤다. 첫 남북정상회담의 여파로 남북대화는 활발하게 진행됐지만 위 〈표〉에서 보는 것처럼 북한은 2차 연평해전, 천안함 폭침, 연평도 포격 등 남한 영토에 대한 직접 공격도 감행했다. 또 남북관계가 롤러코스터를 타던 이 시기 북한은 첫 핵 실험을 실시한다(2006년 10월).

　따라서 1990년대 이후 북핵 문제가 다시 국제 사회의 핵심의제로 가열됐고 남북관계 역시 마찬가지였다. 위 시기 가운데 2008년과 2009년, 2010년을 보면 특이한 모습이 발견된다. 금강산 관광객 피살 사건(2008년)으로 관광이 중단되었지만 2009년에도 회담은 지속되었고, 2009년 5월 2차 핵 실험이 있었지만 넉 달 뒤 이산가족 상봉 행사가 진행된다.

이명박 정부의 노동부 장관이었던 임태희는 2009년 10월 싱가포르에서 북한 김양건 통일전선부장을 비밀리에 만나 남북정상회담을 논의했다.[100] 정상회담은 성사되지 않았으며 비밀 접촉 직후 서해에서는 NLL을 넘은 북한 경비정과 남한 해군이 충돌하는 대청해전이 발발해(2009년 11월) 북한군 10명 안팎이 죽거나 다쳤다.[101] 넉 달 뒤엔 대청도 북방 백령도 해역에서 북한군에 의한 천안함 피격사건 (2010년 3월)이 일어나며 '대북 5·24 조치'가 발동되고 이명박 정부의 대북정책은 전면 중단되기에 이른다.

그러나 보수정권에서도 남북정상회담을 추진했다는 점에서 정상회담은 진보-보수정권을 가리지 않고 전략공동체의 핵심 정책으로 작용한 것으로 보인다. 노태우, 김영삼 정권에서도 정상회담을 추진하거나 제안했지만 성사되지 못했다.

2011년 이후 10년 동안 북한은 김정일이 사망하고 김정은이 새 최고존엄으로 등장하며 2012년 헌법에 핵 보유국을 명시한 지 5년 만에 핵 무력 완성을 선포(2017년 12월)하기에 이른다. 이 시기에 북한은 건국 이후 가장 많은 중장거리 미사일 발사를 이어가며 위기를 끌어올렸다.

---

100 김화영, 임태희, "2009년 남북정상회담 양해각서 서명"…"북 김양건 여러 차례 만났다" 비밀접촉설 시인, 연합뉴스, 2012.6.20.

101 김태훈, 한국군 문민통제의 특수성과 유형에 관한 연구, 경기대 정치전문대학원 박사학위 논문, 2020, p. 168.

❖ 2011년~2020년

〈표 4〉 2011년~2020년 북한의 공세적 행동과 남북관계

연도	공세적 행동-위협	사건 전후 남북관계
2011년	특이사항 없음	■ 남북회담 1회 12월 김정일 사망
2012년	■ 정치-군사 4월 은하 3호(광명성 3호) 로켓 발사, ICBM급 화성-13형 공개 (KN-08), 개정헌법에 핵보유국 명시 12월 은하 3호 로켓 발사	■ 남북회담 없음
2013년	■ 정치-군사 2월 3차 핵실험(HEU주장) 3월 정전협정백지화선포, 서울-워싱턴 불바다 위협, 남북불가침협정 폐기, 개성공단 입경 거부 (출경만 허용)	■ 남북회담 24회 4월 개성공단 조업 중단
2014년	■ 군사 3월 스커드-ER 발사 3월 단거리 미사일 등 하루 25발 발사 3월 북한 무인기(청와대와 수도권 190여 장 사진 촬영) 3월 연평도 해상에 해안포 사격 10월 파주 총격전(대북전단관련 남북 GP 간 총격)	■ 남북회담 8회 2월 19차 이산가족 상봉 10월 아시안게임 폐막식 참석차, 황병서, 최룡해, 김양건 등, 김정은 핵심 3인방 방남 (10월 4일)
2015년	■ 군사 5월 SLBM 북극성(1형) 첫 시험 발사 8월 DMZ 지뢰 도발 8월 북, 전연 지대(전방) 준전시 상태 선포 10월 중거리 화성-13형 신형 공개 (KN-14) 11월 SLBM 북극성(1형) 시험 발사	■ 남북회담 5회 8월 남북 판문점 회담(준전시 상태 해제, 확성기 방송 중단) 10월 20차 이산가족 상봉

연도	공세적 행동-위협	사건 전후 남북관계
2016년	■ 군사 1월 4차 핵 실험(수소탄 주장) 2월 광명성 4호 발사 3월 노동계열미사일 발사 4월 화성-10형(무수단계열) 미사일 발사 4월 SLBM 북극성(1형) 시험 발사 4월~10월 화성-10형 미사일 8회 발사 7월 노동미사일(추정) 발사 7월 SLBM 북극성(1형) 시험 발사 8월 노동미사일 2발 발사 8월 SLBM 북극성(1형) 시험 발사 9월 노동미사일(추정) 발사 9월 5차 핵 실험 및 청와대 타격 영상 공개	■ 남북회담 없음 1월 남북 확성기 방송 재개 2월 남측, 개성공단 완전 중단 발표
2017년	■ 군사 2월 북극성(2형) 시험 발사 5월 IRBM급 화성-12형 발사 5월 스커드-ER급 발사 7월 ICBM급 화성-14형 2회 시험 발사 8월 괌 타격계획 공개 8월 IRBM급 화성-12형 시험 발사 9월 IRBM급 화성-12형(추정) 시험 발사 9월 6차 핵 실험(수소탄) 11월 ICBM급 화성-15형 시험 발사 (핵 무력 완성선언)	2017년 남북회담 없음
2018년	특이사항 없음	■ 남북정상회담 3회 (공식 2회, 비공식 1회) 북미정상회담 1회 남북회담 36회 1월 판문점 직통전화 재개 4월 북, 핵 실험-ICBM 개발 중단, 풍계리 핵 실험장 폐쇄 발표 등 8월 21차 이산가족 상봉

연도	공세적 행동-위협	사건 전후 남북관계
2019년	■ 군사 5월 이스칸데르급 미사일 시험 　발사 7월 이스칸데르급 미사일 시험 　발사 8월 신형대구경조종 방사포, 북한 　판 '에이태킴스' 미사일 등 5차 　례 발사 9월 초대형 방사포 발사 10월 초대형 방사포, SLBM 북극 　성(3형) 시험 발사 11월 초대형 방사포 발사	■ 남북회담 2회 6월 남북미 정상 판문점 회동 별도
2020년	■ 정치-군사 3월 초대형 방사포 등 4차례 발사 5월 아군 GP 총격(대응사격) 6월 북, 개성공동연락사무 폭파	■ 남북회담 없음

2011년 이후 남북관계는 김정일의 사망과 김정은의 등장 그리고 남한 정권교체 등에 따른 변화로 요약된다. 북한은 이 시기 개정헌법에 핵 보유를 명문화했으며(2012년 4월), 이에 따른 실천 방안으로 4번의 추가 핵 실험과 함께 대륙간탄도미사일(ICBM)과 중거리탄도미사일(IRBM), 준중거리탄도미사일(MRBM), 잠수함발사탄도미사일(SLBM) 등 다양한 운반 수단을 확보하기 위한 시험 발사를 계속했다.

이러한 행위는 보수정권에서 진보정권으로 바뀐 2017년 이후에도 계속됐으며 북한은 2017년 12월 핵 무력 완성을 선포하고 이듬해인 2018년부터 남북정상회담과 북미정상회담 등을 통해 본격적인 대화 국면에 돌입한다. 남한의 전략공동체는 평화론을 설파에 주력했지만 정상회담을 전후한 북한의 행동 패턴은 과거 남북정상회담을 전후한 시기와 크게 달라진 점이 없다.

1차 정상회담을 1년 앞둔 1999년 6월에 1차 연평해전이 발발했으며, 2차 남북정상회담을 앞둔 2006년에는 1차 핵 실험을 실시했다. 남북-북미정상회담을 앞둔 2017년에는 핵 실험은 물론 북한 정권 수립 후 최다 규모의 중장거리 미사일을 시험 발사하며 핵 능력 고도화에 나섰다. 북한은 남한에 어떤 정권이 들어서든 상관없이 그레이엄 엘리슨과 필립 젤리코의 지적대로 전략공동체의 프로그램화된 일정에 따라 일관된 행동을 한 것으로 나타난다.

다만 위 〈표〉에 나와 있듯이 정상회담과 남북대화가 활발히 진행되던 기간에는 위협 수준을 낮춘 점이 눈에 띄지만 회담이 끝나면 다시 공세적 행동을 되풀이하고 있다. 앞서 설명한 대로 대화가 끝나고 나면 다시 공세적 전략에 편승해 과거로 돌아가는 북한의 회귀가 계속되고 있다. 특히 1년 기준 역대 최다 규모인 88회의 남북회담이 진행되던 1992년에도 DMZ에서 군사도발(무장공비 침투)을 일으켰다. 이는 남북기본합의서가 발효된 지(1991년 12월 13일 합의, 1992년 2월 19일 발효) 불과 석 달 만이었다. 남북기본합의서 발효 1년이 지난 1993년 3월에는 김일성이 준전시 상태를 선포하며 위기를 고조시켰다.

1994년 7월 김일성 사망 이후 김정일은 국방위원장의 호칭을 부여받아 군대가 국가의 기본이라는 선군정치를 앞세웠다. 선군정치를 국가의 대전략(大戰略)으로 내세운 건 공세적 행동을 계속하겠다는 의지의 표현이나 다름없다.

북한은 2007년 5월, 금강산에서 이산가족 상봉 행사가 진행되던 시기에 동해로 단거리 미사일을 발사하는 비정상적 행동을 보이기도 했다. 3대 최고존엄인 김정은 집권 이후에도 비슷한 경로를 밟는 중이다.

2차례의 공식 남북정상회담(2018년 4월, 9월)과 1차례의 판문점 비공개 회담(2018년 5월), 2차례의 북미정상회담(2018년 6월, 2019년 2월) 직후인 2019년 한 해에만 북한은 이스칸데르급 미사일(KN-23)과 초대형 방사포 발사 등 11번의 위협을 가하며 군사적 능력과 긴장감을 끌어올렸다.[102]

코로나19로 국경을 봉쇄하고 초특급 방역 조치를 시행하던 2020년에도 초대형 방사포 발사(2020년 3월), 개성 남북공동연락사무소 폭파(2020년 6월)와 같은 도발적 행동이 계속됐다. 진보 정부에서 다시 보수 정부로 바뀌는 시점을 전후한 2022년 북한은 한 해 동안 39차례의 미사일을 발사해 이전 역대 최다였던 2016년 24회를 훌쩍 뛰어넘었다.

위 〈표〉에 나타난 미사일은 주로 사거리 1,000km 이상이다. 1,000km 이하의 단거리 탄도미사일이나 신형 방사포 발사 등은 남측과 마찬가지로 자체 훈련일 수도 있고, 신형 무기의 시험 목적일 가능성 등으로 통계에서 제외했다. 다만 2007년에 단거리 탄도미사일 발사를 명기한 것은 이산가족 상봉 기간 도발이라는 점 때문에, 또 2019년에는 정상회담 직후라는 점과 이스칸데르급 미사일이라는

---

102 박정엽, 청 긴급 NSC 소집…"북, 잠수함발사탄도미사일 발사 가능성, 조선일보, 2019.10.2.

점에서 표에 명기했다.

이스칸데르급 미사일(KN-23, 사거리 600여km 추정)과 초대형 방사포의 경우 다른 단거리 탄도미사일과는 달리 핵탄두 소형화 시 장착 가능성이 거론되는 전술핵 미사일로 언급되고 있고,[103] 이는 미국 영토를 주로 겨냥하는 중장거리 미사일과는 달리 남한 직접 타격용이라는 점에서 매우 위협적이다. 2023년 1월 미국 의회조사처는 북한의 이 미사일에 대해 핵탄두 탑재가 가능하다는 보고서를 작성했다.

그러나 국제 사회가 북한의 단거리 탄도미사일 발사의 경우 어느 정도 용인해 왔다는 점을 근거로 대부분은 통계에서 제외했다. 실제 트럼프 미 대통령은 북한의 단거리 미사일 발사가 잇따르던 2019년 8월 "단거리 미사일은 약속하지 않은 것이고, 문제 될 게 없다"고 말하기도 했다.

그러나 이명박-박근혜 정부, 최근에는 윤석열 정부에 이르기까지 보수 정부는 탄도미사일이나 방사포 등 모두를 도발적 행동으로 보았다는 점에서 남한 내 전략공동체 사이에서도 다른 인식이 존재한다는 점을 확인할 수 있다.

북한의 이러한 행동이 공격우위신화적 요소인지에 대해서는 서구적 시각과 남한, 중국 등의 시각이 엇갈리고 있다는 평가도 제기된다. 제임스 스트랫포드(James D. Stratford)는 북한을 공격적이고 비합리적이며 호전적이라고 보고 있는 많은 서구 전문가들과 달리 중국

---

103 김윤경, "5월 北이 쏜 탄도미사일에 핵탄두 탑재 가능", 뉴스1, 2019.6.7.

이나 남한 전문가들 가운데는 공포와 불안에서 비롯된 행동이라고 인식할 가능성이 더 높다고 말하는 사람들이 있다고 주장한다.[104]

이는 북한의 도발이 팽창을 위한 능동적-적극적 행위로 보는 서구와 달리 남한 일각에서는 위협에 대응하는 수동적인 인식, 즉 방어로 분석하는 경향이 있다는 것을 지적한 것으로 보인다.

북한이 비합리적이거나 팽창에 따른 것이든, 아니면 체제 유지나 위협 때문이든 빈번하게 선제적 도발을 감행해왔다는 점에서 공격우위신화는 유지되고 있다. 이는 전쟁 시 승리에 대한 믿음일 수도 있겠지만 승리에 버금가는 정책목표를 달성하기 위한 수단일 수 있다. 또 앞서 제시한 도발 사례처럼 국가의 상호관계와는 무관하게 비합리성을 지속적으로 보여왔고 이는 신화 속에 형성된 통치이념을 이행하고 있는 것으로 보인다.

---

104 James D. Stratford, *Strategic Culture and the North Korean Nuclear Crisis: Conceptual Challenges and Policy Opportunities, Security Challenges*, 2005, Vol. 1, No. 1, 2005, pp. 129-130.

V.

최고존엄에 휩싸인 북한

공격우위신화의 형성 요인

    북한이 매일 강조하는 혁명이라는 단어에는 북한이 추구하는 가치를 함축적으로 표현한다. 혁명은 대를 이어 유지해 나가는 전통이 되었으며, 이에 따라 백두혈통 계승도 혁명의 한 부분이 되었다.

1. 만인 대 만인의 싸움, 홉스적 문화

지금부터는 북한의 공세적 전략문화가 형성된 배경을 살펴본다. 앞선 장에서도 북한의 공세적 전략문화를 구성하는 배경으로 혁명 전통과 홉스적 문화 등을 일부 언급했는데 구체적 내용은 다음과 같다.

전략문화적 행동과 부분적으로 통하는 구성주의 관념론을 설파했던 웬트는 국제 체제를 세 가지 문화, 즉 홉스적 문화와 로크적 문화, 칸트적 문화 등으로 구분했는데 북한은 이 가운데 홉스적 문화에 가깝다. 홉스적 문화란 이근욱에 의하면 공격적 현실주의이다. 공격적 현실주의는 세력균형에 만족하지 않고 현상 변경을 시도하며 이를 위해 군사적 능력을 키우며 이러한 국가가 둘 이상이면 토마스 홉스가 주장한 약육강식의 자연 상태에서 비롯되는 만인 대 만인의 투쟁이 나타난다.

이는 다원적 안보공동체, 즉 국가 간 협력이나 현상유지를 통해 평화를 지향하는 칸트적 문화와는 상반된 개념이다. 따라서 남한이 칸트적 문화를 추구한다고 가정하면 남북이 마주하고 있는 이질적인 문화 차이를 극복하지 않고는 이른바 전쟁의 근원을 제거하는 적극적 평화를 달성하기 어려울 수 있다. 적극적 평화는 영구평화를 강조하는 칸트적 문화에 가깝다.

웬트는 세 가지 문화 중에 국제 체제가 어떤 문화를 추구하든 선호와 기대에 따라 행동을 하는, 즉 합리적 선택의 범주에 있다는 점을 거부하지는 않는 것으로 보인다. 따라서 북한이 홉스적 문화를 추구한다고 가정하면 북한도 합리적으로 행동한다는 딜레마에 빠질 수 있다.

북한이 강변하는 합리적 행위에는 남한을 향한 도발과 공세, 합의 불이행 등 모든 것이 포함된다. 북한은 이를 **자위적 국방력 강화**라는 말로 대변하고 있다. 홉스적 문화의 공간은 자연 상태이므로 북한은 이익과 생존을 위해 자신의 공격적 행위를 무한히 추구하게 된다. 북한이 자신들의 국방력 강화에 대해 외세가 참견하지 말라고 주장하는 이유도 여기에 있다. 그러나 직간접적 도발을 지속해 온 행위는 이른바 보편적 국제규범과 어긋나는 것이어서 합리적 행위에서 벗어난다.

홉스적 문화의 사례로 볼 수 있는 북한의 3,120건의 도발 가운데 2,364건이 1950년대부터 1980년대까지 집중된 것을 볼 수가 있다.[105] 1990년대에 들어와서 횟수는 잦아들었으나 이는 국내외 정세

---

[105] 국방부, 2020 국방백서, 2020, p. 319.

의 변화가 상당 부분 작용한 것으로 보인다. 1990년대 이후 북한의 최대 관심사는 핵과 경제문제였다. 핵 문제를 놓고 북한의 행동 변화를 예측해야만 하는 현상이 지금까지 지속되고 있는 것이다. 당시 핵 실험이나 대륙간탄도미사일과 같은 핵 운반 수단은 전무한 상태였기 때문에 크게 위협적인 요소는 아니었다. 그러나 두 번의 북핵 위기(1차는 1993년 NPT 탈퇴 선언, 2차는 2002년 고농축 우라늄 핵탄두 개발 시인)에서 보듯 북한의 핵 개발 문제는 국제 사회의 주요 관심사로 떠오른다.

그러나 북한 내부적으로 가장 현실적인 문제는 경제였다. 1970년대 남한을 앞서던 북한의 경제는 1990년 들어 사회주의 체제의 붕괴와 함께 직격타를 입었다. 대표적인 사례로 거론되는 것이 원유 수입이었다. 원유도입량의 80%를 소련으로부터 국제 시세보다 싼 가격의 이른바 사회주의 우호 무역 방식으로 수입했는데 1980년대 말 연간 250만 톤에 달했던 원유도입량은 소련 체제의 붕괴 이후 55만 톤대로 내려앉았다.

박상철은 "당시 북한 헌법은 경제 관련 부서 통폐합, 지방 행정조직 일원화, 경제 관련 헌법 조항 수정 등 경제난 타개에 총력을 기울이고 있다"[106]고 밝혔다. 이와 함께 1970년대 중반 도입된 이른바 식량 자급자족의 주체 농법이 사실상 실패하는 등 자력갱생이 한계에 이르면서 1990년대 그 유명한 고난의 행군을 맞이한다.

---

[106] 박상철, 한국정치법학론, 2008, p. 330.

이와 비슷한 시기에 핵 개발을 본격화하면서도 남한과 활발한 대화(1991년 남북기본합의서 합의 등)를 이어갔으나 결국 국내정치적 측면이 강한 선군정치를 채택(1998년)하기에 이른다. 북한 역사상 처음 등장한 **선군정치**는 전략문화적 개념에서 보면 **공격우위신화**를 규정하는 하나의 **상징**이었다.

북한의 선군정치 채택은 그레이엄 앨리슨 등이 지적한 대로 북한으로선 또 다른 **큰일**이었다. 군을 앞세운 통치이념으로의 변화는 프롤레타리아 계급정당이 정치-국가권력을 독점해 당-국가체제를 만든다[107]는 사회주의 논리에서 벗어난 것이다. 이 시기 북한은 내부적으로 김일성의 사망(1994년) 등 지도체제의 급격한 변동까지 겪게 된다. 선군정치가 본격화한 것은 북한이 1990년 5월 최고인민회의 9기 제1차 회의에서 국방위원회를 신설해 군부를 전면에 내세우면서다.

이듬해인 1991년 12월에 김일성은 김정일을 인민군 최고사령관으로 지명해 후계자 작업도 본격화한다. 1992년 4월에는 사회주의 헌법을 개정해 주체사상을 국가지침으로 명시했다. 1994년 7월 김일성이 사망한 뒤 권력은 김정일로 이양되었으며 김정일은 김일성 삼년상을 지낸 뒤인 1998년 국방위원장에 올라 군대가 국가의 기본이라는 선군정치를 국가통치 이념으로 내세우게 된다.

1990년대 김정일의 선군정치는 북한도 인정하는 고난의 행군 시기를 돌파하는 수단이 되었으며 이는 김정은 집권기에도 상당 기간

---

107 정재도, 김정일의 선군정치와 북한 권력구조 변화에 관한 연구 — 당군관계를 중심으로, 연세대학교 행정대학원 박사학위 논문, 2008, p. 7.

이어졌다. 북한은 김정일 사망 이듬해인 2012년 4월 최고인민회의 제12기 5차 회의에서 김정은을 국방위원회 제1위원장으로, 김정일을 '영원한 국방위원장'으로 추대하며[108] 김정은 집권 1기 시대를 열었다.

국가의 행위와 관련해 실제로 국가가 행동을 하는 것이 아니라 국가 내부에 존재하는 사람들의 행위를 의미한다는 왈츠의 시각[109]에 따른다면, 김정은의 3대 세습 성공도 그레이엄 앨리슨 등이 강조한 큰일에 해당한다. 실제로 김정은은 권력 안정기에 접어든 2016년 5월, 36년 만에 7차 당 대회를 개최했는데 군을 앞세운 아버지 김정일 시기에는 한 번도 개최되지 않았다.

고난의 행군 여파가 지속되는 가운데 북한은 2000년대로 접어들며 처음으로 남북정상회담에 응했고 이후 남한에 진보정권이 등장할 때마다 정상회담은 계속됐다. 이 시기 남북 간에는 적극적 평화가 곧 구현될 것 같은 들뜨는 상황이 계속됐다.

그러나 2차 연평해전(2002년 6월), 6차례의 핵 실험(2006년~2017년), 대청해전(2009년 11월), 천안함 폭침(2010년 3월), 연평도 포격전(2010년 11월), 개성공단 가동중단과 폐쇄(2013년 4월과 2016년 2월), DMZ 지뢰 도발과 준전시 상태 선포(2015년 8월), 핵 무력 완성 선언(2017년 12월), 개성 남북공동연락사무소 폭파(2020년 6월) 등 북한의 습관적 행동

---

108 북한 조선중앙통신, 2012.4.13.

109 Kenneth Waltz, *ibid*, 2018, pp. 119-173.

은 계속됐다.

북한이 선군정치를 형식적으로 탈피한 시기는 2016년 6월 29일 최고인민회의 제13기 제4차 회의였다. 북한은 이 회의에서 국방위원회를 폐지하고,[110] 국무위원회를 신설했으며 국무위원회에 국방과 통일, 외교, 경제 분야를 아우르는 권한을 위임했다.

이때부터 김정은에 대한 호칭도 국무위원장으로 바뀌게 된다. 당시 북한 국무위원회는 위원장 1인과 부위원장 3인, 위원 8명[111]으로 구성됐다. 국무위원회는 경제와 사회 등 국가사업의 전반을 지도하며, 외교와 안보, 통일까지 아우르는 포괄적 정책기구이다. 따라서 김정일 시대에는 국방위원회가, 김정은 시대에는 국무위원회가 북한의 전략공동체 역할을 수행한 것으로 판단된다.

그러나 선군정치를 탈피했다고 해서 북한의 공세적 전략문화가 바뀐 것은 아니었다. 김정일의 국방위원회가 선군정치를 앞세워 공세주의적 전략문화를 이어갔듯이 김정은의 국무위원회는 핵을 앞세워 비슷한 경로를 밟고 있다. 김정은의 전략공동체를 뒷받침하는 군사적 수단은 2015년 위기 상황에서도 나타난다.

2015년 8월 4일 서부전선 DMZ에서 북한군이 매설한 목함지뢰가

---

[110] 북한의 국방위원회는 1948년 9월 최고인민회의 내 상임분과위원회로 조직되었으나, 1972년 10월 중앙행정기관으로 승격되면서 김일성이 위원장을 겸임한 게 시작이었다. 김정일은 1993년 4월 국방위원장을 맡는다.

[111] 북한 국무위원회의 인적 구성은 시기별로 다소 다르게 나타난다. 예를 들어 북한 조선중앙통신은 2021년 9월 30일 최고인민회의 제14기 제5차 회의 이틀째 회의에서 10명의 국무위원 명단을 공개했다.

폭발해 우리 측 장병 2명이 다리가 절단되는 사건이 발발하고 이는 남북위기 상황으로 고조됐다. 이에 맞서 우리 군이 대북확성기를 재개하자 북한은 8월 20일 오후 기관총과 포탄을 발사했고, 이튿날인 21일 오후 5시를 기해 전방 지역에 준전시 상태를 선포했다.

당시 북한 관영 라디오 방송인 조선중앙방송은 조선인민군 최고사령관의 명령을 하달했다고 밝혀 김정은이 직접 지시한 사실을 알렸다. 북한은 최고 지도기관인 노동당 중앙군사위원회 비상확대회의를 통해 결정됐다고 밝혔는데 당 중앙군사위원회가 북한 전략공동체의 목표를 이행하는 수단임을 드러낸 것으로 보인다.[112]

북한 매체가 비록 당 중앙군사위원회 회의를 거쳐 준전시 상태가 결정됐다고 밝혔지만, 이는 유일 지배체제인 북한의 특성상 형식에 불과하다. 최고사령관의 명령을 하달받았다는 메시지에서 그 이유가 확연히 드러난다. 또 북한군 존재의 가장 큰 목적인 수령 보위의 메시지는 김정은 시대 북한 매체에서도 꾸준히 확인되고 있다.

2021년 2월 8일 건군절 당일 북한 조선중앙TV는 기록영화에서 김일성 대신 김정일을 맨 앞에 위치시켜 칭송했다. 조선중앙TV는 당시 방송에서 "위대한 장군님(김정일)의 선군혁명 영도사는 혁명의 붉은 기를 높이 드시고 수령의 군대, 당의 군대로 강화 발전시키어…(중략)…1960년대에 우리 인민군대를 수령님의 군대, 방위 혁명 무력으

---

112   북한이 남한을 향해 모두 7차례의 준전시 상태를 선포했다. 임은진, 북한, 전방 지역 '준전시 상태 선포'…과거 사례는?, 연합뉴스, 2015.8.21.

로 강화 발전시키는 데서 일대 전환기가 마련됐다"[113]고 강조했다.

앞서 언급한 대로 당의 군대보다 수령 혹은 수령님의 군대를 지속적으로 앞세우고 있다. 이로 미뤄 북한의 전략공동체는 최고존엄으로 대표되며 나머지 기구나 인물은 최고존엄을 보위하는 이른바 지배 혹은 승리연합에 다름 아니다.

조세프 버뮤데즈는 북한 전략문화의 유지자(keepers)는 극단적으로 적은 숫자의 군부와 파워 엘리트이며 모든 힘은 김정일로부터 나오고 군부와 파워 엘리트는 김정일에게 절대적 충성을 하는 계급들이라고 강조한다.[114] 이들 군부나 파워 엘리트는 김정은 시대에 들어와서도 사람만 변했을 뿐 조직의 특성은 그대로 유지되고 있다.

김정은 시대 군 조직과 파워 엘리트 그룹을 보면 가족 그룹에서는 김정일 시대에는 김일성의 딸 김경희의 남편인 장성택이 있었다. 실각과 복권을 반복했지만 그는 백두혈통이 아님에도 최측근 실세였으며, 김정일 사망(2011년 12월) 1년여 전인 2010년 6월 국방위 부위원장(서열 2위 추정)에까지 올랐다.

김정은의 친동생 김여정은 비록 직급은 일치하지 않지만 장성택의 자리를 상징적으로 물려받은 것으로 보인다. 김여정(2023년 현재 노동당 부부장)은 2018년 2월 9일 평창동계올림픽 개회식 참석차 인천공항에 도착했을 당시 대외 국가수반인 김영남 최고인민회의 상임위원

---

113 북한 조선중앙TV, 09시 뉴스, 2021.2.8.

114 Joseph S. Bermudez, Jr., *ibid*, 2006, p. 9.

장으로부터 자리를 권유받는 상징적 모습을 통해 북한 권력의 단면을 보여주기도 했다.[115]

체제 보위가 목적인 국가안전보위부는 2016년 8월 국가보위성으로 명칭이 변경됐다. 국가보위성은 우리의 국가정보원 역할을 하는 첩보기관으로 알려지기도 했지만, 10만 명 안팎 규모의 비밀경찰을 운용하는 초법적 성격을 띠고 있어 성격이 다소 다른 것으로 파악되고 있다. 남한의 국방부 격인 인민무력부는 인민무력성으로 바뀌었다가 2020년 10월 다시 국방성으로 명칭이 달라졌다.

---

115 김현·서미선, '北 실세' 김여정에게 몸 낮춘 '국가수반' 김영남, 뉴시스, 2018.2.9.

2. 당과 혁명의 뿌리, 혁명전통과 백두산

북한이 주민들을 상대로 방송하는 관영매체 조선중앙TV는 매일 아침 9시에 방송을 시작한다. 조선중앙TV 첫 화면에 등장하는 것은 다름 아닌 백두산이다. 백두산 전경을 시작으로 김일성과 김정일의 사진을 연이어 내보낸다. 이 순서로 진행되는 방송 프로그램은 아무리 다급한 일이 있어도 절대 바뀌지 않는다. 김정일은 이 백두산 정상 부분에 **'혁명의 성산 백두산'**이란 글자를 새겨 넣었고 틈날 때마다 이 장면을 화면에 비추고 있다. 백두혈통이란 말이 괜히 나온 게 아니다. **백두산**은 북한 **전략문화**의 사회문화적 배경의 **상징적 거점**이다.

전략문화 연구가 로렌스 손드하우스가 작성한 전략문화 비교-정의 표를 보면[116] 켄 부스와 존스턴은 국가의 전통, 가치, 태도 등이 전략문화를 받치는 것이라고 평가한다. 켄 부스는 특히 정치 문제에서 군

---

116 로렌스 손드하우스, *ibid*, 2007, pp. 227-228.

사력 역할과 효력 개념을 감싸는 논법의 구조와 언어, 은유 등을 꼽았다. 존스턴은 습관이나 문맥, 상징 등을 거론했는데, 앞서 제기한 백두산 화면처럼 북한의 대내외 메시지에는 이러한 논법이나 상징이 반드시 등장한다.

북한의 전략문화 형성 배경은 제도나 지리적 요인보다는 김일성 일가의 3대 세습 체제가 가장 핵심이었다. 이를 위해 북한은 혁명전통을 유지하거나 발전시키기 위한 수단으로 이른바 **'신화=신념 체계'**를 만들어 냈다. **혁명전통**은 존스턴을 포함한 몇몇 전략문화 이론가들이 밝히고 있듯이 전략문화를 형성하기 위해 내세우는 **문맥** 혹은 **상징개념**이 되었다.

북한은 혁명전통에 대해 "로동 계급의 당이 혁명 투쟁의 전 행정에서 항구적으로 의거하여야 하며 지침으로 삼아야 할 당과 혁명의 력사적 뿌리이며 귀중한 혁명적 재부(=재산)"라고 규정한다. 또 "혁명전통을 옹호·고수하고 그 순결성을 보장하며 대를 이어 빛나게 계승 발전시키는 것이 당원과 근로자들의 숭고한 혁명 임무"라고 강조한다.[117]

이 혁명전통은 당과 군, 선군정치에 의해 계승-발전됐으며, 당은 김일성 항일무장투쟁 시기에 조직적 기반이 형성됐다. 이는 해방 이후에도 일관성 있게 지속되면서 김씨 일가에 대한 절대적 충성이 첫

---

117 북한사회과학출판사, 철학사전, 1970, p. 702. 최승섭,김재현, 영광스러운 우리 당의 혁명전통, 평양, 조선노동당출판사, 1987, p. 4. 과 경남대학교 북한대학원, 북한연구방법론, 제8장 북한연구에 대한 역사적 접근, 2003에서 재인용, p. 261.

번째 전략문화적 특성이라고 밝힌 버뮤데즈의 개념과 맞닿아 있다. 인민군은 혁명 투쟁의 승리를 무력으로 담보할 수 있는 길을 열었으며 1990년대에 이르러 김정일의 선군정치는 군대를 혁명의 기둥으로 앞세우며 정치화됐다. 특히 북한은 당을 먼저 조직하고 군을 창건했던 중국이나 러시아와는 달리 군이 먼저 창건되는(항일유격대 즉, 조선인민혁명군) 선군후당의 독특한 역사성을 보이고 있다.[118]

김일성의 혁명전통은 북한 유일지배체제의 근거인 혁명적 수령관의 기초가 되었다는 것이 선행연구에서도 나타난다. 혁명적 수령관은 당과 국가의 최고 강령이며 노동 계급이 투쟁에서 승리하기 위해서는 수령의 영도가 필수적이며 이에 따라 수령은 무오류하고 완전하다는 견해이다.[119] 이 혁명적 수령관은 1980년대 김정일이 제시한 이론인 사회정치적 생명체론과 결합하며 김정일의 후계체제를 정당화하는 논리로 작용했다.[120] 혁명전통의 개념은 남북-북미 정상회담이 개최된 이후에도 조선중앙TV 등 매체를 통해 끊임없이 강조되고 있다.

예를 들어 2014년 1월 23일 북한 노동신문을 보면, 김정은은 김일성의 항일투쟁을 선전하는 마두산 혁명전적지를 시찰한 자리에서 "혁명의 대가 바뀔수록 혁명전통교양을 강화해야 하며…(중략)…혁명

---

118 경남대학교 북한대학원, *ibid*, 2003, pp. 264-270.

119 경남대학교 북한대학원, *ibid*, 2003, pp. 270-275.

120 경남대학교 북한대학원, *ibid*, 2003, pp. 275-279. 개인은 지도자 및 당과 유기체적 정치사회집단을 형성할 때 영원한 생명이 부여되며, 개인의 존재는 수령의 지도하에 인민대중과 결합했을 때 의미를 갖는다는 것이 사회정치적 생명체론의 핵심이다.

전적지들은 당원과 근로자, 군인과 청소년들을 당의 혁명전통으로 무장시키는 중요한 거점"이라고 강조했다. 핵 무력 완성을 선언할 무렵인 2017년 12월 9일 김정은은 백두산에 올라 "필승불패하는 조선의 정신적 기둥이며 백절불굴하는 사상적 뿌리인 백두성산을 혁명전통교양의 거점으로 더 잘 꾸리는 데서 나서는 강령적인 과업들을 제시했다"[121]고 밝혔다.

남북-북미 정상회담에서 비핵화 협상이 결렬되고 난 후에도 혁명전통은 수시로 강조됐다. 2019년 12월 7일 노동신문은 '전당(全党)이 백두의 혁명전통으로 철저히 무장하자'라는 사설에서 "혁명전통교양의 방법으로 백두산 지구 혁명전적지 답사, 조선혁명박물관과 혁명사적관 참관사업 조직" 등을 제시했다. 16일 뒤인 12월 23일 노동신문은 "혁명전통은 역사적 뿌리이며, 세대를 하나로 이어주는 핏줄기"라며 김정은이 백두산 혁명전적지를 군마를 타고 행군한 것은 "전체 인민을 백두의 혁명정신, 백두의 공격 사상으로 철저히 무장시켜 사회주의 강국 건설을 힘있게 다그치는 것"이라고 평가했다.

2020년 12월 3일에는 "8만 4천여 명의 인민군 장병과 청소년 학생들이 백두산 지구 혁명전적지를 답사했다"며 "온 나라 전체 인민이 백두의 혁명전통을 영원히 고수하는 행군을 이어가고 있다"고 강조했다.[122] 이처럼 북한이 강조하는 혁명전통 상징어가 군사적 용어로

---

121 북 노동신문, 조선중앙통신, 2017.12.9.

122 북 노동신문, 2020.12.3.

가득 차 있는데, 이는 혁명전통을 구현하는 방식이기도 하다. 심지연은 군과 관련한 혁명전통 구현방식과 관련해 "김일성이 수립한 주체적 군사 이론이 김정일에 의해 발전 풍부화 됐으며, 각종 구호를 통해 강조"하는 두 가지 방식이 있다고 지적한다.[123]

혁명전통이 김일성을 신격화하는 개인숭배에서 비롯돼 3대 세습을 완성한 김정은에 이르기까지 북한 사회와 주민을 하나로 묶고 있다. 또 일관되게 당과 군을 혁명전통을 이어가는 수단으로 삼고 있다는 점은 북한 전략문화의 근거로 볼 수 있다. 특히 김정은이 백두산을 혁명거점으로 거론한 점이 눈에 띈다. 김정은은 백두산의 관문이자 김일성의 항일투쟁 무대, 김정일의 생가 백두산 밀영이 있어 전략문화적 상징성이 뛰어난 삼지연을 성역화하고 대대적인 개발로 세습의 정당성을 찾고 있다.

존스턴은 "정치적 문제에서 군사력의 역할과 효력에 따른 전략적 선호가 독특하게 현실적이고 효율적으로 보이게 만드는 실체와 이를 감싸는 상징들(논법의 구조, 언어, 은유 등)의 통합 체계"를 전략문화의 종속변수, 즉 수단으로 정의하고 있다. 이에 따르면 백두산은 공격우위신화를 떠받치는 북한 전략문화의 상징적 거점이 된다.

백두산과 혁명전통은 김정은 집권 이후 처음으로 발간된 '김정은 위인전'에서도 중요하게 언급되고 있다. 평양출판사가 『위인과 강국 시대』라는 제목으로 2020년 12월에 펴낸 책은 621페이지에 7개의 장

---

123 경남대학교 북한대학원, *ibid*, 2003, p. 268.

으로 구성돼 있는데, 제1장의 제목이 '강국 시대를 이끄시는 백두의 영웅남아, 영웅호걸'이다. 소제목은 '백두산형의 위인', '백두산의 맹세' '백두산 서체' '백두산의 칼바람 맛을 알아야', '죽어도 혁명신념을 버리지 말라', '백두산 대학' 등으로 구성돼 있다. 이 가운데 '죽어도 혁명신념을 버리지 말라'는 장에서는 다음과 같은 내용이 나타난다.

> 비상한 자각으로 가슴속 피를 끓이는 일군들에게
> 경애하는 원수님께서는 위대한 수령님께서
> 항일혁명투쟁 시기에 창조하신 빛나는 혁명전통은
> 우리 당과 혁명의 억센 뿌리로 된다고,
> 우리는 혁명의 대가 바뀔수록 혁명전통교양을
> 더욱 심화시켜야 한다고 강조하시었다.[124]

동 장에서는 또 "항일혈전만리 혁명적 신념이 행로를 꿋꿋이 이어온 투사들의 넋이 새겨진 구호 문헌은 오늘도 어제 날의 모습으로 굳건히 서 있었다"[125]며 죽어도 혁명신념을 버리지 말라고 강조하고 있다. 상징을 구체화하는 사례는 김일성-김정일의 성지화에서도 나타난다.

예를 들어 1955년 보천보 지역에 김일성의 동상이 세워졌는데 이

---

124 북한 평양출판사, 위인과 강국시대, 2020, p. 54.

125 북한 평양출판사, *ibid*, 2020, p. 55.

곳은 김일성의 항일무장투쟁 업적 가운데 1순위로 꼽혀온 지역이다. 또 소련에서 출생한 것으로 알려진(하바로프스크) 김정일의 출생지를 백두산 밀영으로 하고 귀틀집을 성역화한 것 역시 마찬가지다.

박창희 교수가 미국의 독수리나 중국의 용이 전략문화적 상징이 될 수 있다고 밝혔듯이 백두산 역시 마찬가지이며, 북한 매체에 자주 등장하는 주체사상탑, 김일성-김정일 부자가 잠들어 있는 금수산 태양궁전을 비롯해 열병식이 열리는 김일성 광장 등도 이른바 전략 문화적 상징에 해당한다.

특히 김정은 집권 이후인 2013년 4월 '조선민주주의 인민공화국 금수산 태양궁전법'이라는 별도의 법이 마련됐다. 법 조항은 모두 5장으로 구성돼 있다. 각 장을 보면 제1장에는 금수산태양궁전은 주체의 최고성지, 제2장에는 금수산태양궁전의 영구보존, 제3장 금수산태양궁전에서의 경의표시, 제4장 금수산태양궁전의 관리운영, 제5장 금수산태양궁전사업에 대한 조건보장 등으로 구성돼 있다.

제1장 제1조를 보면 금수산태양궁전의 지위와 법의 사명을 명시하고 있는데, 금수산태양궁전은 주체의 최고성지이며, 동법은 금수산 태양궁전을 전체 조선 민족의 태양의 성지로 영원히 보존하고 깊이 빛내는데 이바지한다고 기술했다. 특히 금수산태양궁전은 '만년유산(제1장 제4조)' '영원한 태양의 성지(제1장 제5조)' '신성불가침, 결사보위(제1장 제6조)' 등을 강조하고 있다.[126]

---

126 자세한 내용은 국가정보원 발간 북한법령집 上, 2020, pp. 133-138 참조.

이러한 공간과 조형물을 비롯해, 투퀴디데스의 펠로폰네소스 전쟁사나 중국 춘추시대 손자병법과 같은 사회에 영향을 미치는 저작물처럼, 최고 지도자를 중심으로 만들어지는 북한의 수많은 저작물(김일성 선집, 세기와 더불어, 김정일 선집 등)들도 **전략문화**를 구성하는 **상징**이다. 앞서 제기한 '김정은 위인전'도 마찬가지다.

이 상징적 요소들이 북한의 혁명전통과 불가분의 관계라는 연구도 제시되고 있는데.[127] 공간, 조형물, 저작 등을 넘어 1980년의 예술영화 조선의 별이나 1987년 민족의 태양 같은 예술적 상징 등도 혁명전통으로 폭넓게 정의되고 있다. 김일성-김정일 생일의 명절화, 즉 태양절, 광명성절 등도 혁명전통과 전략문화적 상징의 대표적 사례로 볼 수 있다.

공간과 조형물 상징에 대해 조은희는 "장기간 보존되고 세대를 거쳐 영향을 미치는 중요한 정치적 상징 도구로, 정책결정자들이체제의 이데올로기 유지와 강화, 사회통합과 정치적 권력의 과시를 위한 가장 위력한 수단으로 활용한다"고 주장한다. 따라서 위에 열거한 북한의 상징은 북한을 좌우하는 이데올로기의 하나이자 일관성-지속성을 뒷받침하며 정책전략 결정을 뒷받침하는 전략문화적 배경이 된다.

특히 수령의 의미에 대해선 "로동계급의 당과 국가를 창건하고, 혁명전통과 당의 지도 사상을 창조하며, 당의 최고 영도자이며, 프롤

---

127 조은희, 북한 혁명전통의 상징화 연구, 한국사회학회 사회학대회 논문집, 2007, pp. 705-713.

레타리아 독재의 총체를 영도하는 전체 인민의 단결의 중심"[128]이라며 모든 전략적 행위의 원천은 최고 지도자 1인에 있음을 명백히 제시하고 있다.

김일성을 떠받드는 혁명전통에 의해 형성된 전략문화는 수시로 공격성을 드러내며 김정은 집권기에도 이어지고 있다. 2021년 1월 8차 당 대회를 마친 뒤 열린 평양 군민연합대회(15일 개최)에서 최룡해 최고인민회의 상임위원장은 "8차 당 대회가 채택한 이민위천, 일심단결, 자력갱생과 관련해, 모든 부문 모든 단위에서 과감한 공격전을 벌여 새로운 5개년 계획에 반영된 목표들을 반드시 점령하고 경제건설과 인민 생활 향상에 결정적인 전환을 이룩해나가야 한다"고 언급했다.

김광혁 공군 사령관은 "반제 군사전선만이 아니라 방역 전선과 사회주의 건설 대전의 제일선들에도 인민군대가 서 있을 것"이라고 강조했다.[129] '모든 단위에서의 과감한 **공격전**' 목표들을 반드시 **점령**' '**인민군대**가 서 있을 것' 등과 같은 용어는 켄 부스와 존스턴이 정의한 전략문화적 문맥이자 공격우위의 신화를 형성하는 **상징어**들이다.

비슷한 사례로 2020년 6월 4일 김여정은 노동신문에 게재한 '스스로 화를 청하지 말라'는 담화에서 남한 단체의 대북전단 살포 문제와

---

128 북한사회과학출판사, 정치사전, 1973, p. 324. 이는 경남대학교 북한대학원, *ibid*, 2003, p.273에서 재인용.

129 북한 조선중앙통신, 2021.1.17.

관련해 "분명히 말해 두지만 또 무슨 변명이나 늘어놓으며 이대로 그냥 간다면 그 대가를 남조선 당국이 혹독하게 치르는 수밖에 없다"고 위협했다. 그러면서 "남조선 당국이 응분의 조치를 세우지 않으면, 북남공동연락사무소 폐쇄가 될지, 있으나 마나 한 북남군사합의 파기가 될지 하여튼 단단히 각오는 해두어야 할 것"[130]이라고 경고했다.

김여정의 담화 이후 북한 매체들은 '죗값을 치러야 한다' '대남업무를 대적사업으로 전환해야' 한다고 지지하고 나섰다. '적은 어디까지나 적' '인간쓰레기' '전단 살포는 총포격 도발보다 더 엄중' '북남관계가 총파탄 될 수도 있다' '역적 무리들을 송두리째 불태워 버리자'와 같은 극단적인 공격적 언사도 쏟아졌다.[131] 6월 9일 북한은 모든 남북연락망을 차단한 데 이어, 일주일 뒤인 6월 16일 남북공동연락사무소를 폭파했다.

또 수령과 주석, 령수, 뇌수, 최고존엄 등으로 상징되는 김씨 일가는 북한에서는 신격화된 존재이다. 김일성에서 김정은에 이르기까지 북한 최고 지도자는 하늘이 낸 장수, 천출 명장, 아버지 장군[132] 등으로 자주 묘사돼 왔다. 특히 이러한 현상은 최근에도 전혀 바뀌지 않고 있다. 예를 들어 2023년 3월 5일 조선중앙TV 오전 9시대 북한 선전 가요를 보면 이런 구절이 나온다.

130 북한 노동신문, 2020.6.4.

131 북한 노동신문, 조선중앙통신, 6.10-14.

132 클로즈업 북한, 극에 달한 北 김정은 우상화, KBS, 2016.2.6.
강영진, 김정은, 김일성 김정일과 같은 반열 올랐다, 뉴시스, 2021.1.11.

우리에게 내일도 햇빛을 주는

저 하늘의 태양은 우리의 수령님,

아 수령님은 영원한 인민의 태양.

…(중략)…

수령님은 태양으로 되셨습니다.

　김일성 생일을 태양절로 부르고 태양은 곧 수령으로 세뇌돼 있는 상황이라면 북한 내부에 존재하는 관념을 바꾸기는 어려울 것이다. 김일성의 신화화 이후 1990년대로 접어들면서 핵 개발은 북한의 대내외적으로 상징으로 떠오른다. 이러한 행위에 대해 많은 전문가들은 북한이 외세의 위협에 대응하고 주민에 대한 결속 기제로 핵 무력 개발의 당위성을 집중적으로 사용하기 시작했다고 평가하기도 했다.

　북한의 핵 개발 역사를 간략하게 살펴보면, 문제가 태동한 것은 1985년 12월로 거슬러 올라간다. 소련의 압력으로 북한이 핵확산금지조약(NPT)에 가입했던 시기이다. 이후 북한은 한미 팀스피리트 훈련 중지 등의 요구가 받아들여지지 않자 1993년 3월 NPT에서 탈퇴한다는 성명을 발표했다.[133]

　이때부터 국제 사회는 북한에 대한 제재와 협상을 본격화하기 시

---

[133]　1949년 김일성 대학에 핵물리학과를 설치했으며, 1957년과 1963년에 각각 김책공대에는 핵공학부를, 평성 이과대학에는 핵물리학부를 신설했다. 1965년부터 영변에 핵 연구센터와 소련으로부터 받은 IRT-2000이라고 불리는 2MW급 연구용 원자로를 가동하기 시작했다. 김계동, 북한의 외교정책과 대외관계 ─ 협상과 도전의 전략적 선택, 2015, pp. 41-145.

작했으며, 1994년 2월 북한은 국제원자력기구, IAEA 사찰단의 활동을 거부하면서 제1차 북핵 위기를 불러왔다. 이후 북미협상을 거쳐 2003년 시한으로 현재핵과 미래핵을 동결하고 이에 대한 보상으로 총발전량 약 2,000MW의 경수로 건설과 매년 중유 50만 톤씩 제공한다는 제네바 합의로 이어졌다.

그러나 북한이 2002년 경수로 건설 지연 문제 등을 이유로 핵무기 개발 계획(고농축 우라늄으로 핵탄두 개발 계획 시인, 2002년 10월)을 거론하면서 2차 핵 위기가 시작됐다. 2003년 1월 IAEA가 농축우라늄을 해명하고 북한 내 모든 핵무기 계획을 폐기하고, 모든 핵물질에 대한 검증을 허용할 것을 촉구하는 결의안을 채택하자 북한은 NPT 탈퇴를 다시 선언한다. 미국은 이 과정에서 완전하고, 검증 가능하며, 되돌릴 수 없는 핵 폐기 원칙(CVID)을 마련했으며, 국제 사회는 6자회담으로 북핵 문제의 돌파구를 마련하려 했지만 결국 합의점을 찾지 못한 채 지금에 이르고 있다.

김일성의 신화 속에 성장한 핵과 혁명전통은 불가분의 관계에 있는 것으로 보인다. 북한 노동신문은 성탄절인 2022년 12월 25일 "백두산지구 혁명 전적지 답사를 통한 혁명전통교양의 된바람을 일으킨 데 대한 당의 뜻을 받들자"고 주장하며 전략문화의 배경 가운데 하나인 혁명전통을 되뇌었다. 앞서 제시했지만, 백두산은 김일성과 김정은 신화의 탄생 배경이 되는 곳이다.

3. 유격대 국가, 정규군 국가, 핵 보유 국가

2021년 1월 14일 8차 당 대회 기념 열병식 연설에서 북한 김정관 국방상은 "온갖 군사적 위협을 철저히 억제할 것이며 국가의 안전을 조금이라도 침해한다면 공격적인 힘을 선제적으로 동원해 철저히 응징하겠다"[134]고 밝혔다. 여기에서 '침해한다면'과 '선제적으로 동원해'라는 표현이 조건부인지 아니면 선제공격을 일컫는지는 분명치 않다.

이와 비슷한 문맥은 2021년 2월 8일 건군절 메시지에서도 발견된다. 당시 북한 노동신문은 사설에서 "인민군대는 침략 세력이 원하는 그 어떤 전쟁 방식에도 다 대응해 줄 수 있고 단호히 제압 분쇄할 수 있는 강력한 전쟁 수행 능력을 갖췄다. 적대 세력이 우리를 털끝만큼이라고 건드린다면 가장 강력한 공격적인 힘을 선제적으로 동원해

---

134 북한 조선중앙TV, 2021.1.15.

공화국 영토 밖에서 철저히 응징할 것"[135]이라고 강조했다. '공격적인 힘의 선제적 동원'이라는 표현과 '전쟁 수행능력' 등의 표현을 고수하는 걸 보면 북한의 공격우위신화는 여전히 진행 중임을 확인할 수 있다.

다시 존스턴의 중국 전략문화 설명을 예로 들어 설명하면, 존스턴은 중국 명나라 시기 무경칠서를 되뇌던 사회적 분위기가 당시 몽골에 대한 공격적 전략문화로 이어졌다고 강조한다. 북한도 비슷하다. 매년 새해 초 최고존엄의 신년사나 당 전원회의 결과가 발표되면 일정 기간(한 달 안팎) 전체 주민을 상대로 학습을 독려하고 나선다. 신년사를 중국의 무경칠서로 본다면 해마다 국방력 강화를 내놓고 북한 주민의 의식을 통제하거나 지배한 것으로 볼 수 있다. 이는 결국 북한의 전략문화가 북한 주민 전체에 깊숙이 영향을 미치고 있다는 근거로 설명할 수 있다.

2017년 11월 핵 무력 완성을 선언했던 북한은 2021년 1월 당 대회에서 핵 무력 강화를 거듭 강조한다. 김정은은 1월 9일 공개된 사업 총화 보고에서 핵이라는 단어는 36번, 핵 무력은 11번 언급했다.[136] 5일 뒤 열린 당 대회 기념 열병식에서는 신형 잠수함발사탄도미사일 (SLBM, 북극성 5형 추정)과 핵 탑재를 추진하는 것으로 보이는 단거리 이스칸데르급 미사일을 공개했다. 김정은이 당 대회에서 보고한 핵

---

135 북한 노동신문. 2021.2.8.

136 북한 조선중앙통신, 2021.1.9.

추진 잠수함 건설, 대륙간탄도미사일, ICBM의 명중률 향상, 단거리 전술핵 개발 등을 뒷받침한 것이다.

이미 핵 무력 완성을 선언한 북한이 국방력 강화를 앞세우며 핵 카드를 다시 꺼낸 이유는 무엇일까. 이와 관련해 아주 중요한 지적이 있다. 함택영은 기존 연구물이 남북 군비증강과 관련한 기존 연구 대부분은 대외적 원인에 대한 분석을 시도하고 있다고 밝혔다. 또 남한 군비증강의 대외적 원인으로는 "북한의 군사력 우위에 따른 도발 위협에 대처하기 위해 억지력이나 방어 능력을 확보하는 것"이라고 주장한다. 북한 군비증강의 대외적 원인은 "적화통일노선에 따라 자체 안보보다 무력 통일을 위해 군사력을 강화해 왔다"는 것이다.

그는 그러나 "작용-반작용 대신 **군부 관료집단의 무절제한 군비 확장 압력으로 남한이나 한미의 대북정책과 상관없이 꾸준히 군비를 증강한다**"[137]는 개념도 제시했다. 북한의 핵 개발 등 국방력 강화가 대외적 원인, 즉 외부 위협에 따른 것일 수도 있지만 **내부 신념**의 결과에 따른 것일 수도 있다는 점을 지적하는 것이다.

바꿔 말하면 북한이 남한과 미국의 대북 적대시 정책 철회를 압박하기 위한 수단으로 군비증강에 몰두한 것이 아니라 전략공동체의 습관적 행위인 무절제한 군비 확장 압력이라는 대내적 원인이 더 클 수 있다. 따라서 핵 무력 강화 역시 마찬가지라는 결론에 도달한다.

---

137 함택영, 국가안보의 정치경제학-남북한의 경제력, 국가역량, 군사력, 1998, pp. 6-8. 함택영은 이 책에서 조셉 슘페터의 '군비확장 압력' 모델을 토대로 북한은 군사관료 조직의 관성에 따라 예산 혹은 GNP의 일부를 계속 군비에 할애한다고 추정하고 있다.

이를 근거로 보면 많은 기존 연구들이 북한의 국방력 강화의 배경으로 꼽고 있는 생존 수단으로서의 군비 확장이나 핵 개발은 보조 개념이자 2차 목표가 된다. 따라서 북한의 핵 개발은 버뮤데즈가 주장하고 있는 북한 전략문화의 6가지 특성 가운데 하나인 무력 통일을 위한 수단이 되고, 이보다 더 큰 요인은 북한 내부에 공격우위신화를 형성해 체제(혹은 김정은 개인)를 유지하려는 것이 된다. 따라서 북한의 외부 변수 즉, 남한과 미국의 대북정책(북한 주장으로는 위협)이나 대화 노력이 북한 비핵화에 영향을 미치는 요소(환경 변수)는 그만큼 줄어들 수밖에 없다.

이러한 무절제한 군비 확장 혹은 군사적 도발의 원인에 대해 장성욱은 1990년 이후 탈냉전에도 계속되고 있는 북한의 공격적 군비태세와 군사전략이 북한 지도자의 전략적 신념 체계가 작용한 선택의 결과라고 보았다. 그러면서 이러한 신념을 지닌 가장 큰 이유로 사회주의 전쟁관에서 찾았다. 그는 "사회주의 전쟁관은 미국과의 전쟁에서 승리할 때 미 제국주의가 지배하고 있는 한국도 해방되어 조국통일 및 민족해방을 이룰 수 있다고 보는 것으로 주체의 전쟁관, 김일성-김정일의 전쟁관으로 요약된다"[138]고 밝혀 공격우위신화가 형성된 또 다른 배경을 제시하고 있다.

그렇다면 신화를 이행하는 북한 군대의 개념을 살펴보자. 무정부 체제의 국제관계에서 군사적 관점의 국가안보란 주로 군사적 수단을

---

138 장성욱, 북한의 '공격우위 신화'와 선군정치-탈냉전기 군비태세와 군사전략에 관한 이론적 연구, 고려대 박사학위 논문, 2009, pp. 229-235.

통해 외부의 침략을 막거나 침략 시 전쟁을 수행하는 것이다. 보다 적극적인 의미에서 찾자면, 국가가 추구하는 정치, 경제, 사회적 가치가 방해받거나 훼손되지 않도록 하는 것이다. 더 큰 의미에서 보자면 국가 이익을 보호하면서 이를 적극적으로 추구하는 행위이고, 군대는 그 수단이 된다.[139]

북한 헌법에서 정의하는 북한군의 개념도 외부 침략에 대한 대응 수단이라는 개념은 비슷하다. 그러나 북한의 군대는 개인의 이익을 수호하는 역할을 더 앞세우고 있다.

2019년 8월 29일 최고인민회의 제14기 2차 회의에서 개정된 북한 헌법(9차 개정헌법) 제4장 제59조에 나타난 군대의 개념을 보면 "조선민주주의인민공화국 무장력의 사명은 위대한 김정은 동지를 수반으로 하는 당 중앙위원회를 결사옹위하고 근로인민의 리익을 옹호하며 외래침략으로부터 사회주의제도와 혁명의 전취물, 조국의 자유와 독립, 평화를 지키는 데 있다"[140]고 밝히고 있다.

앞서 2016년 6월 29일 최고인민회의 제13기 제4차 회의에서 개정된 헌법 제4장 제59조에 나타난 개념은 "공화국 무장력의 사명은 선군혁명로선을 관철하여 혁명의 수뇌부를 보위하고 근로인민의 리익을 옹호하며, 외래침략으로부터 사회주의 제도와 혁명의 전취물, 조국의 자유와 독립, 평화를 지키는 것"[141]이었다.

---

139 한용섭, 국방정책론, 2018, pp. 46-49.

140 국가정보원, 북한법령집 上, 2020, pp. 37-38.

141 국가정보원, *ibid*, 2017, p. 33.

가장 최근의 개정헌법에서 보위 혹은 결사옹위 대상이 혁명의 수뇌부에서 김정은 동지로 구체적으로 바뀌었다. 문맥상 조국의 자유와 독립을 지키는 것보다 김정은 동지가 우선한 점으로 미뤄 북한은 수뇌부 보위를 국가 보위보다 중요하거나 국가와 동일시하는 것으로 파악된다. 이는 당과 사회주의체제 유지를 목적으로 하는 사회주의 국가의 군대의 역할, 특히 개인이 아닌 중국 공산당 수호가 목적인 중화인민해방군의 목적[142]과도 차이가 있다.

북한의 군대가 혁명 수뇌부 보위 수단이라는 독특한 개념은 사회주의 국가에서도 아주 특수한 것으로 볼 수 있다. 이런 신념에 따라 북한의 국가 혹은체제 모델이 김일성 시대에는 유격대 국가, 김정일 시대의 정규군 국가라는 평가를 낳았으며,[143] 김정은 시대에는 핵 보유 국가로 이어졌다.

와다 하루키는 유격대 국가론에서 김일성의 항일무장투쟁을 신화화하고 있다고 비판했지만, 김일성과 함께 항일유격대 활동을 한 만주파만을 분석 대상으로 삼아 김일성 행적에만 집중함으로써 결국 신화 형성에 일조했다는 비판도 제기된다. 또 와다 하루키가 정규군 국가로 규정한 배경인 1990년대 김정일의 선군정치와 관련해 북한은

---

142 김기호, 현대 북한 이해, 2018, p. 197.

143 '유격대국가론'은 와다 하루키 일본 도쿄대 명예 교수가 북한체제를 북한의 역사 과정, 즉 김일성의 항일 운동 시기부터 국가사회주의체제가 완성된 1961년에 이르는 동안을 평가해 만든 국가 혹은체제 모델이다. 이는 이종석, '유격대국가론'의 성과와 한계-와다 하루키의 논의에 대한 검토, 한국과 국제정치 20, 1994, pp. 291-307.

"항일무장투쟁의 전통을 계승한다"고 밝혔다.[144] 선군정치 역시 김일성의 항일무장투쟁의 전통을 계승했다는 것은 김일성의 혁명전통의 신념을 유지한 것이다. 북한은 지금도 **항일유격대**를 **조선인민혁명군**으로 부르며 북한군의 뿌리임을 강조하고 있다. 공세적 전략문화의 뿌리가 된 항일유격대 신념을 포기하지 않겠다는 의지인 것이다.

북한의 군사전략은 또한 주체사상의 이데올로기에 종속돼 있다. 1962년에서 1966년 사이 4대 군사 노선(전 인민의 무장화, 전 국토의 요새화, 전 군의 간부화, 전 군의 현대화)을 채택했는데, 이는 주체사상 체계의 한 개념인 국방에서의 자위(1962년 2월 제기) 원칙에 따른 것이다.[145] 이렇게 강화된 정규군 국가의 북한은 선군정치를 통해 재래식 무기를 전방에 집중시켜 왔으며 남한을 직접 겨냥하고 있다는 점에서 우려할만하다.

북한은 100만여 명(2022 국방백서 기준 상시병력 128만여 명 추산)에 이르는 육군(2022 국방백서 기준 110만여 명) 가운데 약 70%는 DMZ에 가깝게 전개했다.[146] 김정은은 집권 이후에는 인민군 강군화를 목적으로 새로운 군사전략을 제시했는데, 정치사상 강군화, 도덕 강군화,

---

144 김인옥, 선군정치리론, 서울: 평양출판사, 2003. 이는 서재진, 김일성 항일무장투쟁의 신화화 연구, 통일연구원, 2006, pp. 3-4에서 재인용.

145 사상에서의 주체(1955년), 경제에서의 자립(1956년), 정치(내정)에서의 자주(1957년), 국방에서의 자위(1962년), 정치(외교)에서의 자주(1966년), 유일사상체계확립(1967년, 1974년), 온 사회 주체사상의 강화(1980년) 등이 주체사상 체계의 형성과정으로 거론된다. 이는 김기호, *ibid*, 2018, p. 91.

146 북한은 육군 총 전력의 약 70%를, 해군은 전력의 60%를, 공군은 전투기 810여 대 중 약 40%를 평양-원산선 이남에 배치하고 있다. 이는 대한민국 국방부, 2020 국방백서, 2020, pp. 24-27.

전법 강군화, 다병종 강군화로 나누는 등[147] 다양화하고 있다.

혁명 수뇌부 혹은 김정은 보위가 우선 목적으로 규정된 북한군은 소위 최고존엄의 생존 수단이다. 북한이 대외정책을 추진할 때 겁박을 일삼는 배경도 여기에 있는데 문제는 이러한 국가를 상대로 정상적인 외교가 가능한지에 대한 회의적 시각이 나타난다.

예를 들어 한스 모겐소는 "절대 군주국이나 독재 국가는 개인적 영광과 그 국가의 정치적 이익을 동일시하는 경향이 있으며, 이는 국가 이익과 국가적 능력을 무시한 채 권위정책을 추구하게 함으로써 외교정책의 성공적인 수행에 중요한 결함이 된다"[148]고 밝히고 있다.

모겐소의 지적은 김일성, 김정일 정권은 물론 김정은 집권 10년의 북한의 외교정책과 비교해도 크게 틀리지 않다. 1990년대 선군정치와 2000년대 핵 개발을 포기하는 것이 국제규범을 준수하는 정상국가적 행동이라고 가정할 때 북한의 비정상적 행위는 결국 절대 군주국이나 독재 국가에 다름 아니다.

이는 북한의 외교가 최고존엄의 개인 이익에 따라 움직일 수밖에 없으며, 국익을 추구하는 협상이 정상적인 협상이라 할 때 개인의 이익을 추구하는 북한과의 외교협상은 실패할 수밖에 없을 것이라는 추정이 가능하다. 또 북한이 김정은 개인의 이익을 위해 외교에 나선다면 남한이나 미국 등 북한과 협상에 나서는 국가들은 내부 반발

---

147 대한민국 국방부, 2020 국방백서, 2020, p. 23.

148 Hans Morgenthau, *ibid*, 2019, p. 247.

에 직면할 수 있다는 예측을 가능하게 한다.

더 나아가 북한과의 외교는 1648년 베스트팔렌 조약 이후 당시 국가의 행동과 비슷한 행보를 보이고 있다. 베스트팔렌 조약으로 국가 간 평등이 규정됐지만 절대 군주국가에서는 국가가 아닌 군주 간의 평등이 계속됐으며, 외교는 군주를 대표해 진행됐고, 대외관계는 군주의 이익이 우선시됐다. 이에 따라 16세기 중반부터 18세기 중반의 절대 군주국가에서 외교는 궁정 외교였으며, 협상은 군주 개인의 호감을 획득하기 위해 비열한 수단, 즉 매수나 뇌물, 유혹 등이 횡행했다.[149]

이 설명은 왕조 체제인 북한의 경우 비핵화 시 북한과 김정은 체제의 안전을 담보해 주겠다는 국제 사회의 협상 조건이 절대 군주국가 시절 횡행하던 매수나 뇌물, 유혹으로 비칠 수 있다. 북한이 매수나 뇌물에 응한다면 합의에 나서겠지만 그렇지 않다면 지금의 주고받기 식 비핵화 협상은 실효적이지 않을 수 있다. 이는 거꾸로 북한과의 협상이 왜 힘든지, 협상은 왜 반복해서 실패하는지를 설명하는 사례가 될 수 있다.

2021년 3월 김정은은 북한 역사상 처음으로 시-군 당 간부 강습회를 열어 최말단 당 조직이 경제사업을 통제할 것을 주문하는 등[150] 코로나와 경제발전을 빌미로 단속을 가속화 했다. 2021년 3월 17일

---

149 이상철, 김옥준, 국제협상 이론과 실제, 2016, pp. 118-119.

150 북한 조선중앙통신, 2021.3.4.

재일본조선인총연합회 기관지 조선신보는 북한이 추구하는 경제혁신의 핵심은 사회주의 계획경제이고, 경제발전을 가로막는 폐단을 질서문란으로 규정[151]하며 더 강력한 통제에 나서겠다는 의지를 밝혔다. 이는 북한의 최고 지도자나 지배 혹은 승리연합 (winning coalition)[152]이 국가 이익이나 능력은 무시한 채 권력과 체제를 유지하기 위해 김씨 일가를 중심으로 형성된 독특하고 일관된 전략문화를 구사하는 데서 비롯된 것으로 보인다.

김일성-김정일 시대 북한이 재래식 전력을 강화하는 데 집중해 왔다면, 김정은의 승리연합은 핵 무력을 완성하는데 모든 노력을 쏟아부었다. 6차례 진행된 핵 실험 가운데 김정은 시기에만 4차례 실시됐고(2013년 2월 12일, 2016년 1월 6일, 2016년 9월 9일, 2017년 9월 3일), 이 시기 핵 운반 수단인 단거리와 중장거리 탄도미사일의 시험 발사도 집중됐다.

김정은 시기 북한은 스스로를 '군사-신화적 나라'로도 칭하고 있다. 김정은 위인전 『위인과 강국시대』는 "오늘 공화국은…(중략)…국제 정세흐름을 주도해나가며 조선반도와 지역, 세계의 평화와 안전을 수호해 나가는 '신화적인 나라'로 위용을 떨치고 있다"[153]고 주장하고 있다. 북한이 스스로를 신화적 나라로 추켜세우는 배경에는 핵

---

151 재일본조선일총연합회, 조선신보, 2021.3.17.

152 '승리연합'이란 리더를 지지하는 필수적인 그룹이다. 이는 Bruce Bueno de Mesqita and Alastair Smith, *The Dictatar's Handbook*. 브루스 부에노 드 메스키타, 알레스테어 스미스, 독재자의 핸드북, 이미숙 옮김, 2011, pp. 37-45, pp. 219-230.

153 북한 평양출판사, *ibid*, 2020, p. 198.

이 숨어 있다.

북한은 『위인과 강국시대』 제3장 '무적의 군력으로 강국의 기상을 떨쳐'에서 현재까지 마지막 핵 실험으로 평가받고 있는 2017년 9월 3일 6차 핵 실험에 대해 이렇게 묘사한다.

> 공화국 창건일을 뜻깊게 경축하며 세계의 하늘가에
> 높이 울려퍼진 초강력열핵무기의 장쾌한 뢰성은
> 정의의 수호자이시며 만고의 천출명장이신 경애하는
> 원수님께서 핵몽둥이를 휘두르며 함부로 날뛰는
> 제국주의침략무리의 머리우에 내리신 철퇴이며
> 지구상의 〈절대병기〉, 〈황제폭탄〉을 억세게 틀어쥔
> 주체조선의 무진막강한 위력에 대한 일대 과시였다.[154]

또 "제국주의 침략자들에게는 절대로 말이 통하지 않는다"며 "적대세력들과는 오직 힘으로, 폭제의 핵에는 정의의 핵억제력으로만이 통할 수 있다"고 주장하고 있다. 그러면서 "이 땅의 영원한 평화를 위해 강위력한 핵무력으로 미국의 일방적인 핵위협의 력사를 끝장내야 한다"며 "강위력한 핵무력우에 평화도 있고 조국의 부강번영도 있으며 인민들의 행복한 삶도 있다"[155]고 강조한다.

---

154 북한 평양출판사, *ibid*, 2020, p. 210.

155 북한 평양출판사, *ibid*, 2020, p. 202.

결국 북한의 핵은 제국주의 세력인 미국을 몰아내 평화를 가져오며, 경제발전을 이루어 인민의 행복한 삶을 보장하는 만능보검인 셈이다. 어려운 환경 속에서도 핵무기 개발의 신화적 나라로 만들었다는 북한의 전략문화적 신화 혹은 신념이 변화하지 않는 한 이른바 외부의 당근과 채찍이 북한의 변화를 끌어내는 효과적인 정책으로 작용하기 어렵다고 보는 것이 합리적이다.

VI.

혁명전통과 조선노동당

공격우위신화의 토대

    북한은 혁명전통에 대해 노동계급이 혁명투쟁을 하더라도 수령의 올바른 영도를 받지 못하면 혁명전통이 될 수 없다고 밝히고 있다. 이는 어떠한 혁명도 김일성의 지시를 따를 것을 분명히 하고 있는 것이며 이에 따라 북한 주민들은 지금도 혁명전통교양을 강화할 것을 강요받고 있다.

1. 지침서 〈영광스러운 우리당의 혁명전통〉

앞서 북한의 혁명전통에 대해 개괄적인 개념을 제시했다. 지금부터는 혁명전통이 무엇인지 좀 더 세세하게 밝히려 한다. 북한의 대내외 메시지를 보면 이른바 혁명이란 단어나 표현이 자주 등장한다. 북한은 밥 먹는 것에서부터 시작되는 인간의 모든 행위가 혁명인 것 같은 착각을 만든다. 혁명의 사전적 의미에 대해 국립국어원은 "헌법의 범위를 벗어나, 국가 기초, 사회-경제 제도, 조직 따위를 근본적으로 고치거나, 이전의 왕통을 뒤집고 다른 왕통이 통치하는 일, 관습이나 제도, 방식을 단번에 깨뜨리고 질적으로 새로운 것을 급격하게 세우는 것"으로 정의하고 있다.

그렇다면 북한에게 혁명이란 무엇인가. 사전적 의미에서 보면 세습 체제인 북한 내부에서 왕통이 바뀌는 혁명은 혁명에서 제외된다. 북한 내부에서 이뤄지는 혁명은 북한 주민들을 하나로 묶어 권력을 강화하기 위한 수단이겠지만 북한은 남조선 혁명이란 말도 곧잘 사용해 왔다. 사전적 의미로 보면 남조선을 근본적으로 바꾸고 다른 새로운 것을 세워 통치하겠다는 의미로도 해석이 가능하다. 사회주의 완성 역시 마찬가지다.

북한의 공격우위의 전략문화에 영향을 미친 상징적 관념은 혁명전통[156]임을 이미 제시한 바 있다. 이 혁명전통의 개념을 정리한 책이 『영광스러운 우리 당의 혁명전통』(1987년 발간)이다. 북한의 전략문화인 공격우위신화가 혁명전통에 기인하고 있다는 나의 주장은 북한이 끊임없이 혁명과 전통을 강조하는 것을 근거로 하고 있다.

모두 244페이지로 구성된 동 서적은 6장으로 구성돼 있다(머리말, 맺음말 제외). 제1장은 혁명전통과 그 형성발전의 합법칙성을, 제2장은 우리 당 혁명전통 창시, 제3장은 우리 당 혁명전통의 기본 내용, 제4장은 우리 당 혁명전통의 위대성, 제5장은 우리 당 혁명전통의 계승과 그 원칙, 제6장은 우리 당의 혁명전통을 계승 발전시키기 위한 과업과 방도이다.

헌법보다 당 우선, 최고 지도자의 의지를 중시하는 북한 체제의 특성상, 시종일관 당과 혁명전통을 정의하고 있는 책의 구성을 보더라도 혁명전통이 북한 전략공동체의 통치 수단의 관념적 근거가 되고 있음을 추정할 수 있다. 특히 책의 머리말에서 북한은 "경애하는 수령님께서는…(중략)…주체의 혁명전통을 마련하시었다"고 규정한 데 이어 "백두령봉에서 시작된 주체의 혁명 위업을 대를 이어 빛나게

---

[156] 북한에서 혁명전통이 언급되기 시작한 것은 1956년 제3차 당 대회에서 당이 '항일무장투쟁의 영광스러운 혁명전통의 직접적인 계승자'로 언급되면서다. 조은희, 북한의 국가기념일을 통한 정권의 정당성 강화: 혁명전통 기념일을 중심으로, 북한연구학회보 제11권 제2호, 2007, p. 233에서 재인용.

이어가시는 친애하는 지도자 김정일 동지께서는…(생략)"[157]이라고 명시했다. 이는 혁명전통은 세습되는 것이며, 혁명전통과 주체사상은 불가분의 관계임을 나타낸다. 또 백두령봉에서 주체의 혁명 위업이 시작됐다는 내용으로 미뤄, 백두산은 북한 혁명의 성지이자, 전략 문화 형성의 사회-문화적 요인 가운데 가장 큰 상징에 해당한다 하겠다.

혁명전통이 무엇인지에 대한 정의는 제1장에 거론돼 있는데, 정의는 다음과 같다.

> 혁명전통이란 한마디로 말하여 로동 계급의
> 수령의 영도 밑에 혁명의 시원이 열린 때로부터
> 오랜 기간의 혁명투쟁 과정에서 이룩되고
> 발전 풍부화 된 혁명의 재부이다. 다시 말하여
> 혁명전통은 당과 혁명의 뿌리로, 혁명의
> 피줄기로, 혁명의 만년초석으로 되는 재부이다.[158]

윗글에서 뿌리는 생명의 원천이며, 핏줄기는 혁명의 대를 이어주고 혁명의 상승 발전을 보장하는 혈통이다. 책을 살펴보면 북한이 말하는 혁명은 공산주의 혹은 사회주의 완성임이 드러난다. 결국 남조선

---

157 조선노동당출판사, 영광스러운 우리 당의 혁명전통, 1987, p. 3.

158 조선노동당출판사, *ibid*, 1987, p. 6.

혁명은 남한을 공산주의 혹은 사회주의화 하는 것이다. 책에서는 아직도 세계 어느 나라에서도 공산주의 위업을 완성하지 못하였다며 공산주의 위업을 실현하기 위한 장구한 투쟁 기간에 끊임없이 바뀌는 혁명의 대를 순결하게 이어 나가자면 혁명전통을 빛나게 계승하여야 한다[159]고 강조한다. 즉 혁명전통은 사회주의 혹은 공산주의 혁명을 끝내기 위한 관념적 수단이 되는 것이다.

특히 "비록 로동계급의 혁명 투쟁이라 하더라도 그 투쟁이 수령의 올바른 령도를 받지 못하고 우여곡절을 겪으면서 벌어지는 과정에 이루어진 유산은 로동계급의 혁명전통으로 될 수 없다"[160]고 명시해 모든 혁명은 김일성의 지시에 따를 것임을 분명히 하고 있다. 또 일관성-지속성을 직접적으로 강조하는 전략문화적 속성이 책에서도 발견되는 데, "혁명전통은…(중략)…하나의 지도사상, 하나의 원칙에 기초하여 수행해 나가도록 해야 하며…(중략)…혁명위업이 각이한 단계를 거쳐 수행된다 하더라도 그 계급적 성격과 목적에서는 변하지 않는다"[161]고 명시한다.

혁명 투쟁에 대해서는 혁명과 반혁명 사이의 힘의 대결이라며 "인민대중의 단결된 힘으로 온갖 원쑤들의 책동과 부닥친 난관을 성과적으로 물리치고 걸음마다 승리를 이룩할 수 있다"[162]고 밝힌다. 즉 혁

159 조선노동당출판사, *ibid*, 1987, p. 14.

160 조선노동당출판사, *ibid*, 1987, pp. 6-7.

161 조선노동당출판사, *ibid*, 1987, p. 15.

162 조선노동당출판사, *ibid*, 1987, p. 23.

명무력을 강화하려는 이유가 공산주의 혹은 사회주의 완성을 위해 항일무장투쟁 시기에 만들어진 혁명전통에서 비롯됐다는 것이 북한의 주장이다.

김정일은 혁명전통을 형성하기 위한 결정적 조건들도 제시하고 있다. 김정일은 그 우선 조건으로 혁명투쟁을 꼽고 있다. 항일 혁명 투쟁 속에서 창시된 혁명전통인 만큼 혁명 투쟁이 중요한 조건 가운데 하나라고 강조한다. 김일성은 이와 관련해 "혁명투쟁이 없으면, 혁명전통이 이뤄질 수 없다. 혁명투쟁은 혁명전통이 이루어지는 바탕이며 그 형성의 출발점이다"[163]라고 밝혔다.

특히 혁명투쟁에 대해서는 무장투쟁임을 분명히 제시하고 있다. 동 책은 "무장투쟁만이 계급적 원쑤들을 때려 부시고, 민족적 억압과 착취계급의 지배를 종식시킬 수 있으며 로동계급의 혁명전통을 마련할 수 있다"며 "무장투쟁 외에 그 어떤 투쟁행태와 방법도 인민대중을 민족적, 계급적 압박과 예속에서 완전히 해방시킬 수 없다. 무장투쟁만이 혁명의 승리를 가져올 수 있으며, 혁명의 재부를 마련할 수 있다"[164]고 강조한다. 또 김일성은 주체사상을 갖게 된 기원도 혁명 투쟁에 있음을 분명히 했다. 주체사상에는 무장투쟁이 배어 있음을 제시하고 있다.

---

163 조선노동당출판사, *ibid*, 1987, p. 37.

164 조선노동당출판사, *ibid*, 1987, pp. 38-39.

주체사상이 나오게 된 근원에 대하여 말한다면
우리는 수많은 우여곡절을 겪으면서 장기간의
혁명투쟁을 하는 과정에 주체사상을 가지게
되었습니다.[165]

북한은 1932년 4월 25일 창건한 항일유격대(반일인민유격대)의 항일
혁명투쟁에 대해 역사상 처음으로 주체사상의 기치하에 벌인 식민
지 민족해방 전쟁이었다[166]고 밝혔다. 그러면서 혁명전통의 몇 가지
기본 내용을 제시하고 있다. 첫째는 주체의 사상체계이다. 동책에서
는 주체의 사상체계를 혁명과 건설의 가장 정확한 지도 사상으로 추
켜세운다. 즉 조선 혁명의 모든 노선과 정책은 주체사상에서 출발하
고 있다는 것이다.[167] 둘째, 고귀한 투쟁 경험이다. 책에서는 투쟁 경
험을 시종일관 6·25 전쟁이 아닌 항일 혁명투쟁에서 찾고 있다. 이는
휴전으로 끝난 6·25 전쟁보다 항일 혁명투쟁에서 승리한 김일성을
신격화하기 위한 수단으로 삼고 있다는 판단이다.

특히 투쟁 경험에서는 모든 투쟁은 그 자체를 위한 것으로 되어서
는 안되며, 언제나 무장투쟁을 위한 준비로 되어야 한다[168]고 밝히고

---

165 조선노동당출판사, *ibid*, 1987. p. 40. 이 책에서는 김일성의 관련 발언이 『김일성저작집』 제 27권
421~422페이지도 기술돼 있음을 밝히고 있다.

166 조선노동당출판사, *ibid*, 1987, pp. 44-46.

167 조선노동당출판사, *ibid*, 1987, p. 56.

168 조선노동당출판사, *ibid*, 1987, p. 67.

있다. 이른바 혁명무력이 주체의 혁명전통에서 가장 중요한 경험임을 강조한 것으로, "혁명무력을 건설하는 것은 항일 혁명투쟁에서 가장 초미의 문제였다"[169]고 주장한다.

마지막으로 혁명적 사업 방법이다. 혁명적 사업 방법이란 "군중 속에 들어가서 실정을 료해하고 올바른 대책을 세우는 방법으로 주관주의, 형식주의를 없애고 대중에 대한 혁명적 령도를 원만히 보장하는 것"[170]이라고 강조한다. 이는 중국의 마오쩌둥이 국민당에 대항하던 1927년 9월 싼완 지역에서 군대가 민간인을 상대할 때 준수해야 했던 '6대 주의사항(six main points for attention)'과 흡사하다.[171]

특히 남조선 혁명에 관한 내용을 좀 더 살펴보면 "남조선 혁명과 조국 통일을 실현하는 것은 민족 지상의 과업이며 우리 인민의 숭고한 의무"이며 "미제가 발붙이고 있는 모든 지역, 모든 전선에서 집단적으로 달라붙어 미제의 각을 떠야 한다"[172]고 밝혔다. 또 주체의 혁명전통은 "혁명의 길을 자주적으로 개척해 나가는 과정에 창시된 것"이라며 여기에는 "사상 의식과 혁명 투쟁, 령도 예술 분야"[173] 등 세

---

169 조선노동당출판사, *ibid*, 1987, p. 78.

170 조선노동당출판사, *ibid*, 1987, p. 80.

171 마오쩌둥이 당시 제시한 6대 주의사항은 다음과 같다. 이는 이른바 '인민 속으로'라는 4세대 전쟁전략 개념으로도 불린다. "첫째, 농가에서 밤을 보낸 뒤 사용했던 도구는 돌려줄 것, 둘째, 빌린 것은 모두 돌려줄 것, 셋째, 손해를 입힌 것에 대해서는 보상할 것, 넷째, 공손하게 대할 것, 다섯째, 상거래는 공정하게 할 것, 여섯째, 포로를 인간적으로 대할 것"이다. Thomas X. Hammes, The Sling and the Stone. 토마스 햄즈, 21세기 전쟁:비대칭의 4세대 전쟁, 하광희, 배달형, 김성걸 역, 2010, pp. 85-86.

172 조선노동당출판사, *ibid*, 1987, pp. 119-124.

173 조선노동당출판사, *ibid*, 1987, p. 151.

개가 체계를 이루고 있다고 밝혀, 혁명전통은 정치적으로 사회적으로 북한 주민을 이끄는 도구임을 숨기지 않는다.

또 혁명전통을 철저히 계승해야 혁명 위업이 달성될 수 있다고 강조하며, 혁명전통의 계승 원칙으로 첫째, 순결성을 보장해야 한다고 밝힌다. 순결성이란 혁명전통의 존재와 가치라는 것인데 "그 어떤 다른 전통에 오염되지 않는 것이 순결성"[174]이라고 명시하고 있다. 둘째, 혁명전통의 전면적 계승이다. 혁명전통의 순결성 보장과 전면적 계승은 당의 중요한 과업이라고 지적하고,[175] 전면적 계승에 대해서는 혁명의 시원부터 최근까지의 발전풍부화된 전통 모두를 빠짐없이 계승해 나가는 것[176]이라고 밝혔다.

이러한 혁명전통이 항일유격대에서 비롯되면서 항일유격대식 사업 방법을 강조하는 것은 또 다른 책인『김일성 선집』[177]에 나타난다. 김정일 역시 1987년에 발간된 백두산 혁명전적지를 답사한 사로청원에게 보낸 저작물에서 백두산을 혁명의 성지로, 혁명전통을 계승 발전시키는 것은 혁명 위업을 완성하는 것이라고 강조하고 있다.[178] 결국 북한의 혁명전통은 김일성 시대부터 공세적 전략문화를 다지는 기틀 가운데 하나가 된 것으로 보인다. 이러한 혁명전통에 대해 조은희는

---

174 조선노동당출판사, *ibid*, 1987, pp. 194-195.

175 조선노동당출판사, *ibid*, 1987, p. 194.

176 조선노동당출판사, *ibid*, 1987, p. 200.

177 조선노동당출판사, 김일성 선집 8(1977.1-1979.3), 2011, p. 2, pp. 13-19.

178 조선노동당출판사, 김정일-주체혁명 위업의 완성을 위하여 4(1978-1982), 1987, pp. 431-435.

홉스봄(Eric Hobsbam)의 창조된 전통(The Invention of Tradition)의 개념을 들어 설명하고 있다. 창조된 전통이란 과거와의 연속성을 인위적으로 내세우려는 데 있다는 것이다.[179]

북한의 경우 과거와의 연속성이란 김일성의 항일 운동이며 김일성의 과거와 현재를 연결해 역사와 전통을 만들고 이를 통해 정권의 정당성을 찾는 식의 방법이다. 즉 혁명전통은 창조된 전통이 되거나 조작적 전통이 될 수 있으며 후대가 그대로 이어받게 된다.

---

[179] Eric Hobsbawm and Terence Range, The Invention of Tradition. 에릭 홉스봄, 만들어진 전통, 박지향-장문석 옮김, 2004, p. 19. 이는 조은희, 북한의 국가기념일을 통한 정권의 정당화: 혁명전통 기념일을 중심으로, 북한연구학회보 제11권 제2호, 2007, p. 230에서 재인용.

2. 최고 권부, 조선노동당의 혁명전통

앞서 설명한 혁명전통 개념을 보면 혁명전통은 당과 혁명의 역사적 뿌리이고 대를 잇는 핏줄기이다. 이 때문에 혁명전통과 노동당은 불가분의 관계로 연결돼 있는 것으로 보인다. 심지연은 북한에서 해방 후 당이 창건된 것과 관련해 혁명전통 계승발전의 커다란 성과였다고 밝히고 있다.[180] 따라서 당규약에도 혁명전통 개념이 강조되고 있는데 조선노동당 규약이 가장 최근에 개정된 건 2021년 1월 9일 제8차 당 대회를 통해서이다. 국내 한 언론은 북한이 남조선 혁명으로 명시해 온 '전국적 범위에서 민족해방민주주의 혁명과업'이라는 문구를 제8차 당 대회에서 삭제해 북한 주도의 남조선 혁명론을 사실상 폐기했다고 주장했다.[181]

그러나 앞서 혁명전통 개념에서 '남조선 혁명과 조국 통일을 실현

---

180 경남대 북한대학원, *ibid*, 2003, p. 266.

181 이제훈, 북, 76년 지켜온 '남한 혁명통일론' 사실상 폐기, 한겨레 신문, 2021.6.1.

하는 것은 민족 지상의 과업'이라고 밝히고 있듯이 북한이 남조선 혁명론을 폐기했다고 보는 것은 성급하다는 주장도 제기된다. 정성장은 "북한체제가 통일을 포기하는 것과 남조선 혁명을 포기하는 것은 별개의 문제"라며 "북한은 혁명 대상을 외래 제국주의 침략 세력과 그와 결탁한 지주, 매판자본가, 반동관료배들로 규정하고 있어, 포기 여부에 대해 적실성 있는 평가를 내리기 위해서는 북한의 공식적 입장이 있어야 한다"[182]고 밝혔다. 이 책에서는 이러한 논란과는 별개로 북한의 최고 권부인 노동당 규약에 수록된 혁명전통 개념을 살피려 한다.

2016년 5월 개정된 조선노동당 규약은 조선노동당 창건의 토대를 김일성이 창시한 영생불멸의 주체사상과 빛나는 혁명전통[183]에 두고 있다. 혁명전통이 포함된 이 표현은 2021년 개정된 당 규약에서 "조선노동당은 항일혁명투쟁시기에 창조되고 발전풍부화된 주체의 혁명전통을 고수하고 끊임없이 계승발전시킨다"[184]로 바뀌었다. 또 "조선노동당은 사람과의 사업을 당 사업의 기본으로 하며 항일유격대식 사업 방법을 철저히 구현한다"고 밝혀 앞 장에서 제시한 혁명전통을 계속 이어가겠다는 의지를 포기하지 않고 있다.

아울러 당 규약 제1장 제4조 당원의 의무를 보면 "당원은 수령의

---

182 정성장, 북한의 노동당 규약 개정 내용과 대내외 정책 변화 평가 : 주요 쟁점을 중심으로, 세종연구소 세종정책브리프 No. 2021-13, p. 16.

183 조선노동당 규약, 2016.5.9.

184 조선노동당 규약 전문, 2021.1.5.-1.12.

혁명사상과 리론, 주체의 혁명전통을 깊이 연구 체득하며 모든 사고와 행동의 유일한 기준으로 삼고 사업과 생활에 철저히 구현해 나가야 한다"[185]고 거듭 강조한다. 당의 도, 시, 군조직의 사업을 규정한 제4장 제35조에서도 "혁명전통 교양, 충실성 교양, 애국주의 교양, 반제계급 교양, 도덕 교양을 기본으로 틀어쥐고 사상 사업을 공세적으로 벌려 당원들과 근로자들의 당의 혁명사상으로 튼튼히 무장시키고…(생략)"[186]라고 내세우고 있다.

이어 당의 기층조직을 정의한 제5장 제45조 제4항에서도 나타나는 등 당 규약에서 혁명전통은 끊임없이 강조되고 있다. 혁명전통과 관련해 개정된 당 규약 가운데 가장 눈에 띄는 부분은 당 마크와 당기를 규정하고 있는 제9장 제60조이다. 당기는 '조선노동당의 상징적 기발'로 명시하고 있는데, 다음과 같이 설명하고 있다.

> 당기는 위대한 김일성-김정일주의를 지도사상으로 하고
> 주체의 혁명전통을 순결하게 이어가며 전체 인민을 당과
> 수령의 두리에 굳게 묶어 세워 주체의 혁명위업을 끝까지
> 완성해 나가는 조선노동당의 혁명적이며 대중적인 성격과
> 불굴의 의지, 투쟁정신을 상징한다.[187]

---

185 조선노동당 규약 전문, 2021.1.5.-1.12.

186 조선노동당 규약 전문, 2021.1.5.-1.12.

187 조선노동당 규약 전문, 2021.1.5.-1.12.

당 깃발이 혁명전통을 이어간다는 북한의 주장은 거꾸로 당 깃발을 바꾸거나 포기하지 않는 한 혁명전통은 유지된다는 의미이다. 따라서 북한에게 노동당은 포기할 수 없는 권력이고 북한의 국기인 인공기와 더불어 북한을 상징한다고 볼 수 있다. 국가는 국기를 통해 그 국가의 역사와 전통, 추구하는 신념 혹은 정체성을 나타낸다.

대표적인 예로 이란 이슬람 공화국 국기를 보면 아래 각각 11문장씩 22개의 문장으로 '알라는 위대하다'라는 문구를 써넣었다. 22개의 문장을 넣은 건 혁명에 성공한 날을 표시한 건데, 혁명에 성공한 서양력 1979년 2월 11일은 이란력으로 11월 22일을 근거로 한 것이다. 이처럼 상징이나 상징체계가 전략문화를 형성하는 요인이 될 수 있다는 설명에 따르면 국기나 당기는 또 하나의 전략문화적 상징이 된다.

VII.
남한 유사전략문화의 형성

방어우위신화

유사전략문화는 전략이 일관성-지속성이 없는 상태이다. 방어 신념은 확고하나 전략은 정권에 따라 흔들렸고, 이는 남남 갈등을 유발했으며, 아직도 우리는 국방정책을 확고히 해주는 일관된 대북정책을 갖추지 못하고 있다. 이는 북한의 대남도발에 빌미를 주는 요소이기도 하다.

1. 대북정책 기조의 잦은 변화

북한의 전략문화가 김일성의 항일유격대를 신격화-상징화한 혁명 전통을 통해 확고해졌다면 남한은 어떤 정부가 들어서느냐에 따라 대북정책이 수시로 변해왔고 그 중심은 공격이 아닌 방어였다. 1990년대 이후는 보수정권이든 진보정권이든 이승만 정부의 북진통일론처럼 공격적인 성향을 보이지 않았다. 북한의 도발에 맞서 대응 전략을 수시로 바꿨고 도발 대응 강도도 차이가 있지만 전략의 큰 틀은 공격보다 방어 쪽에 무게를 두었다.

이러한 남한의 유사전략문화 역시 리더십에 의해 좌우됐다. 이렇게 합리성을 내세우는 대부분의 국가 전략이 지도자를 위시한 전략공동체에 의해 만들어진다. 민주주의가 발전한 나라일수록 여론을 더 살피는 경향이 있지만 남한만의 대북정책을 놓고 본다면 전략공동체가 여론을 이끌거나 여론 형성에 영향을 미치는 경향도 강하게 나타나고 있다.

정치가 전략문화 형성에 영향을 미치는 상황을 살펴보기 전에 『전쟁론』을 쓴 클라우제비츠의 유명한 어록을 살펴보려 한다. 국제정치를 연구해 온 많은 사람들이 인용해 온 "전쟁은 정치의 또 다른 수단"이라는 주장이다. 아주 명확하고 간결한 그의 주장은 전쟁의 원인에 대한 또 다른 판단을 하게 만든다. 전쟁이 발발하기까지는 여러 원인들이 존재한다.

제1차 세계대전이 1914년 6월 세르비아 청년의 오스트리아 황태자 부부의 암살로 시작됐지만, 이런 상황이 오기 전까지 유럽 각국의 제국주의 정책, 이로 인해 생긴 갈등, 민족주의의 대두, 영토 확장의 욕심, 경제적 위상 변화 등이 복잡하게 얽혀있다.

클라우제비츠보다 두 세기 가까이 일찍 태어났고, 국제법의 아버지로 평가받고 있는 네덜란드 법학자 그로티우스(Hugo Grotius, 1583년~1645년)는 전쟁의 원인을 세 가지로 요약했다. 첫째, 자위적 이유와, 둘째, 경제적 이익, 셋째, 이념 강요다. 자위는 위협에 대한 생존 전략이고, 경제적 이유는 정복을 통한 자원획득, 이념 강요는 권력의 행사이다. 그로티우스가 살던 시기는 민주주의나 공산주의가 부흥하기 전이었으므로 그가 주장한 이념은 주로 국익이나 절대 군주, 혹은 종교적 이념이 추구하는 가치였던 것으로 보인다. 이러한 것들을 위해서라면 전쟁은 정당성을 갖출 수 있다는 것이 그의 17세기적 견해로 보인다.

이익을 추구하는 전쟁 행위가 전략공동체의 결정에 따라 행해진다는 점을 보면 전쟁은 정치의 또 다른 수단이라는 클라우제비츠의 설명도 틀린 말이 아니다. 결국 전쟁을 하거나 막는 모든 행위는 전략공동체의 정치적 결정을 따르는 것이다.

그러나 사회가 다원화되고 사람들이 전쟁보다는 평화를 추구하는 경향이 높아지면서 전략공동체의 결정보다 국민 여론이 전략 형성에 영향을 미치는 수준이 크게 높아졌다. 남한 전략공동체의 정책추진 경향을 보면 이와 크게 다르지 않다. 어떤 정부가 됐든 정책의 이면에는 정치적 셈법이 있을 수 있는데 수단이 도덕적이냐 아니냐에 대한 가치판단은 별개의 문제이다.

이 책의 연구 기간에 포함된 각 정부의 대북정책 기조, 즉 전략공동체 지도자의 대북정책 의지를 살펴보자. 먼저 노태우 대통령은 "북방에의 이 외교적 통로는 또한 통일로 가는 길을 열어 줄 것"이라며 "한반도의 평화와 민족의 재결합을 위한 길이 보인다면…(중략)…어느 누구와도 진지하게 대화할 용의가 있다"고 강조했다.

김영삼 대통령은 "역사와 민족이 저에게 맡겨준 책무를 다하여 민족의 화해와 통일에 전심전력 하겠다"며, "김일성 주석이 참으로 민족을 더 중요하게 생각한다면…중략…화해와 통일을 원한다면 이를 논의하기 위해 우리는 언제 어디서라도 만날 수 있다"고 강조했다.

김대중 대통령도 "북한이 원한다면 정상회담에도 응할 용의가 있다"고 밝혔고, 노무현 대통령은 "한반도 평화증진과 공동번영을 목표로 하는 '평화번영정책'을 몇 가지 원칙을 가지고 추진해 나가겠다"고 역설했다.[188]

---

[188] 노태우 대통령에서부터 문재인 대통령에 이르는 대북정책 관련 취임사의 자세한 내용은, 1988(노태우), 1993(김영삼), 1998(김대중), 2003(노무현), 2008(이명박), 2013(박근혜), 2017(문재인) 취임사 참조

이 가운데 김영삼 대통령은 1차 북핵 위기(1993년)에도 실제로 김일성과 남북정상회담을 추진했으나 김일성의 사망(1994년)으로 성사되지 못했다. 김대중 대통령은 두 차례 연평해전(1999년, 2002년)에도 첫 남북정상회담과 대규모 남북경협을 추진했다. 노무현 대통령은 북한의 첫 핵 실험(2006년)에도 이듬해인 2007년 정상회담을 개최했다. 이명박 대통령 역시 대청해전 직전인 2009년 10월 싱가포르 비밀회담 등을 통해 남북정상회담을 비밀리에 추진한 사실이 드러나기도 했다.

2010년 3월 천안함 피격사건을 기점으로 남북관계는 박근혜 정부를 거쳐 문재인 정부 출범 직후인 2017년 말까지 냉전 상태가 진행되다가 2018년 평창 올림픽 참가 등을 내용으로 한 김정은 신년사를 계기로 해빙 분위기에 접어든다. 10년 가까이 지나는 동안에도 남한 전략공동체는 민족과 평화, 통일, 긴장 완화, 남북 교류와 협력 등의 상징어를 계속 강조했다. 북한의 도발 변수에 따라 수정되기는 했지만 취임사에 나타난 대북정책을 임기 내에 이행하기 위한 조치를 지속적으로 펼쳐나갔음은 물론이다.

대외정책을 추진할 때 국내정치적 요소도 무시할 수 없다는 가정하에 남한의 집권 세력을 보수-진보로 규정하고 각 진영의 대북인식을 살펴보면 보수 정부는 북한을 현상타파 국가로, 진보 정부는 현상유지 국가로 인식한 측면이 강하게 나타난다.

북한의 행위에 대한 남한의 대응이 압박 우선이면 현상타파로, 포용이나 회유가 우선이면 현상유지 국가로 북한을 인식했다는 것이 대체적인 시각이다. 이에 따라 노태우, 김영삼, 이명박, 박근혜 정부를 보수 정부로, 김대중, 노무현, 문재인 정부는 진보 정부로 규정되며,[189] 이에 따른 정권별 인식과 그 결과물은 대체로 아래와 같이 귀결된다.

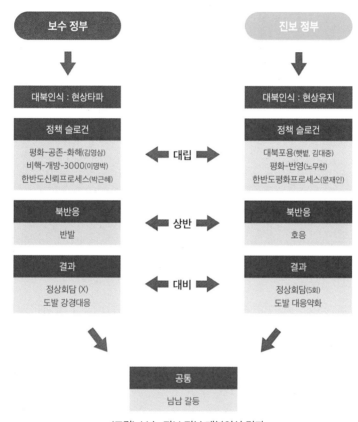

〈그림〉 보수-진보 정부 대북인식 결과

---

189 보수주의 정부에 대한 규정에 대해서는 대체적으로 이견은 없으나, 김대중-노무현 정부에 대해서는 자유주의 정부 혹은 자유주의 진영이라는 시각이 존재한다. 이는 신종대, ibid, pp. 1-32, 2013. 이근욱, 왈츠 이후, p. 117, 2009. 윤홍식, 자유주의 정부시기 한국 복지체제, 1998-2007: 복지체제의 삼중구조화, 한국사회복지교육 2018.12.31. Vol.44, pp. 27-50 등 참조

1990년~2020년 사이 남한 정부가 대북정책을 수행하는 동안 북한에서도 김일성에서 김정은에 이르기까지 리더 교체가 계속됐다. 과거 남한의 보수 일변도 정부와 북한의 김일성 체제가 지속했던 것과는 달리 1990년 이후 남북은 모두 격변의 시기를 거치고 있다. 이 시기 전 세계적으로 탈냉전에 따른 국제 체제(international system)변화가 본격화됐으며 이 같은 기류가 남북관계에 영향을 미쳤다는 것도 주지의 사실이다.

냉전기에는 국제체제의 이데올로기나 힘이 지속적으로 국내정치에 영향을 주었다면 탈냉전기로 접어드는 1987년 6월 민주화 항쟁을 거친 남한은 민주주의가 사회-정치적 함의로 무르익었다. 1990년 이후부터 남북관계 역시 국제 체제에 함몰돼 있던 것에서 벗어나 국내 정치 변수가 작동하기 시작했다.

여기에서 민주주의 국가의 집권 세력은 외교정책 결정 과정에서 무엇보다 여론에 민감한 반응을 보인다는 연구를 주목할 필요가 있다. 더글라스 반벨(Douglas Van Belle)은 "합리적 지도자의 우선적인 목표는 국내정치적 지지를 극대화하는 것"이라고 주장하며 그 예로 "지도자는 통상 국내문제를 우선시한다고 생각하는 게 합리적이다"라는 퍼트남(Putnam)의 설명을 보완적으로 제시한다.[190] 반 벨은 지도자의 기회결정(opportunity decisions) 모델에서 "선택된 정책은 국

---

190 David Skidmore and Valerie M. Hudson, *The Limits of State Autonomy:Social Groups and Foreign Policy Formulation*, 1993, pp. 151-153(Domestic Imperative and Rational Models of Foreign Policy Decision Making by Douglas Van Belle).

내 반응의 강도가 높게 예상돼야 하며, 이는 언론의 헤드라인을 장식하고 반응의 규모를 고조시킬 수 있도록 한다"고 강조한다. 그러면서 레이건 미 대통령이 1983년 인민혁명 정부를 표방하며 친소-친공산 정권과 손을 잡아가던 그레나다를 침공한 것을 사례로 들고 있다.

레이건 대통령은 1983년 10월 23일 레바논의 친이란 성향 시아파 무장단체 헤즈볼라가 수도 베이루트 내 미 해병대 사령부에 대한 기습공격으로 240여 명의 해병대원이 전사하면서 곤경에 처하고 있었다. 당시 이 사건은 레이건 정부에게는 해로운 이슈였는데 테러 사건 이틀 후 레이건 대통령은 카리브해 소규모 국가인 그레나다를 침공하면서 베이루트 폭탄테러 사건에 대한 언론 보도는 크게 하락했다. 레이건 대통령은 이를 통해 이슈를 성공적으로 대체했으며, 결과적으로 정권에 해로운 이슈로 인해 지도자의 국내 지지도가 낮을 경우 관심을 돌리기 위해 전쟁도 불사하는 위험한 행동을 더 수용한다는 사실을 보여주고 있다.[191]

이는 무정부적 국제 체제에서 국가는 내부의 변화와 무관하게 행동한다는 왈츠의 명제와 달리 행동을 결정하는 전략공동체가 국내 정치적 변수를 고려하고 있다는 방증이기도 하다. 스나이더 역시 국내정치가 국가 대외행동을 결정한다고 밝히고 있다. 스나이더는 이 과정에서 "민주화 과정의 국가들(democratizing nations)은 민주주의

---

191 David Skidmore and Valerie M. Hudson, *ibid*, 1993, pp. 175-183.

가 성숙한 국가들보다 공격적인 행동을 하며" 그 이유로 "정치권력을 상실할 경우 투옥되거나 최악의 경우 처형되기도 한다"는 점을 근거로 들었다. 1995년 한국의 전두환, 노태우 두 전직 대통령의 구속과 2005년 5월 실각돼 체포된 세르비아 밀로세비치(Slovodan Milosevic) 대통령, 1988년 칠레 독재자 피노체트(Augusto Pinochet)의 재임 시 납치 및 살인 혐의로 기소돼 수사를 받던 중 가택 연금된 채 사망한 사례 등이 있다.[192] 또 밸러리 허드슨(Valerie M. Hudson)은 "많은 경우에 외교정책이 다른 수단들에 의한 국내정치의 지속"이며, "정권은 그 중요성에도 불구하고 거대한 사회적 드라마에서 하나의 행위자에 불과할 뿐"이라고 주장했다.[193]

이러한 모습들이 남한의 정책 결정 과정에서도 비슷하게 나타나고 있다. 앞서 제시한 〈그림〉을 보면 국가 내 하나의 행위자에 불과한 남한 정부의 전략공동체는 취임 초부터 정책목표를 일방적으로 제시한 뒤 이를 국민에게 강요하는 현상이 반복되고 있다. 대북정책의 경우 국가의 명운을 좌우할 정도로 엄중하고 정치적 신념이 결합돼 찬반 여론도 명확한데도 숙의 과정은 생략돼 왔다.

그런 점에서 보면 남한도 국민의 여론보다 지도자와 전략공동체의 의지가 더 크게 작용하는 경향이 나타난다고 보는 것이 합리적이다. 이는 결국 남남 갈등의 원인이 되고 북한의 행동과 국내정치적 요구,

---

192 이근욱, 왈츠 이후, 2009, pp. 167-173.

193 Valerie M. Hudson, *ibid*, 2009, pp. 213-215.

집권 세력의 정치 성향에 따라 정책이 계속 바뀌는 상황을 만든다. 그 대표적인 사례가 북한의 도발에 대한 남한의 대응 강도인데, 여기에 대한 구체적 사례는 이 책의 뒷부분에서 밝힐 것이다.

각 정부마다 국가 대외정책의 아젠다를 제시하고 선거 과정에서 선택을 받는다는 주장을 받아들인다면 이 또한 틀렸다고 말할 수 없을 것이다. 그러나 보수와 진보 정부 등 각 정부는 대북정책, 국방 정책이 비일관적이라고 자조하면서도[194] 이를 극복하려는 노력이 없었다는 것이다. 이는 결국 국가보다 전략공동체의 정치적 이익이나 국민에게 강요하기 위한 또 다른 목표가 숨어 있다는 합리적 의심을 할 수밖에 없다. 남한의 일관성없는 유사전략문화도 결국은 여기에서 출발하고 있다.

194 김문경, 일관성 있는 대북정책 그게 가능할까?, YTN 〈와이파일〉, 2022.6.19.

2. 정권의 군대, 국방목표의 정치화

북한이 김일성의 항일유격대 활동을 근거로 공세적 전략문화를 형성했다면 남한 유사전략문화 형성에 가장 큰 영향을 준 것은 정치다. 정치집단의 상호 이질적 정치적 성향과 대북정책에 따라 군사적 방어우위신화도 오락가락하는 모습을 보였다. 이에 따라 군대가 국민의 군대가 아닌 정권의 군대라는 비판을 받기도 한다.

이러한 현상의 대표적 사례는 국가의 국방정책을 집대성하고 있는 국방백서에도 엿보인다. 국방백서는 1967년 처음 발간됐다. 이듬해인 1968년 발간된 국방백서의 국방정책 기본 방향은 "자주적인 국방체제를 확립하고 군사력을 급격히 증강해 자유우방과의 대공 공동방위체제를 공고히 함으로써 공산 침략을 단호히 분쇄하고 실지를 회복하여 국토를 통일할 수 있는 기반을 강력히 육성 발전시킨다"[195]고 명시하고 있다.

---

[195] 대한민국 국방부, 1968 국방백서, p. 58.

그러나 탈냉전기에 접어들며 20년 만에 발간된 '1988 국방백서'는 '항구적 평화'와 '평화통일' '국민의 군대' 등(당시 오자복 장관 발간사)으로 바뀌었다. 나아가 국방정책의 기본 방향 역시 "적의 무력침공으로부터 국가를 보위하고, 평화통일을 뒷받침하며 지역적인 안정과 평화에 기여라는 국방목표를 달성하기 위한 국방정책은 첫째, 군사대비태세의 완비, 둘째, 자주국방 태세의 확립, 셋째, 총력방위태세의 강화, 넷째, 한미연합 방위체제의 유지를 기본 방향으로 추진되고 있다"[196]고 강조한다.

공산 침략을 단호히 분쇄해 실지를 회복하여 국토를 통일할 수 있는 기반을 강력히 육성 발전시킨다는 1968년 국방정책 기본 방향이 20년 만에 '평화적 재통일' '평화통일 뒷받침' '지역적인 안정과 평화에 기여' 등의 상징어로 완전히 새롭게 바뀐 모습을 볼 수 있다.

1988년 국방백서에 명시된 국방목표는 32년 후에 발간된 '2020 국방백서'의 국방목표와 별반 다르지 않다. 국방목표 개념은 '1994~1995 국방백서'에서 완전히 확립됐는데 지금까지 변함없이 유지되고 있다. 그 내용은 "외부의 군사적 위협과 침략으로부터 국가를 보위하고, 평화통일을 뒷받침하며, 지역의 안정과 세계평화에 기여하는 것"이다.[197]

---

196 대한민국 국방부, 1988 국방백서, p. 25.

197 대한민국 국방부, 2020 국방백서, 제2절 제1항 국방목표, p. 37.

⟨표 5⟩ 국방백서에 나타난 국방목표와 세부 사항 변화 추이

연도	국방목표 개념	주요 사건	개념 세부 사항 변화추이
1967	공산주의로부터 직접침략을 억제하고, 간접침략을 분쇄하며, 재침략을 감행할시, 즉각 격퇴해 자유민주의 이념하 국토를 통일하여 영구적인 독립을 보존함	첫 국방백서	없음
1988	[변경] 적의 무력침공으로부터 국가를 보위하고 평화통일을 뒷받침하며 지역안정과 평화 기여	1981.11. 국방부 정책회의 의결, 1968년 이후 재발간	■ 국방목표 개정 *공산주의 → 적 *통일 → 평화통일 뒷받침 *영구적 독립 → 지역안정과 평화 기여
1992~1993	상동	1991.12. 남북기본합의서 체결	■ 국방목표 이행 개념 *국가보위 → 국가목표의 군사적 지원 *평화통일 뒷받침 → 전쟁억제, 긴장완화로 평화통일 기여 *지역안정, 평화 → 군사력과 군사정책의 국제적 정당성 천명
1994~1995	[변경] 외부의 군사적 위협과 침략으로부터 국가를 보위하고 평화통일을 뒷받침하며 지역의 안정과 세계평화에 기여	1994.10. 1차 북핵위기타결	■ 1994. 3. 10. 국방목표 개정 *적 무력침공 → 외부의 군사적 위협과 침략 *지역안정, 평화 → 지역안정, 세계평화에 기여 *개정이유: 안보개념이 군사뿐만 아니라, 정치-경제-외교-문화 등으로 확대

연도	국방목표 개념	주요 사건	개념 세부 사항 변화추이
1995~ 1996	유지	1995.10. 임진강 무장공비 침투 사건 등	■ 국방목표 이행 개념 변경 * 국가보위 → 북한을 주적 상정 하면서 외부의 군사위협으로 부터 국가보위(주적용어 첫 등장) * 지역안정, 세계평화 → 유엔 회 원국으로서 의무와 책임 다함
1997~ 1998	유지	1996.9. 강릉 잠수함 침투 사건	■ 국방목표 이행 개념 변경 * 국가보위 → 북한의 현실적 군 사위협 외 모든 군사위협으로 부터 국가보위(주적용어 삭제)
1998	유지	1998.6. 속초 무장 간첩 침투	■ 국방목표 이행개념 변경 * 국가보위 → 주적인 북한의 현 실적 군사위협 뿐만 아니라… (주적용어 재등장)
2000	유지	2000.6. 1차 남북 정상회담	■ 국방목표 이행개념 유지 * 다만 "국방목표를 달성하기 위해 북한의 위협에 중점대비 하는 국방정책에서,북한뿐만 아니라 미래의 불확실한 위협 에도 동시 대비하는 정책으로 전환한다"고 강조
2004	유지	국방백서 2년마다 발간 정례화	■ 국방목표 이행개념 변경 * 국가보위 → 북한의 재래식 군 사력, 군사력 전방배치, 대량 살상무기 등 직접적 군사위협 뿐만 아니라…(주적용어 삭제)

연도	국방목표 개념	주요 사건	개념 세부 사항 변화추이
2006	유지	2006.10. 북한 1차 핵 실험	■ 국방목표 이행개념 변경 *국가보위 → 현존하는 북한의 군사위협에 최우선적으로 대비함은 물론…(중략)…특히 재래식군사력, 핵 실험, 대량살상무기, 군사력 전방배치 등은 우리안보에 심각한 위협(핵과 대량살상무기 첫 등장)
2010	유지	2010.3./ 2010.11. 천안함 피격 연평도 포격	■ 국방목표 이행 개념 변경 *국가보위 → 현존하는 북한의 군사적 위협에…(중략)…천안함 공격, 연평도 포격과 같은 지속적인 무력도발 등 위협이 계속되는 한, 그 수행 주체인 북한 정권과 북한군은 우리의 적
2016	유지	2016.9. 북 5차 핵 실험 등	■ 국방목표 이행 개념 변경 *국가보위 → 북한의 상시적인 군사적 위협과 도발은 우리가 직면한 일차적 안보위협…(생략)(이하 같음)
2018	유지	2018.4./ 2018.9. 남북정상회담 (3차례) 북미정상회담 (2차례) 등	■ 국방목표 이행 개념 변경 *국가보위 → 대한민국 주권, 국토, 국민, 재산을 위협하는 세력은 우리의 적 간주 *평화통일 → 한반도 평화를 힘으로 뒷받침할 것
2020	유지	2020.5. DMZ GP 도발 2020.6. 개성공동연락 사무소 폭파 등	변화 없음

위 〈표〉를 보면 국방목표 개념은 두 차례의 변화를 거쳐 1994년 이후 일관성-지속성을 유지하는 것으로 나타난다. 그러나 국방목표를 뒷받침하는 이행 개념은 여러 차례 변화해 왔음이 위 표를 통해 확인되고 있다. 이는 북한의 도발 수위나 남북관계 혹은 북핵 문제 등 환경변화를 감안한 조치로 풀이되나 논란이 계속되어온 주적 용어도 정권에 따라 변화하며 유사전략문화의 요인이 된 남남 갈등을 야기했다.

주적 용어는 '1995~1996 국방백서'에 처음 등장한다. 김영삼 정부 시기 만들어진 주적 용어는 같은 정부 내에서 사라졌다가 진보 정부인 김대중 정부에 재등장한다. 김대중 정부가 대북포용정책을 구사했지만 1998년 무장간첩 침투 사건이 발생하고 북한과 정상회담을 하기 전이라는 시기를 감안한 것으로 보인다. '1999 국방백서'나 1차 정상회담을 개최한 '2000 국방백서'에도 주적 용어가 등장하고 있지만, '2000 국방백서'에서 국방목표를 달성하기 위한 정책 기본 방향이 '북한의 위협에 중점 대비하는 국방정책'에서 '미래의 불확실한 위협'으로 전환되는 모습을 볼 수가 있다.

주적 용어는 국방백서가 2년마다 발간으로 정례화되는 노무현 정부 시기의 '2004 국방백서'에서 완전히 삭제됐으며 이후 북한의 도발이 수그러들지 않으면서 논란도 계속됐다. 그러나 북한의 도발이 극대화되던 이명박-박근혜 정부시기에도 주적 용어는 등장하지 않는다.

다만 천안함 폭침, 연평도 포격전이 있었던 2010년 국방백서의 국방목표 이행사항은 "북한은 대규모 재래식 군사력, 핵·미사일 등 대량살상무기의 개발과 증강, 천안함 공격·연평도 포격과 같은 지속적인 무력도발 등을 통해 우리 안보에 심각한 위협을 가하고 있다. 이러한 위협이 지속되는 한, 그 수행 주체인 북한 정권과 북한군은 우리의 적"[198]으로 변화했다. 이를 두고 주적 개념이 부활했다는 평가도 있었지만 주적이라는 용어 대신 '북한 정권과 군은 우리의 적'이라는 표현이 새롭게 등장했다. 이 개념은 박근혜 정부까지 유지됐다.

그러나 진보정권인 문재인 정부 때 발간된 '2018 국방백서'는 "우리 군은 대한민국의 주권, 국토, 국민, 재산을 위협하고 침해하는 세력을 우리의 적으로 간주한다"고 명시해 이른바 적 개념은 또 한 번의 변화를 맞는다. '2018, 2020 국방백서'에도 과거 북한을 거론하며 제시했던 적 개념 대신, 포괄적 적 개념으로 표현한 것은 특기할 만하다. 이는 과거 북한에만 한정됐던 적 개념이 한편으로는 확장되고, 한편으로는 희석되는 이중적 행태로 해석된다.

앞서 살펴본 것처럼 국방백서 상에 등장하는 국방목표 개념은 대북 혹은 대외 군사정책에 전략공동체의 습관적인 행동 패턴은 보이나 세부 이행 사항에서 일관성과 지속성이 불규칙한 형태로 나타난다. 전략문화는 일관성-지속성이라는 특징을 지녔다는 것을 전제로 보면 남한 전략공동체의 이 같은 행동은 유사전략문화적 특징으로 볼 수 있다.

이는 거꾸로 남한에는 대내외 환경변화에 따라 수시로 바뀌는 전

---

198 대한민국 국방부, 2010 국방백서, 제2장 제2절 국방목표, p. 34.

략은 있어도 북한처럼 일관된 전략문화가 존재하지 않는다는 방증이기도 하다. **국방백서의 문맥의 변화와 주적 용어의 상징화**에서 보듯 특히 남한의 군사 전략문화는 정치권력, 특히 전략공동체에 의해 좌우[199]되는 모습을 볼 수 있다.

이에 대한 최근 사례를 보면 2019년 11월 23일 서해 창린도에서의 해안포 사격과 2020년 5월 3일 GP 총격 사건이 있다. 북한의 창린도는 9·19 군사 합의상 해상적대행위 금지구역이다. 북한 매체는 2019년 11월 25일 "김정은이 창린도를 방문해 해안포 중대 2포에 목표를 정해주시면서 사격을 해보라고 지시했다"[200]고 일제히 보도했다.

국방부는 북한 매체의 보도 이튿날인 11월 26일 최현수 대변인의 정례브리핑을 통해 "서해 완충구역 일대에서의 해안포 사격훈련에 대해 매우 유감스럽게 생각한다. 해안포 사격훈련은 9·19 군사합의를 위반한 것"이라는 입장을 밝혔다. 북한이 처음으로 9·19 군사합의를 위반한 사건으로 규정됐지만, 국방부는 북한의 해안포 사격을 알리지 않다가 북한 매체의 보도 이후 뒤늦게 인정했다. 그마저도 브리핑 당일에는 사격 일시(후에 23일 사격으로 군 관계자가 전언) 등 구체적 정황에 대해서는 침묵을 지켰다.

창린도 해안포 사격 이듬해인 2020년 5월 3일 북한은 남측 GP를 향해 총격 도발을 감행하며 상호 적대행위 금지 합의를 다시 위반했

---

199 이에 대한 구체적 사례는 대한민국 국방부, 2003. 참여정부의 국방정책 목표, p. 30과 대한민국 국방부, 2016. 대한민국 국방백서, p. 32 참조.

200 북한 노동신문, 2019.11.25.

다. 그러나 GP 총격 도발 직후 보여준 국방부의 행태는 창린도 해안 포 사격 때와 또 달랐다. 총격 직후 군 당국은 "유효 사거리보다 먼 거리에 있는 GP를 도발 목표로 삼을 이유가 있겠느냐"고 밝혔다. 그 러면서 "당시 현장에 안개가 짙게 끼어 시계가 1km 안팎으로 좋지 않았고, 북쪽 GP 인원이 근무 교대 뒤 화기 장비를 점검하는 시간대 와 겹치는 점과 상황 발생 앞뒤로 북쪽 영농지역에선 일상적인 영농 활동이 이뤄지고 있었던 점"[201]을 들어 오발에 무게를 두었다.

국방부는 이후 아이러니하게도 '2020 국방백서'에 GP 총격을 도발 로 규정했으며 명백한 9·19 군사합의 위반이라고 밝혔다. 그러나 군 사합의 위반으로 규정했던 2019년 11월 창린도 해안포 사격은 국방 백서의 도발 목록에서 제외됐다. 남한에 대한 직접 도발이 아니라는 판단에 따른 것이다.

창린도를 군이 도발로 규정하지 않더라도 북한은 남북정상회담을 시행한 당해연도를 제외한 나머지 기간은 정치적 도발이든 군사적 도발이든 공격우위로 회귀하는 행태를 여지없이 보여주고 있다. 북 한이 국가 간 약속인 합의서에 서명을 했지만 여전히 합리적 행동을 하지 않고 있다. 반면 국방부의 행태를 보면 이를 애써 외면하고 있 다는 추정을 하기에 충분한데, 이는 국방부의 의지보다 대외 안보 전 략을 결정하는 핵심 전략공동체의 의지에 따른 것으로 보인다.

이를 뒷받침하는 사례는 후에 나타난다. GP 총격 사건 발생 당시

---

201 노지원, 북 GP 총격, 한미 모두 '도발 아닌 오발'로 보는 이유, 한겨레 신문, 2020.5.5.

청와대 국가안보실장이었다가(2017.5.~2020.7.) 외교부로 자리를 옮긴 정의용 장관은 사건이 발생한 지 1년 가까이 지난 2021년 4월 21일 관훈클럽 초청토론회에서 창린도 해안포 사격과 GP 총격 사건을 거론한다.

그는 9·19 군사합의를 거론하며 "GP 총격 사건은 사소한 위반이었으며, 면밀히 조사했는데 굉장히 절제된 방법으로 시행됐다"고 말했다. 이어 "사격의 방향을 굉장히 조심스럽게 한 흔적이 보이고 우리 GP가 공격받자마자 대응 사격을 했는데도 북한이 대응을 안 했다"며 "단순한 오발 사고였는지, 북측의 의도된 도발이었는지 아직 명확한 판단이 안 나왔다"[202]고 말해 논란을 불러왔다. 정의용 장관이 이 발언을 하기 두 달여 전에 발간된 '2020 국방백서'에는 GP 총격 사건이 도발로 명시돼 있던 상태였다.

GP 총격 발생 이후 1년 가까이 지난 시점에 나온 정 장관의 인식을 거슬러 올라가면 국방부가 당시 왜 오발을 더 강조했는지에 대한 추정이 가능하다. 국방부는 앞서 2019년에 지속된 북한의 미사일 발사 당시 미사일을 '발사체'로 표현하거나 '단거리 미사일'로 부르더라도 국제 사회의 제재 대상인 '탄도미사일'로 부르기를 꺼리면서 언론으로부터 '홍길동軍'[203]이라는 비판을 받기까지 했다. 거꾸로 2022년 집권한 윤석열 정부에서는 북한의 모든 미사일 발사에 대해 '발사체'

202 신진, "GP총격 사소한 위반" 발언 논란…외교부, 뒤늦게 진화, JTBC, 2021.4.22.

203 유용원, [유용원의 밀리터리 리포트] 정권의 군대가 돼가는 홍길동軍, 주간조선, 2019.5.21.

대신 '미사일'로 불렀고, 위협 대신 도발이라는 용어를 일상화했다. 이는 국방목표 이행 개념의 변화처럼 안보 정책이 집권 세력의 정치 성향에 따라 좌우되는 사례 가운데 하나이다.

이처럼 전략문화의 상징적 개념에서 비춰보면 남한의 대응 개념은 보수-진보정권에 따라 수시로 변화하고 있다. 예를 들어 보수 정부 인 박근혜 정부 당시 선제타격개념을 포함한 미사일 방어체계 계획 인 킬체인(Kill Chain)과 한국형미사일방어체계(KAMD), 대량응징보복 (KMPR)과 같은 군사적 상징어는 문재인 정부 들어 킬체인은 '전략목 표 타격', 대량응징보복은 '압도적 대응'이란 용어로 바뀐 것으로 나 타난다.[204] 그러나 보수 정부인 윤석열 정부가 들어서면서 이 용어는 박근혜 정부가 사용하던 용어로 다시 되돌아갔다.

용어 변경이 대응 전략에 영향을 미치는 것은 물리적 대응보다 심 리적 대응이 크게 작용할 것이다. 적이 도발하면 묻지도 따지지도 말 거나 아니면 묻고 따져야 하는 상황에 처할 수 있는 것이다. 북한의 도발이나 남북관계 변화 강도에 따라 상징개념인 용어가 오락가락하 는 것은 결국 불필요한 남남 갈등을 부추기게 된다. 또 한미연합훈 련 축소나 중단이 결과적으로 남북-북미 관계 발전이나 북한 비핵화 에 별 영향을 미치지 않았음에도 전략공동체 내부에서도 끊임없이 이를 거론하는 것 역시 마찬가지다.

나아가 남북정상회담 이후 강조됐던 군비통제도 마찬가지다. 군사

---

204 이철재·박용한, 北 미사일 선제타격 '킬체인' 용어, 軍 이제 안 쓴다, 중앙일보, 2019.1.10.

적 문제에서만 보자면 군비통제를 이행함으로써 평화를 달성할 수 있다는 시각이 존재한다. 그러나 한스 모겐소는 "군비축소의 경우 사람이 무기를 지니기 때문에 서로 싸운다는 가정에서부터 시작되는데, 사람은 무기가 있어서 싸우는 것이 아니라 싸워야 할 필요가 있기 때문에 무기를 소유한다"고 지적한다. 따라서 모든 무기를 포기하면 어떤 싸움도 일어나지 않으리라는 가정은 틀릴 수 있다는 게 모겐소의 주장이고, 군비축소가 전쟁을 방지할 것이라는 것에 부정적 입장을 보였다.

그는 그러면서 제1차 세계대전을 마무리한 베르사유 조약 이후의 독일의 행태를 예로 들었다. 국제 사회가 독일에게 막대한 군비축소를 단행했지만, 군사기술 발전이 뒤따르면서 독일의 군비축소는 위장된 축복이 되었으며, 결국 제2차 세계대전을 막지 못했다고 밝혔다. 이에 따라 "군비축소가 국제분쟁 해소의 필수 불가결한 단계이지만 첫 단계가 될 수 없다"며 군비경쟁을 촉발시키는 권력투쟁을 먼저 해결할 것을 촉구하고 있다. 이어 "각국이 상호 만족할 만한 권력 배분에 합의하면 자국의 군비를 규제할 수 있게 되고, 이를 통해 평화 수립에 크게 기여할 것"[205]이라고 강조한다.

모겐소의 지적에 따르면 군비축소 차원에서 북한이 비핵화를 하면 한반도에 평화가 온다는 가정은 맞지 않을 수 있다. 무정부 체제의 국제정치는 모겐소의 지적대로 언제든 싸워야 할 필요가 생길 수 있

---

205 Hans J. Morgenthau, 국가 간의 정치 2, 이호재·엄태암 옮김, 2006, pp. 175-186.

기 때문이다. 따라서 북한 비핵화가 평화를 달성하는 선행 조건의 전부인 것처럼 강조하는 것은 비합리적이다. 모겐소의 논리에 따른다면 북한의 비핵화 이전에 남북은 군비경쟁을 부추기는 권력투쟁을 먼저 멈춰야 하기 때문이다.

그러나 이념과 문화가 다르고 상호 불신의 이질적인 남북 가운데 누가 권력투쟁을 먼저 멈출 수 있겠는가.

3. 파괴와 고질, 극단으로 가는 남남 갈등

1990년대 이후 남한 유사전략문화 형성에 영향을 미치는 사회문화적 요인의 대표적 사례는 남남 갈등이다. 정부의 정책에 따라 남남 갈등이 발생했고 남남 갈등은 정책형성에도 영향을 미쳤다. 또 남남 갈등은 오래 지속되면서 고착화했다. 고착화했다는 점에서 남남 갈등은 남한 고유의 문화적 현상이 됐다.

남남 갈등은 해방 전후 이념대립이 그 기원으로 알려져 있다. 6·25 전쟁을 거치면서 고착화한 적대적 대북인식과 함께 주로 진보 정부의 전략공동체가 발전적인 남북관계를 모색하는 과정에서 보수세력의 반발과 충돌로 인해 발생한 것으로 파악된다. 대체로 노태우 정부 이전 권위주의적 보수 정부까지는 남남 갈등이 우리 사회의 주요 이슈로 떠오르지 않았다.

1987년 민주화 항쟁을 거쳐 노태우 정부의 북방정책이 추진되면서 정부뿐만 아니라 대학가와 시민사회단체를 중심으로 분단 문제에 대한 새로운 인식이 분화되기 시작했다. 1990년 이전 권위주의적 통제가 이뤄지던 시기에는 주로 이념 갈등이었으며, 남남 갈등은 1990년 이후에 제기되기 시작했고,[206] 김대중 정부 이후 본격적인 남북협력이 추진되면서 폭발하는 단계를 맞이했다[207]는 것이 대체적인 시각이다.

지금까지의 남남 갈등은 정치적으로는 보수와 진보의 이념대립, 사회적으로는 대북정책, 대북지원을 둘러싼 갈등이 있다. 예를 들어 핵개발 및 미사일 발사(1990년~2020년), 김일성 조문 파동(1994년), 대북쌀 지원 선박의 인공기 게양 사건(1995년), 잠수함 침투 사건(1996년 강릉), 총풍 사건(1997년), 연평해전(1999년, 2002년), 천안함 폭침-연평도 포격전(2010년), DMZ 지뢰도발(2015년), 남북정상회담과 그 결과, 각종 남북교류-협력 등을 바라보는 정치권과 국민적 시각 등이다.

또 진보-보수 시민사회단체 간의 대립 등이 있다. 문재인 정부 시기에는 2018년 11월 국민주권연대와 한국대학생진보연합 등 10여 개 진보성향 단체가 결성했다는 '백두칭송위원회'의 김정은 답방 환영 활동과 박상학 등 탈북자가 주축이 된 '자유북한운동연합'의 대북 전단 사건이 대표적이다. 군사적으로는 주적 개념, 한미동맹, 전시작전권 전환 문제, 사드 배치 등을 둘러싼 보수-진보 간 갈등이 대표적이다.

---

206 정영철, 남북관계의 변화와 남남 갈등, 한국과 국제정치 34권 3호, 2018, pp. 66-68.

207 이정우, 평화체제 구축과정에서 남남 갈등의 문제, 평화와 종교 제5호, 2018, pp. 85-87. 박찬석, 남남 갈등의 기원과 해소방안 모색, 통일교육연구 16.1, 2019, pp. 37-57. 김종갑, 햇볕정책의 정치적 의미와 남남 갈등 해소방안, 통일연구논총 12(2), 2003, pp. 41-58. 조한범 외, 역대통일정책의 고찰 및 사회적 합의안 연구, 경제-인문사회연구회 미래사회 합동연구 총서 12-02-02, 경제-인문사회연구원, 통일연구원, 2012, pp. 139-144.

또 좌우에 상관없이 노선을 이탈하면서 갈등이 유발되기도 했는데,[208] 이로 인해 만들어진 상징어가 주사파, 친북좌파, 종북 등이다. 최근 들어 또 다른 상징어가 등장했는데 바로 '토착 왜구'와 '친중'이다. '토착 왜구'는 2018년 12월부터 2019년 1월까지 일본 해상 자위대 소속 초계기의 한국 함정들에 대한 위협 비행과 강제 징용 사건을 둘러싼 한일 간 역사 갈등, 일본의 군사력 강화 움직임에 대한 의구심, 후쿠시마 오염수 처리 논란 등으로 불거졌다. '친중'은 주한미군 사드 배치에 대한 중국의 대량 보복, 미중-남북 갈등과 맞물린 한중 딜레마 등이 그 원인이다.

남남 갈등은 남한이 유사전략문화를 갖게 된 중요한 배경 가운데 하나이다. 과거를 거슬러 올라가면 남남 갈등 또한 전략공동체의 대응과 맞물려 발전했다. 포용적 대북정책을 추진하다가 북한의 도발과 국내정치에 따라 결국 현실타파적 대북인식을 보인 노태우 정부와 김영삼 정부는 "지도자는 통상 국내문제를 우선한다"는 퍼트남의 설명으로 단순화할 수 있다. 즉 유화적 대북정책을 추진하다 북한의 도발에 따른 민심 변화를 정책에 반영하는 경우다.

두 차례의 연평해전 등에도 불구하고 포용적 남북관계를 극대화시킨 김대중 정부 역시 퍼트남적 시각과 비슷하다. 첫 남북정상회담을 성사시킨 김대중 정부는 북한과의 관계개선을 집권 말기까지 유지해 나갔다. 북한의 도발이 극대화됐던 이명박-박근혜 정부 시기도 마찬

---

208 조한범 외, *ibid*, 2012, pp. 140-143.

가지다. 두 보수 정부도 북한과의 관계 개선을 추구했으나 진보 정부와는 달리 도발에는 정면 대응했다. 이보다 앞섰던 노무현 정부는 대북 퍼주기에 대한 비판적 국내정치와 북한 핵 문제라는 국제관계 등 두 가지 변수가 복합적으로 작용하며 남북관계는 현상을 유지하는 데 그쳤다.

여러 번의 정상회담에도 북핵 문제나 코로나19 등으로 남북관계를 더 진전시키지 못했던 문재인 정부는 외견상 "국제관계가 국내정치를 구속한다"는 구레비치의 이론에 부합하는 것으로 보인다. 피터 구레비치(Peter Gourevitch)는 '역전된 제2 이미지 개념'을 통해 '국제체제가 국내 행동 전체를 구속하고, 국제관계와 국내정치는 상호 관련돼 있어 동시에 분석돼야 한다'[209]고 밝힌 바 있다. 역사상 최초로 북미정상회담의 징검돌을 놓았으나 북미가 합의를 도출하지 못하면서 남북관계 역시 제자리에 머물렀다. 그러나 집권 말기로 가면서 북한의 도발 강도가 더 거세지는데도 불구하고 종전선언 추진과 같은 유화정책을 유지하면서 국내정치를 우선한다는 퍼트남의 논리와 함께 개인의 의지를 따르는 모습이 나타난다. 같은 정부 내에서도 대북정책의 이중성과 일관성없는 모습이 발견되고 있는 것이다.

북한은 2019년 2차 북미정상회담이 실패로 돌아가자 각종 도발에 나섰고 이러한 행위는 문재인 정부가 끝날 때까지 이어졌다. 보수 정부인 윤석열 정부로 바뀌는 것을 전후로 북한은 역대 가장 많은 미

---

209 Peter Gourevitch, *The Second Image Reserved: The International Sources of Domestic Politics*, International Organization, Vol. 32, No.4(Autumn, 1978), 1978, p. 911.

사일을 발사했고 2022년 12월 말에는 무인기를 이용해 서울까지 침범하면서 9·19 군사합의를 거의 무용지물로 만들었다. 2018년 4월 판문점 선언, 9월 평양공동선언은 그냥 선언적 의미로 남게 된다.

남한은 대통령의 5년 임기가 끝나고 나면 단절되는 대북정책으로 인해 온전한 전략문화를 갖지 못했다. 보수-진보 정부 할 것 없이 남북관계를 진전시키고자 하는 의지는 있었지만 보수 정부는 진보 정부에 비해 엄격한 국가 상호주의 관점에서 북한의 도발에 더 원칙적으로 대응해 왔다. 진보 정부는 그럼에도 불구하고 남북관계를 개선하려는 노력을 꾸준히 추구했다.

이는 결국 진보 정부는 북한을 현상유지를 추구하는 국가로, 보수 정보는 북한을 현상타파를 추구하는 국가로 인식한다는 것으로 귀결된다. 앞서 국방백서를 통해 살펴봤듯이 보수-진보 정부 별로 차이를 드러내는 대북정책과 인식은 국방정책에도 상당 부분 반영됐다. 이러한 이념적 갈등에 더해 "지역 갈등-여야 갈등-세대 갈등-계층 갈등이 중첩된 구조를 보이고 있다"[210]는 시각도 존재한다.

갈등에 대한 연구를 보면 건설적 갈등과 파괴적 갈등의 구분, 고질 갈등(intractable conflicts)이론을 통한 설명 등이 있다. 건설적 갈등은 "건설적 경쟁을 통해 더 나은 대안을 만들어 갈등이 사회발전에 긍정적 역할을 했을 때"를 말하며, 파괴적 갈등은 "무책임한 행동, 협동

---

210 조한범 외, *ibid*, 2012, p. 145.

파괴, 의심, 불신, 증오, 적개심 등으로 분쟁의 골을 깊게 하는 것"[211]이다. 고질 갈등이란 "어느 한쪽이 우위를 차지하거나 평화적인 방법으로 종결되지 못한 채로 오랫동안 해결이 매우 까다롭거나 다루기 어려운 갈등"[212]이다. 그렇다면 남남 갈등은 파괴적 갈등과 고질 갈등을 함께 떠안고 있는 구조로 보인다.

북한과 같은 전체주의 국가와는 달리 남한은 자유민주주의 국가이다. 의견의 다양성이 존중되는 사회다. 비판이든 견제든 무조건적인 반대나 찬성이든 자유민주주의체제에서 다양하게 표출되는 의견을 갈등이라고 부르는 것은 모순일 수 있다. 국론통일을 위해 하나로 의견을 모으는 것도 북한과 같은 전체주의적인 발상이다. 따라서 자유민주주의 국가라면 갈등을 해소하고 합의를 해나가는 과정이 중요하나 문제는 합의의 범위이다.

예를 들어 여론의 어느 정도 찬성 범위를 합의라고 부를 수 있느냐 하는 것이다. 합의하는 과정에서 또 다른 문제가 제기될 수 있다. 다수결로 채택을 하는 합의가 과연 민주주의의 절대 선(善)인가 하는 것이다. 정치적 예를 들자면 보수든 진보든 다수당의 횡포가 존재할 수 있다. 정의(正義, justice)를 강조하는 요즘의 추세를 따른다면 다수

---

211 정영철, *ibid*, 2018, pp. 73-74.

212 Daniel Bar-Tal and Eran Halperin, *"The psychology of intractable conflicts: eruption, escalation, and peacemaking,"* in The Oxford Handbook of Political Psychology, eds. Leonie Huddy, David O. Sears and Jack S. Levy (Oxford: Oxford University Press, 2013), 924. 이는 허지영, 고질 갈등 이론을 통해 살펴본 한반도 갈등과 갈등의 평화적 전환 접근 방안 연구, 평화학 연구 제22권 1호, 2021, p. 77에서 재인용.

나 혹은 소수를 따르는 것 모두가 정의가 아닐 수 있다. 개개인의 가치나 판단이 모두 다른데 이른바 '쪽수'로 정의(正義)를 정의(定義)할 수 있겠는가.

어쩌면 횡포일 수 있는 다수결로 만들어진 것을 합의라고 부른다면 자유민주주의 가치를 지켰다고 말할 수 없을 것이다. 개인의 가치를 더 존중하는 자유주의와 최대 다수를 따르는 민주주의가 양립해야 하는데 어느 것이 더 공정하고 정의로운지는 쉽게 결정할 수 없다. 이러한 이유로 인해 다수결을 따르는 정치에 맡겨둘 수도 없다. 더구나 남남 갈등 문제를 짚다 보면 국익의 가장 큰 부분인 안보-경제문제와 맞닥뜨리는데 국가의 운명을 결정하는 사안을 찬반이라는 이분법적 형태로 결론을 내는 것이 정당한 것인지에 대한 논란도 있을 수 있다.

남남 갈등이 통일정책과 직결되는 것은 아니지만 근대국가 가운데 대표적인 통일사례로 꼽히는 세 나라가 독일, 베트남, 예멘이다. 내부 갈등이 비교적 적었던 독일은 공산주의 진영의 붕괴에 따른 냉전 체제 종식 과정에서 평화통일에 성공했다. 그러나 베트남은 전쟁이라는 최악의 갈등을 거쳤다. 남북예멘은 국민 투표에서 90%가 넘는 찬성률로 통일에 성공했다. 그러나 결국 종파 간 갈등이 폭발하며 시작된 내전과 이란, 사우디 등 주변 국가와 국제 사회의 개입 등에 휩싸이며 갈등 해소방안을 찾지 못한 지 오래다.

이 가운데 독일 통일과정에서 나타난 갈등 극복사례가 남북통일의 주요 모델로 거론되기는 하나 북핵 문제가 본격화되기 전인 30년 전 구형 모델이다. 또 동서독은 남북처럼 근대국가 형성 이후 이른바 동족상잔의 비극적인 전쟁을 치르지 않았다. 특히 남북은 6·25 전쟁 이전 해방 전후 과정에서도 이념적 갈등이 극대화됐다는 점에서 독일 모델을 토대로 한반도 통일 방안을 구상하거나 갈등 해소 방안을 찾으려는 노력은 현실성이 떨어진다.

해방 전후에 기원을 둔 남남 갈등은 뿌리가 깊고 분단 상황으로 인해 극대화된 만큼 분단 문제를 극복하지 않고는 해결 방안을 찾기가 쉽지 않다. 이는 '닭이 먼저냐 달걀이 먼저냐' 즉 분단 극복이 남남 갈등을 해소하느냐 아니면 남남 갈등을 해소해야 분단 문제를 극복할 수 있느냐 하는 딜레마에 빠지게 한다.

한 가지 주시할 수 있는 부분은 남남 갈등이 김대중 정부에서 본격화됐다는 점이다. 그렇다면 김대중 정부 이전으로 되돌아가면 남남 갈등을 해소할 수 있다는 주장도 제기될 수 있으나 지금은 과거와 같은 권위주의 체제가 아니다. 남남 갈등 문제를 다룬 최근 선행 연구를 보더라도 이데올로기 문제 해소나 다양한 의견을 받아들일 수 있는 교육의 확대, 주변국에 대한 세대별 인식차와 정치적 갈등 극복[213] 등을 꼽고 있을 정도로 쉽지 않다.

2021년 1월 한국사회갈등해소센터와 한국리서치가 공동으로 실시한 '2020 한국인의 공공갈등 의식조사'를 보면 집단 갈등이 심각하다

---

213 하상, 오종문, 통일국민협약과 남남 갈등, 사회문화적 환경, 시민단체 간의 관계구조 분석, 한국 동북아 논총 25(2). 2020.6, pp. 138-141. 안승대, 남남 갈등 극복교육: 화쟁사상의 적용을 통하여, 동아인문학 47, 2019. 6, pp. 193-199. 송샘, 이재묵, 한반도 주변국에 대한 세대별 인식차이 분석: 남남 갈등과 세대 갈등의 중첩 가능성 연구, 〈지역과 세계〉 제43집 제1호(2019년), pp. 136-138. 이정우, 평화체제 구축과정에서 남남 갈등의 문제, 평화와 종교 제5호(2018.06), pp. 75-95.

는 인식은 89.9%로, 2013년 92.8%에 비해 큰 변화를 보이지 않는다. 또 갈등 유발의 책임에 대해 조사대상자의 90.9%가 국회를 꼽았고, 언론 86.1%, 중앙 정부 83.9%, 법조계 75.5%, 대통령 75.0%로 나타났다.[214] 언론과 법조계를 정치 영역에서 제외했을 때, 갈등 유발인자의 대부분은 정치에서 비롯되고 있음을 볼 수 있다.

그동안 대북정책의 걸림돌로 작용해 왔다는 점에서 남남 갈등을 우선 해결하라는 주장은 꾸준히 제기돼 왔다. 문재인 정부 시작 무렵에 정세현은 남북관계를 발전시키는 선행 조건으로 남남 갈등 타파가 우선이라는 주장을,[215] 최장집 역시 "남북문제를 풀려면 보수를 설득하라"[216]고 권고했다. 이를 거꾸로 보면 남남 갈등의 해결 없이는 남북관계가 진전될 수 없는 구조를 자인하는 셈이다. 남남 갈등은 외부 변수인 북핵 문제와 달리 오로지 남한 구성원이 풀어야 할 국내정치다.

파괴적 갈등과 고질 갈등이 중첩된 남남 갈등은 대북정책을 추진하는 과정에서 유사전략문화 형성에 영향을 미쳤다. 북한의 도발과 이에 대한 대응, 대화 변수에 따라 남남 갈등은 요동쳤고 대북정책이 영향을 받으면서 일관성-지속성을 유지하지 못한 것이다. 남남 갈등이 장기간 고착화했고, 앞으로도 쉽게 해결되기 어렵다는 비관적인 전망을 놓고 보면 유사전략문화도 장기화될 수밖에 없다는 추정이 가능하다.

---

214 신지후, "문재인 정부, 갈등 해소 노력 안 해" 4년 만에 두 배로, 한국일보, 2021.1.18.

215 정세현, [정세현 칼럼] 차기 정부, 남남 갈등부터 치유해야, 한겨레 신문, 2017.3.26.

216 최장집, 최장집 "남북문제 풀려면 보수를 설득하라", 프레시안, 2017.5.16.

VIII.

일관성은 신의 영역인가

억제와 포용의 반복

전략공동체 내부의 대북인식과 북한의 도발에 대한 대응 과정에서 보수 정부와 진보 정부의 대응이 크게 달라진다. 보수 정부 역시 활발한 대북정책을 펼쳤으나 북한의 반발과 도발 등으로 인해 남북관계가 크게 개선되지 않았다.

반면 진보 정부는 북한의 적극적 대화 의지로 남북관계에서 비약적인 발전을 이뤘지만 큰 틀에서 보면 북한의 도발과 상관없이 추진됐다. 이로 인해 남남 갈등이 보수 정부에 비해 더 크게 부각됐으며 결국 국내정치를 의식할 수밖에 없는 전략공동체의 대북정책이 발목을 잡히는 현상도 나타났다.

정책 집행과정의 비일관성은 같은 정부 내에서도 나타났고, 성향이 다른 정권에서는 더 심화했으며, 이는 남남 갈등뿐만 아니라 군사 대응에도 영향을 미쳐 유사전략문화 형성에 큰 영향을 미쳤다.

1. 보수 정부의 유사전략문화 행태

보수 정부와 진보 정부의 유사전략문화를 동등 비교하기 위해 보수-진보 정부 모두 각각 3개 정부만을 주요 모델로 삼았다. 시기를 1990년 이후로 특정하면 노태우 정부도 일부 포함돼 있다는 점에서 노태우 정부의 유사전략문화 사례도 간략하게 분석하려 한다.

노태우 정부는 보수 정부 가운데 진보 정부 못지않은 대북포용정책[217]을 추진했다. 소련, 중국 등을 상대로 한 북방정책과 대북정책을 투 트랙으로 진행했다. 대북정책은 1988년 7월 7일 '민족자존과 통일 번영을 위한 특별선언(7·7 특별선언)', 1989년 9월 11일 '한민족 공동체 통일방안' 발표, '7·7 특별선언'을 뒷받침하기 위한 1990년 8월 1일 '남북교류협력에 관한 법률' 제정-시행 등이 잇따랐다. 결국 1991년 '7·4 남북공동성명'을 확대 발전시킨 '남북기본합의서'를 채택하기에

---

217 고유환, 제1분과: 대북포용정책과 금강산관광사업의 평가 / 제1주제: 김대중 정부의 대북포용정책 평가, 동국대학교 북한학연구소, 1999, pp. 3-11. 김아름, 김대중 정권의 '대북포용정책'과 북일관계 개선의 상관관계, 연세대학교 통일연구원, 2017, pp. 190-196. 김용복, 김대중 정부의 대북정책과 남북관계: 쟁점과 평가, 경남대 극동문제연구소, 2003, pp. 98-99. 조한범 외, ibid, 2012, p. 26.

이른다. 1990년 이후 퇴임 전까지 이뤄진 남북대화를 보더라도 임기 말 3년간 역대 정부 가운데 가장 많은(1990년 24회, 1991년 19회, 1992년 88회) 횟수를 기록하고 있다.

1990년 이후 노태우 정부가 끝나는 1993년까지 북한의 큰 도발은 거의 눈에 띄지 않는다. 다만 노태우 정부 역시 막판에 현상타파적 대북인식을 하면서 정부 출범 초기와는 다른 모습이 발생한다. 1990 년 이후 노태우 정부 내 관료집단의 행위를 보면 보수 정부는 북한 을 현상타파 국가로 규정한다는 기본 가정으로 회귀하는 모습을 보 이고 있다.

대북포용정책에 대한 반발 가운데 상징적인 사건 하나가 민병돈 육사교장의 발언이다. 1989년 육사 졸업식장에서 대통령에 경례도 하지 않은 그는 "정부의 북방정책과 남북관계에서 볼 수 있는 일련의 상황들은…(중략)…우리가 지켜야 할 가치가 무엇이며 우리의 적이 누구인지조차 흐려진다"며 대북정책을 강도 높게 비판했다.

집권 중반을 넘어가며 형성된 공안정국도 대북정책이 변화를 맞는 계기가 된다. 주지하다시피 1980년대 말 문규현, 문익환, 서경원, 임 수경 등의 연쇄 방북과 1990년대 들어 북핵 문제까지 불거졌다. 이 에 따라 노태우 정부의 초기 대북 포용이나 회유정책은 집권 후반으 로 갈수록 밀려나고 물밑에서 자리 잡고 있던 현상타파적 대북인식 이 수면 위로 부상한다.

1992년 9월 남북고위급 회담 당시 평양에 있던 이동복 안기부 특 보가 회담 대표였던 총리에게 이인모 노인 송환과 이산가족 고향방문단 정례화를 교환하라는 대통령의 새로운 훈령을 보고하지 않는 이른바 '훈령 조작' 파동도 있다.[218] 이는 1987년 6월 민주화 항쟁으로 민주화 과정을 겪게 됐지만, 대한민국 건국 이후 그 이전까지 지속돼 온 보수주의 정치 세력의 뿌리는 여전히 큰 힘을 발휘하고 있었다는 방증이다. 이런 가운데 사회적으로 공안 문제가 발생하고 북핵 문제가 고개를 들기 시작하면서 대북포용이나 회유를 내세운 관료 집단은 후퇴하고 현상타파적 대북인식이 전면에 등장하게 된다.

특히 북방정책과 남북대화와는 별개로 노태우 정부는 대북정책에 관한 한 현실주의 담론, 즉, 동맹인 미국에 편승해 대북 억지력을 형성하는 것이 국가의 안보에 효율적이라는 논리를 견지하고 있었다는 주장도 제기된다.[219] 이는 보수 정부의 경우 포용이나 회유정책을 추구하더라도 진보 정부와는 달리 북한을 현상타파로 규정한다는 인식이 바뀌지 않은 것인데 이후 등장한 보수 정부에서도 비슷한 시각이 나타난다.

아래는 노태우 정부 이후 집권 기간 있었던 각 정부별 대북정책을 유사전략문화 행태로 분류한 것이다. 주로 북한의 도발과 남한 정부의 대응을 시간순으로 정리한 것인데, 언론에 드러난 전략공동체의 메시지를 보면 시간이 갈수록 보수-진보 정부별 대응 강도가 변화하는 양상이 나타난다.

---

218 이정철, 탈냉전기 노태우 정부의 대북정책: 정책연합의 불협화음과 전환기 리더십의 한계, 정신문화연구 35(2), 2012.6, pp. 135-142.

219 이정철, *ibid*, 2012.6. p. 143.

❖ 김영삼 정부(1993~1998)

김영삼 대통령은 1993년 2월 25일 취임사와 이듬해 취임 1주년 기자회견에서 남북정상회담 추진을 지속적으로 강조했다. 김 대통령의 이 같은 의지는 1993년 3월 12일 북한이 핵무기 확산방지조약(NPT)에서 탈퇴했다가 같은 해 6월 탈퇴 유보를 선언하는 등 남북관계뿐만 아니라 북미 관계가 급변하는 틀 속에서도 이어졌다.

노태우 대통령이 탈냉전기라는 국제 체제의 기류변화에 힘입어 북방정책과 대북관계 개선 노력을 펼쳤다면, 북핵 문제가 본격적으로 불거진 뒤 등장한 김영삼 대통령은 미국의 '북폭 의지'에 반기를 드는 등 국내정치적 변수가 작동하기 시작한 것으로 보인다. 김 대통령의 취임사를 보면 '어느 동맹국도 민족보다 더 나을 수는 없다'가 언급되는데, 이는 냉전 시기 계속됐던 미국과의 동맹 우선 정책에 변화를 주려는 시도로 해석될 수 있다.[220]

1994년 8월 15일에는 광복절 경축사에서도 비슷한 흔적이 엿보인다. 노태우 정부의 '한민족공동체통일방안'을 보완해 '한민족공동체 건설을 위한 3단계 통일방안'을 내놓았다. 기본 원칙은 '자주-평화-민주'였으며, '화해-협력단계 → 남북연합단계 → 통일국가 완성단계'라는 단계별 원칙을 설정했다.

이듬해인 1995년 8월 15일 광복절 경축사에서는 '한반도 평화 체

---

220 조한범 외, *ibid*, 2012, p. 42.

제 구축 3원칙'을 천명했다. 주요 내용은 첫째, 한반도 평화 체제 구축은 반드시 남북 당사자에 의할 것, 둘째, 남북기본합의서와 한반도 비핵화 공동선언 등 남북 합의사항이 존중될 것, 셋째, 관련 국가들의 협조와 뒷받침에 의해 실효성이 보장될 것 등이었다.[221]

북핵 위기가 끝난 뒤 1994년 10월 대북 경수로 사업 추진, 1995년 3월 한미일 중심 한반도에너지개발기구(KEDO) 설립, 1997년 12월 9일 4자회담 1차 본회담 개최 등이 줄을 이었다. 대화가 무르익으면서 KEDO와 북한 간에는 특권 면책 및 영사보호 의정서, 통행 의정서, 통신 의정서 등이 체결되고, 1997년 8월 10일 북한 신포에서 경수로 준비공사가 시작되기에 이른다.

그러나 이 시기 북한에서는 대규모 아사자가 발생하는 고난의 행군이라는 경제 위기가 발생하고, 북핵 문제는 미국이 남북관계를 주도하는 상황을 만들어 내며 민족을 강조하던 정부의 입지는 좁아지게 된다. 남북관계 또한 1995년 6월 25일 '쌀 주고 뺨 맞았다'는 비난 여론 이후 악화했다. 당시 정부는 북한 쌀 지원 행사를 대대적으로 열었고 15만 톤의 전체 물량 가운데 첫 선적분인 2천 톤을 실은 씨아펙스호가 북으로 향했다. 그러나 북한이 청진항에 입항하는 씨아펙스호에 인공기를 게양하도록 요구한 사실이 알려졌다. 나웅배 부총리 겸 통일원 장관은 북한에 공식 사과를 요구한 뒤 "대단히 불

221 조한범 외, *ibid*, 2012, pp. 24-25.

행하고 유감스러운 일이며, 북측의 고의적이고 중대한 약속위반"[222]
이라고 비난했다.

이듬해인 1996년 9월 18일 발생한 강릉 잠수함 무장공비 침투 사건은 국내정치적으로 대북정책의 발목이 잡히는 결과를 맞이하게 된다. 인공기 게양 사건의 여파가 지속되는 가운데 발생한 잠수함 침투에 대해 김영삼 대통령은 단순한 간첩 남파가 아닌 군사적 도발로 보고 공로명 외교부 장관을 통해 국제 사회에 북한의 도발을 알렸으며, 제임스 레이니 주한 미국대사에게 강력한 대북경고를 요청했다.

북한은 사건 발생 이후 4일 만인 9월 22일 인민무력부 대변인 담화를 통해 "훈련용 소형잠수함을 타고 정상훈련을 하던 중 기관 고장으로 표류하다 좌초한 것으로 추측된다. 남측은 살아있는 우리 군인들과 사망자들을 무조건 즉시 돌려보내야 한다"고 주장했다. 북한은 이후에도 주중 북한대사관을 통해 훈련 중 좌초를 계속 주장하다가,[223] 102일이 지난 1996년 12월 29일 공식 유감 표명했다. 북한은 외교부 대변인 성명을 통해 "1996년 9월 남조선 강릉 해상에서의 잠수함 사건에 대하여 깊은 유감을 표시하며, 다시는 그러한 일이 일어나지 않도록 하며, 조선 반도에서의 공고한 평화와 안정을 위해 힘쓸 것이다"[224]라고 밝혔다.

이런 상황에서 김영삼 정부의 복잡한 정치적 배경도 남북관계의

---

222 서울 연합뉴스, 羅 부총리 인공기 게양 공식 사과 요구, 연합뉴스, 1996.6.30.

223 서울 연합, 북한, 무장공비 사건 해외서 왜곡 선전, 연합뉴스, 1996.10.11.

224 북한 조선중앙통신, 1996.12.29.

변수로 작용한다. 보수와 개혁 세력 간 3당 합당에 따른 파벌(민정계, 민주계, 공화계)의 이해관계에 따라 여당이 일사불란한 모습을 보이지 않고, 정부의 대북정책에 반기를 드는 경우도 종종 발생한 것이다. 보수 성향의 민정계와 공화계가 김영삼 정부의 전향적인 대북정책을 반대했다는 것이 대체적인 시각이다.[225]

이에 따라 집권 초기 초대 통일원 장관 겸 부총리로 진보 인사인 한완상을 임명하는 등의 정책을 추진한 김영삼 정부는 북핵 문제가 불거지면서 핵 문제 해결이 우선이라는 관료(총리실, 안기부)와 핵 문제를 군이 고집하지 말자는 관료(한완상 부총리, 정종욱 외교안보수석) 간 불협화음이 발생한다.[226] 결국 김 대통령은 취임 100일 기자회견에서 "핵무기를 갖고 있는 상대와는 결코 악수할 수 없다"고 밝혀, "어느 동맹도 민족보다 나을 수 없다"는 취임사와는 다른 입장을 취하게 된다.

북한 잠수함 침투 사건에 대해 친김영삼계인 당내 민주계도 강력 대응을 언급하기에 이른다. 1997년 2월에는 북한 핵심인사인 황장엽의 망명 사건 등이 이어지며 집권 말기 안정된 당 기반을 바탕으로 (이홍구 대표, 강삼재 사무총장, 서청원 원내대표, 김덕룡 정무장관 등 친김영삼계 주축) 추진하려 했던 유화적 대북정책은 힘을 잃고 말았다.

김영삼 정부 역시 노태우 정부와 마찬가지로 관료의 대북 시각차,

---

225 박태균, 남남 갈등으로 표류한 김영삼 정부의 대북정책, 통일과 평화(6집 1호, 2014), pp. 11-17.

226 박태균, ibid, pp. 21-24.

북한 변수 등이 크게 작동하며 북한에 대한 현상타파적 인식은 변하지 않은 것으로 보인다. 또 관료들 간의 충돌과는 상관없이 김영삼 대통령 역시 강한 보수적 입장을 갖고 있었다는 주장도 제기된다.[227]

❖ 이명박 정부(2008~2013)

이명박 정부의 대북정책은 '비핵-개방-3000 구상'이다. 이 대통령은 "북한이 핵을 포기하고 개방하면, 국제 사회와 협력해 1인당 국민소득이 3천 달러에 이르도록 돕겠다"고 취임사에서 밝혔다. 이 구상의 공식 명칭은 '대북상생공영정책'이다. 일각에선 "김대중 정부의 화해-협력, 노무현 정부의 평화-번영 정책과 맥을 같이 한다"[228]는 시각도 있다.

이명박 정부는 국가 상호주의 관점에서 이른바 실용주의 노선이라고 설명했지만 북한은 맹비난했다. 북한 노동신문은 이 대통령의 실명을 거론하며 역도라는 표현을 쓰면서 "반북 대결로 얻을 것은 파멸뿐이며 평화와 안전이 파괴되어 파국적 사태가 초래되는 데 대해 전적인 책임을 지게 될 것"이라고 주장했다. 또 비핵-개방-3000에 대

---

227 박태균, *ibid*, p. 40.

228 조순구, 이명박 정부의 대북정책과 남북관계: 현황과 문제, 그리고 평가, 동북아 연구, 27(2), 2012, p. 108.

해 "반동적 실용주의"라고 격렬한 반응을 보였다.[229] 이후 금강산 관광객 피격 사망 사건(2008. 7. 11.)으로 남북관계는 긴장국면으로 치달았고 정부는 2008년 10월 30일 제36차 유엔 총회에서 미국과 일본, 유럽 연합 등 50여 개국과 함께 북한인권결의안 공동제안국으로 참여한다. 대한민국 정부가 2003년 이후 유엔의 대북인권결의안에 불참과 기권 등 소극적 태도를 취해 온 것을 감안하면 상당한 대북압박 조치이다.

이 대통령은 금강산 총격 한 달 뒤 광복절 경축사에서 "다른 길이 있더라도 북한을 우회하거나 뛰어넘지 않겠다. 유감스러운 금강산 피격사건에도 북한이 전면적 대화와 경제협력에 나서기를 기대한다"며 북한의 호응을 촉구했지만 북한은 도발을 이어갔다. 그러나 이듬해인 2009년 8월 4일 클린턴 전 미 대통령의 방북, 2009년 8월 10일 현정은 현대그룹 회장의 방북, 2009년 8월 20일 김대중 전 대통령 서거에 따른 북한 조문단 방남과 조문단의 이명박 대통령 예방, 8월 26일 남북적십자회담 개최와 이산가족 상봉 합의 등의 유화국면이 조성되기도 했다.

그러나 2009년 11월 10일 대청해전에 이어 2010년 3월 26일 천안함 폭침과 2010년 11월 23일 연평도 포격전이 이어졌다. 여기에서 이명박 정부의 대북정책에 가장 큰 변화를 준 천안함 피격 사건 당시 어떤 대응을 펼쳤는지를 시간순으로 살펴보는 것은 전략공동체의

---

229 북한 노동신문, 2008.4.1.

행동 결정 배경을 이해하는 데 도움이 된다. 먼저 천안함 폭침 사건 당일인 3월 26일 밤 청와대의 첫 반응은 "우리가 우려하는 상황일 가능성이 적은 것으로 보고 있다"[230]였다.

다시 말해 북한의 소행이 아닌 쪽에 무게를 둔 발언이다. 청와대가 긴급 안보관계장관 회의를 소집하고 이 회의가 열리기 전 기자들에게 내놓은 1차 반응이었다. 천안함 폭침 사건 당일인 3월 26일 낮, 북한은 "반공화국 체제 전복을 노리는 자들은 그가 주동이든 피동이든 세상이 일찍이 알지 못하는 무적 강군의 진짜 핵 맛, 천만 군민이 벌리는 진짜 전쟁 맛을 보게 될 것이다"[231]라고 밝혔지만, 전문가 그룹은 물론 정부도 북한 소행 가능성에 성급한 판단을 내리지 않았다.

통일부 이종주 부대변인은 피격사건 이튿날인 3월 27일 "북한의 금강산 부동산 조사에 입회하기 위해 업체 관계자 8명이 예정대로 방북했으며 개성공단도 정상 가동되고 있고 북한도 남측 인원에 대한 통행 동의서를 정상적으로 내줬다"[232]고 밝혔다.

이명박 대통령의 첫 발언은 피격사건 이튿날 열린 두 번째 안보관계장관 회의에서 나왔다. 이 대통령은 "한 명의 생존자라도 더 구조할 수 있도록 군은 총력을 기울여서 구조작업을 진행하라"고 지시한 뒤, "모든 가능성을 염두에 두면서 철저하고 신속하게 진상규명을 해

230 김태진, 청와대 긴급안보장관회의 소집, YTN, 2010.3.26.

231 북한 조선중앙TV, 2010.3.26.

232 왕선택, "남북교류협력 예정대로 진행 중", YTN, 2010.3.27.

야 한다"[233]고 말했다. 청와대의 이 같은 기조 속에 김태영 국방부 장관은 "열상감시장비로 최초 확인한 것으로 볼 때 천안함이 반으로 갈라진 것 같고 모든 사항은 함정을 끄집어내 놓아야만 원인을 규명할 수 있을 것(3월 27일 국방부 기자실 발언)"이라며 구조 작업에만 매진했다.

피격사건 초기 정치권의 반응도 마찬가지였다. "원인 규명보다 실종자 구조가 더 중요하다(2010년 3월 28일, 한나라당 정몽준 대표)", "실종자 구조에 모든 노력을 기울여야(2010년 3월 29일, 민주당 정세균 대표)", "가장 시급한 건 내부에 갇힌 생존자 구조(2010년 3월 29일, 자유선진당 이회창 대표)" 등의 입장을 내놓았다. 그러나 정몽준 대표는 3월 30일 "안보는 있을 수 있는 모든 것을 상정하고 대비하는 것이라 침몰 원인과 관련해 모든 상황을 가정한 대책을 세워야 한다"고 밝혔다. 이명박 대통령도 같은 날 "최전방에서 벌어진 일인 만큼 북한의 움직임에도 철저하게 대비해야 한다"며 무게 중심이 안보 쪽으로 이동하기 시작했다.

이런 상황에서 통일부는 북한에 대화를 제의한다. 천해성 통일부 대변인은 북한이 금강산 부동산의 동결을 시사한 것과 관련해 3월 31일 성명에서 "금강산 관광 재개 문제는 대화를 통해 협의해야 한다. 북한에 대한 회담 제의로 받아들여도 틀림없다"고 밝혔다. 국방부는 강력한 외부 충격으로 천안함이 두 동강 났다는 입장을 견지

---

233 김은혜, 청와대 브리핑, 2010.3.27.

하면서도 "북 잠수정 특이활동 없었다(2010년 4월 1일)"[234]는 말로 북한 소행 여부에 대해 신중한 행보를 이어갔다. 김태영 국방부 장관도 국회에 출석해 "최초에는 북한의 기습도발로 판단했고, 어뢰와 기뢰 가운데 어뢰 가능성을 더 실질적으로 생각하지만, 북한 잠수정과의 연관성은 약한 것으로 판단한다(2010년 4월 2일)"는 입장이었다.

당시 한국을 방문 중이던 커트 캠벨 미 국무부 동아태 차관보 역시 "북한이 천안함 침몰 사고와 연관되어 있는지 추측하지 않을 것이며 한국 정부가 진행하고 있는 조사를 전적으로 신뢰한다"[235]고 강조했다. 2010년 4월 16일 민군합동조사단은 선체 절단면과 안팎에 대한 육안검사 결과 내부 폭발보다 외부 폭발 가능성이 더 높다는 1차 조사내용을 발표했다.

그러나 이런 상황에서도 북한 소행 여부를 둘러싼 정부-여당의 대응은 신중함을 유지했다. 한나라당 정몽준 대표는 4월 19일 최고위원회의에서 "최종 분석 결과가 나올 때까지 침몰 원인을 북한과 연관시키는 것은 신중할 필요가 있다"고 말했다. 이명박 대통령은 같은 날 라디오-인터넷 연설을 통해 "침몰 원인을 끝까지 낱낱이 밝혀내 결과에 대해 한 치의 흔들림 없이 단호하게 대처할 것"이라고 강조했다.

천안함 폭침 사건 와중에 북한은 금강산 내 부동산 동결을 확대하

---

234 이동우, "북 잠수정 특이활동 없었다", YTN, 2010.4.1.

235 윤경민, 캠벨 "북한 연관 여부 추측 않겠다", YTN, 2010.4.2.

겠다며 금강산 관광 재개를 압박해왔으며(2010년 4월 21일, 북한 통지문), 이틀 뒤인 4월 23일 남측 소유 부동산 5건(이산가족면회소, 소방서, 한국관광공사 소유 문화회관, 온천장, 면세점)을 몰수하고 나머지는 동결을 예고하며 천안함 폭침 사건과 무관하게 남북관계는 악화해 갔다.

피격사건 28일 만에 천안함 함수가 올라오자 민군합동조사단은 4월 25일 육안검사에 의한 침몰 원인을 수중 폭발, 즉 어뢰의 폭발로 발생하는 버블제트에 의한 파손이라고 결론 내렸다. 침몰 원인이 기뢰, 피로 파괴, 좌초(암초) 등이 아닌 북한으로 향하기 시작했다. 김성찬 해군참모총장은 4월 29일 열린 천안함 희생 장병 영결식에서 "우리 국민들에게 큰 고통을 준 세력들이 그 누구든지 우리는 결코 좌시하지 않을 것이며 끝까지 끝까지 찾아내어 더 큰 대가를 반드시 반드시 치르게 할 것"이라고 강조했다.

폭침의 원인이 북한으로 향하기 전까지 이명박 정부의 움직임은 일종의 포용적 대북관의 끈을 놓지 않았다. 그러나 북한은 천안함 장병 영결식 이튿날인 4월 30일 금강산 지구에 남아있던 남측 관리 인력 60여 명의 추방을 통보하는 등 강경 기조를 이어 나갔다. 또 한편으로 김정일은 5월 3일 중국 방문길에 올라 갑자기 "6자회담 재개를 위한 유리한 조건이 조성되기를 희망한다"며 2007년 이후 중단돼 온 6자회담에 복귀 의사를 나타내는 등[236] 강온전략을 구사했다.

천안함 침몰 원인이 북으로 향하기 시작하자 지방선거를 한 달여

---

236 장종회, 김정일, 6자회담 복귀 의사 밝힌 듯, 매일경제, 2010.5.5.

앞둔 정치권의 충돌이 시작됐다. 한나라당 정몽준 대표는 5월 6일 "북한의 도발로 결론 난다면 이는 연평해전이나 대청해전의 연장선이 아닌 새로운 도발"이라고 주장했다. 이에 맞서 민주당 이강래 원내대표는 "천안함 사건을 북한의 소행으로 단정 짓는 것은 사실상 선거운동이자 선동정치"라고 밝혔다. 5월 15일 민간 쌍끌이 어선이 침몰 해역에서 어뢰 추진체 파편을 인양하고 움직일 수 없는 북 소행의 결정적 증거로 제시되면서 5월 24일 이명박 대통령의 발표로 가장 강력한 대북제재인 '5·24 조치'가 가동됐다.

남북관계가 최악의 상황으로 치닫기 시작했지만 이명박 정부는 개성공단의 경우 전임 정부의 정경분리 원칙을 고수하며 사업을 이어나갔다. 2010년 10월 금강산에서는 이산가족 상봉 행사도 개최된다. 그러나 북한은 11월 23일 연평도에 포탄을 쏟아붓는 공세적 행동을 이어갔고 남북관계는 결국 파탄 국면을 맞았다.

10년 만에 보수 정부로 재등장한 이명박 정부에서도 과거 김영삼, 노태우 정부 당시 있었던 관료들의 대북인식이 변화하는 과정이 드러난다. 2009년 10월 17일 당시 노동부 장관이던 임태희는 싱가포르에서 북한 김양건 통일전선부장을 만나 남북정상회담에 잠정 합의했는데, 후에 알려진 바로는 6개 항의 의제와 이명박 대통령의 한 달내 평양방문 등 구체적인 날짜까지 적시됐다.[237] 의제에는 비핵화를 비롯해 국군포로 송환(0명, 한 자릿수), 납북자 고향 방문 등 파격적인

---

237 신지홍, 임태희 "남북정상회담 날짜와 장소도 이야기 돼", 연합뉴스, 2012.6.29.

내용도 들어 있었으며 그 대가로 대북 물품 지원을 단계별로 하는 데 구체적으로 합의했다.

그러나 개성에서 열린 두 차례의 후속 실무회담(2009년 11월 7일~14일)에서 합의는 결렬됐다. 일부 언론은 당시 협상을 가까이서 지켜본 관계자를 인용해 "북한이 식량난 등을 감안할 때 시간을 끌수록 우리가 유리하다는 정부 내 강경파의 의견을 대통령이 수용했다"[238]는 내용을 전하고 있다. 또 임태희 장관의 "현인택 통일장관이 국군포로와 납북자 숫자를 두 자릿수(10~20명)로 늘려보라고 해 북측이 이건 깨겠다는 뜻이라는 해석을 했을 수 있다"는 인터뷰를 실었다.

임태희는 "당시 북한은 뒷돈을 요구한 적은 없었다고 밝혔지만 개성 실무회담에서 어떤 얘기가 오갔는지 모른다"[239]고 밝혔고, 천영우 전 외교안보수석은 "북한이 5-6억 달러 물품을 요구한 것 외에 엄청난 요구가 있었다"고 말해 당시 이명박 정부 내에서도 노태우-김영삼 정부 때처럼 강-온건파 간의 대북인식에 많은 차이가 있었음이 발견된다.

남북정상회담을 추진하던 과정에 북한은 대청해전(2009년 11월 10일)을 일으켰으며 결렬 이후에는 천안함 폭침(2010년 3월), 연평도 포격(2010년 11월)을 이어갔다. 북한은 또 2011년 6월 1일 국방위 대변인을 내세워 독일 베를린과 중국 베이징에서 가진 비밀회담을 폭로하

---

238 안희창, "싱가포르서 정상회담 합의…강경파에 밀려 뒤집어져", 중앙일보, 2013.3.28.

239 송동근, "북한은 모욕적 협상 응했다…뒷 돈 요구한 적도 없다", 신동아, 2013.1.16.

기도 했다. 당시 북한은 "남한이 3차례의 남북정상회담과 이를 위한 장관급 회담을 열자고 제의해 왔다며, 돈 봉투까지 거리낌 없이 내놓고 그 누구를 유혹하려다 망신을 당했다"[240]고 주장했다.

일각에서는 이명박 정부가 "전임 정부의 퍼주기식 저자세 대북접근을 비판하고, 민족의 특수성보다 보편적-일반적 이성에 근거한 현실 가치를 기반으로 대북정책을 추진했다"[241]고 분석하고 있다. 그러나 북한의 비호응과 도발 등이 맞물리면서 정상회담은 불발로 끝이 났다.

❖ 박근혜 정부(2013-2017)

박근혜 정부의 대북정책은 '한반도신뢰프로세스'였다. 이명박 정부가 비핵-개방-3000이라는 선 비핵화 조건을 내걸었다면 박근혜 정부는 선 신뢰를 택했다. 남북 간 신뢰로 비핵화를 달성하고 평화를 구축하겠다는 것이 박근혜 정부의 구상이었다.

박근혜 정부에서도 대북정책의 첫 도전은 북핵 문제였다. 취임(2월 25일)을 13일 앞둔 2013년 2월 12일 북한이 3차 핵 실험을 강행했다. 이에 유엔안전보장이사회가 추가 대북제재에 착수했다. 북한은 유엔

---

240 조영주, 北, 남북비밀접촉 20일만에 폭로한 배경은?, 아시아경제, 2011.6.1.

241 조순구, *ibid*, 2012, pp. 121-122.

안보리 논의를 하루 앞둔 3월 5일 인민군 최고사령부 대변인 명의로 한미연합훈련에 대한 비난과 함께 "정전협정의 완전 백지화와 함께 판문점 대표부 활동을 전면 중단한다"는 성명을 발표했는데, 당시 김영철 정찰총국장은 이례적으로 조선중앙TV에 나와 성명을 직접 읽기도 했다.[242]

이튿날인 2013년 3월 6일 북한은 노동신문 1면 머리기사에서 정현일 인민군 소장 명의로 '미국과 호전광들은 파멸을 각오하라'는 글을 올렸다. 정현일은 이 글에서 "다종화된 북한의 정밀 핵 타격 수단으로 서울만이 아니라 워싱턴을 불바다로 만들 것"이라고 위협했다. 전용남 김일성사회주의청년동맹위원장은 "한라산에 최고 사령관기와 북한 국기를 휘날리도록 할 것을 맹세한다"며 공세적 위협을 지속했다.[243]

당시 남한 합동참모본부는 "북한이 도발하면 우리 군은 도발 원점과 도발 지원 세력, 지휘 세력까지 강력하고 단호하게 응징할 것이며, 이를 시행하기 위한 모든 준비를 갖추고 있음을 분명하게 밝힌다"고 경고했다.

이런 가운데 북한 김정은은 연평도(2013년 3월 7일)와 백령도 타격부대(2013년 3월 12일)를 잇따라 방문했다. 당시 북한 조선중앙통신은 김정은이 백령도 앞 월내도 방어대에서 "명령만 내리면 적을 모조리

---

242 북한 조선중앙TV, 2013.3.5.

243 북한 노동신문, 2013.3.6.

불도가니에 쓸어 넣으라"고 지시했고, "남조선 해병 6여단의 전파탐지 초소와 대포병 레이더 등을 소멸하기 위한 타격순서를 규정해 주셨다"고 보도했다.[244] 이어 박근혜 대통령을 향한 첫 비난전에도 나섰다. 북한 인민무력부는 대변인 담화에서 "남한 군부의 추태는 청와대의 안방을 다시 차지하고 일으키는 독기어린 치맛바람과 무관하지 않다"[245]고 비난한 것이다.

2013년 3월 20일에는 YTN과 KBS, MBC 등 주요 방송사와 일부 금융기관 전산망이 마비되는 사태까지 빚어졌다. 군 당국은 정보작전방호태세인 인포콘을 4단계에서 3단계로 격상하고 원인 파악에 나섰는데, 후에 북한의 소행으로 드러나기도 했다.[246]

북한은 2013년 3월 26일 최고사령부 명의로 1호 전투 근무태세를 하달하며 위협 수위를 더 끌어올렸다. 북한은 "지금 이 시각부터 미국 본토와 하와이, 괌 등에 있는 미군 기지와 남한, 그리고 그 주변 지역의 모든 적 대상물들을 타격권에 두겠다"고 위협했다. 하루 뒤에는 남북 장성급 군사회담 북측 단장 명의로 개성공단 출-입경을 지원하는 남북 군 통신선을 단절했다. 북한은 통지문에서 "임의의 시각에 전쟁의 불집이 터지게 된 상황에서 양측 군부 사이에 개설된 남북 군 통신선은 더 이상 필요 없다"고 주장했다. 이는 앞서 3월 8일 조국평화통일위원회 성명을 통해 판문점 연락사무소 직통전화를

244 북한 조선중앙통신, 2013.3.12.

245 북한 조선중앙통신, 2013.3.13

246 KBS, [클로즈업 북한], 갈수록 진화하는 공격…북한 '사이버 전력', 2021.2.6.

단절한 데 이은 후속 조치였다.[247]

상황이 악화해 갔지만 박근혜 대통령은 3월 27일 외교부와 통일부의 업무 보고를 받는 자리에서 "북한이 올바른 선택을 하도록 노력할 것"이라며, "북한이 핵을 보유해도 이득이 없고 도발에는 대가를 치른다는 인식을 갖게 하면서도 대화의 물꼬를 트는 노력을 끊임없이 전개해야 한다"고 강조한다. 또 "남북 간 기존 합의를 존중하는 것이 신뢰 구축의 출발점"이라고 밝혔다. 이어 "대북 인도적 지원의 경우 정치적 상황과 관계없이 진행한다며, 대북정책이 무조건적인 유화정책이라는 일부 지적은 사실과 다르다"고 강조했다.[248]

그러나 북한 김정은은 2013년 3월 29일 "임의에 시각에 미국 본토와 하와이, 괌도 등 미국 전략기지들과 남조선 주둔 미군기지를 타격할 수 있게 사격 대기 상태에 들어가라"고 지시하며 위기를 고조시켰다. 북한의 이 조치는 B-52 전략폭격기와 B-2 스텔스 등 미국의 최첨단 전략자산들이 한반도에 전개된 것에 대한 비난과 함께 나왔다. 2013년 3월 30일에는 중앙특구개발지도총국 대변인 명의로 "괴뢰 역적들이 개성공업지구가 간신히 유지되는 것에 대해 나발질을 하며 우리의 존엄을 조금이라도 훼손하려 든다면 공업지구를 가차없이 차단-폐쇄해버리게 될 것"[249]이라고 위협했다.

2013년 4월 1일 취임 한 달여를 맞은 박근혜 대통령은 국방부 업

---

247 강진원, 북, "남북 군 통신선 단절" 통보, YTN, 2013.3.27.

248 왕선택, '행복한 한반도 만들기' 시동, YTN, 2013.3.27.

249 북한 조선중앙통신, 2013.3.30.

무 보고를 기점으로 대응 기조에 변화를 주기 시작한다. 박 대통령은 업무 보고 자리에서 "우리 국민과 대한민국에 어떤 도발이 발생한다면, 일체의 다른 정치적 고려를 하지 말고 초전에 강력히 대응해야 한다"고 주문한 것이다.

북한도 즉각 맞대응에 나섰다. 박 대통령의 발언 이튿날인 4월 2일 원자력 총국 대변인 명의로 "폐연료봉에서 플루토늄을 추출해 핵무기를 제조하는데 사용하는 흑연감속로와 영변의 모든 핵 시설들을 재가동하겠다"[250]고 발표했다. 5MW 흑연감속로는 2007년 이후 가동을 중단했던 시설이다. 이에 대해 조태용 외교부 대변인은 비핵화 합의를 준수할 것을 강조하며 "북한 발표가 사실이라면 대단히 유감"이라고 밝혔다. 그러나 류길재 통일부 장관은 기자간담회에서 "개성공단이 남북관계의 마중물 역할을 하고 있다"고 밝힌 뒤, "한반도신뢰프로세스는 행동으로 보여주는 것이며 북한 취약계층 지원과 이산가족 상봉 등 인도적 사안에서 할 수 있는 것은 뚜벅 뚜벅 할 것"이라고 강조했다.

박근혜 대통령도 북한이 핵시설 재가동 방침을 밝힌 4월 2일 첫 외교안보장관회의를 소집한 자리에서 "북한이 도발했을 때 강력하게 응징하는 것은 필수"라고 강조하면서도 "무엇보다 강력한 외교-군사적 억지력으로 도발을 할 생각을 못 하도록 하는 것이 더 중요하다"며 한반도신뢰프로세스를 계속 이어가겠다는 방침을 밝히며 수위

---

[250] 북한 조선중앙통신, 2013.4.2.

조절을 하는 모습도 이어갔다.

그러나 2013년 4월 3일 북한은 개성공단 통행금지 조치를 선포한다. 북한 중앙특구개발지도총국이 남한 측 개성공단관리위원회에 근로자의 방북을 금지하고 귀환만 허용하겠다는 입장을 전달했다. 같은 날 인민군 총참모부는 대변인 담화를 통해 한미연합훈련을 비난하며 "미국의 대북 적대 정책이 거리낌 없이 강행되고 있어 전쟁이 언제 일어날지 모르는 폭발 전야의 분초를 다투고 있다"고 위협했다.

박근혜 대통령은 결국 4월 9일 국무회의 모두 발언에서 북한의 개성공단 조업 중단에 실망했다고 밝힌 뒤 "북한이 이런 식으로 국제 규범과 약속을 어기면 투자할 나라나 기업이 없을 것"이라며 "북한은 위기 조성 후 타협과 지원을 끝없이 반복하는 그릇된 행동을 멈추고 올바른 선택을 하기 바란다"고 촉구했다.

정부는 이후 북한에 회담을 제의했으나 거부당한 뒤인 4월 26일 국민 보호를 명분으로 개성공단 근로자 전원 철수 결정을 내렸다. 개성공단은 조업 중단 166일만인 2013년 9월 16일 재가동에 들어갔지만 박근혜 정부 출범 직후 두 달 가까이 지속된 남북 간 격렬한 충돌은 향후 남북관계의 예고나 다름없었다.

2015년 5월 8일 북한이 잠수함발사탄도미사일, SLBM 시험 사격 때 통일부는 "도발에는 강력 대응하겠지만 민간교류는 장려하며 대화를 통해 신뢰를 형성할 수 있도록 노력하겠다"는 이중적 입장을 밝혔다. 그러나 최윤희 합참의장은 북한의 SLBM 발사와 조준 타격 위협에 맞서 '처절한 응징'을 강조했다. 남북관계가 다소 소강상태로 접어들었으나 얼마 가지 못했고, 북한의 2015년 8월 DMZ 지뢰 도발은 또다시 위기를 불러왔다.

개성공단은 북한이 4차 핵 실험(2016년 1월)과 위성체 광명성 4호(2016년 2월 7일) 발사 등 잇따른 도발을 계속하자 2016년 2월 10일 결국 폐쇄되기에 이른다. 이명박 정부 때 발생한 대청해전과 천안함 폭침, 연평도 포격전과 같은 직접적 군사적 충돌에도 명맥을 유지했던 개성공단의 폐쇄는 박근혜 정부의 남북관계의 상징이 되었다.

개성공단은 남북관계가 전환점을 맞이한 문재인 정부에 들어와서도 해결점을 찾지 못했다. 북한의 3차 핵 실험 등에 맞서 유엔안보리가 대량 현금(Bulk Cash)의 대북 이전을 금지한 대북제재 결의(2094호)와 5차 핵 실험 이후인 2016년 11월 유엔회원국 금융기관의 북한 내 사무소와 은행 계좌개설을 금지한 2321호 등에 따른 결과이다. 유엔제재가 풀리지 않으면 북한에 현금이 들어가는 어떠한 경우의 남북경협 사업을 할 수 없게 되었다.

❖ 소결론

1990년 이후 4번의 보수 정부 집권기에 추진한 남북관계의 발전적 측면에서 나타난 성과를 꼽자면 노태우 정부가 눈에 띈다. 여기에서 발전적 측면이란 남북관계가 좋아졌다거나 북한이 도발을 중단했다는 의미가 아니다. 평화(뒤에 설명하겠지만 이마저도 여러 가지 규정이 있다)

를 보편적 가치라고 규정할 때 평화를 위한 대화가 있었고, 일시적이나마 서로의 존재를 확인하는 시간을 가졌다는 의미다.

노태우 정부는 북한과 남북기본합의서라는 괄목할 만한 결과물을 만들어 냈다. 그러나 냉전 해체라는 국제적으로 큰일이 펼쳐지던 시점이어서 남한의 독자 정책에 따른 결과물로 인식하기에는 한계가 존재한다. 또 시간이 지나면 도발로 회귀하는 북한의 모습을 보면 공세적 전략문화에 변화를 줬다고 평가할 수 없다.

특히 김영삼, 이명박, 박근혜 정부는 무엇보다 북한 변수로 인해 대북정책에서 두드러진 성과를 얻지 못했다. 김영삼 정부 때에는 잠수함 침투와 북핵 위기로, 이명박 정부 때에는 북핵과 여러 차례의 직접 도발(대청해전, 천안함 폭침, 연평도 포격전 등)로, 박근혜 정부 역시 김정은의 등장과 계속된 도발(개성공단 중단-폐쇄, DMZ 지뢰도발, 핵무력 강화 등)로 남북관계는 앞으로 나아가지 못했다.

결과적으로 보수 정부가 북한을 현상타파 국가로 인식하게 된 배경의 대부분은 북한의 도발에서 비롯됐다. 또 북한의 주요 도발에 대한 보수-진보 정부 간 대응이 상당히 달랐는데 이 역시 정권별 대북인식에 따른 것으로 보인다. 앞서 살펴본 것처럼 북한의 도발 초기 보수 정부 역시 진보 정부와 마찬가지로 포용적 대북관을 유지하려는 모습도 확인된다. 그러나 도발이 계속되면서 이러한 인식은 사라졌다.

2. 진보 정부의 유사전략문화 행태

진보 정부는 북한을 현상유지 국가로 인식하는가. 현상유지에 대한 인식이 포용이나 회유라면 진보 정부는 북한을 현상유지 국가로 파악했다고 보는 것이 타당하다. 그렇다면 진보 정부의 어떤 경향이 북한을 현상유지 국가로 인식하는지를 밝히고 이 현상유지적 대북인식이 유사전략문화 형성에 어떤 영향을 미쳤는지 살펴보려 한다.

포용의 사전적 의미는 "남을 너그럽게 감싸주거나 받아들임"이다. 영어로는 'engagement'보다 'embracement'에 가깝다. 그러나 남북관계에서는 전략적 개념의 포용, 즉 'engagement'가 더 우선해야 한다는 시각도 존재한다. 이른바 무조건적 포용이 아닌 접촉, 관여, 개입이다.[251]

따라서 대북포용정책이 일반적 포용인지 전략적 포용인지에 따라 유사전략문화에 미치는 영향이 달라질 수 있다. 전략적 포용의 개념

---

[251] 김영호, 대한민국과 국제정치, 2018, pp. 246-254.

에서 보듯 접촉과 관여, 개입 모두 상호관계적 성격이 강하기 때문이다. 그러나 햇볕정책이 'engagement'냐 아니면 'embracement'냐는 논란이 많으므로 진보 정부에 대한 분석도 북한의 도발에 대한 대응을 위주로 살필 것이다. 진보 정부에서도 북한의 공세적 도발, 즉 일관된 행동은 계속되기 때문이다.

무엇보다 가장 뚜렷하게 대비되는 점은 보수 정부 기간에는 한 차례도 열리지 못한 남북정상회담이 공교롭게도 진보 정부에서는 집권 기간 모두 개최됐다는 점이다. 또 국방비 증가율을 보면 김대중 정부 6%대, 노무현 정부 7%대, 이명박 정부 5%대, 박근혜 정부 5%대, 문재인 정부 6%대에 이르는 것으로 나타난다.[252]

군비경쟁이 전쟁을 부추긴다는 안보 딜레마 관점에서 보면 보수 정부보다 진보 정부가 국방비를 더 늘렸음에도 불구하고[253] 북한은 남한의 보수 정부에 더 반발했다. 과거 도발 사례가 이를 증명하고 있는데 보수 정부와는 정상 간 대화가 필요 없다는 북한의 선제적 일관성이 내면에 깔려있는 것으로 볼 수밖에 없다.

252 권홍우, 진보정권일수록 국방비 급증…전작권 전환대비 5년간 300조 투입, 서울경제, 2020.8.10.

253 김수현, [팩트체크] 노 정부 국방비 증가율, 보수 정부 때보다 높았다?, 연합뉴스, 2017.4.26.

❖ 김대중 정부(1998-2003)

진보 정부 대북정책의 뿌리는 김대중 정부의 '햇볕정책'이다. 김대중 대통령은 취임사에서 노태우 정부 때 체결된 남북기본합의서를 거론했지만, 남북정상 간 첫 합의인 6·15 공동선언(2000년 6월 15일)을 탄생시킨 햇볕정책은 노무현, 문재인 정부 대북정책의 기틀이 되었다는 것에 이론의 여지가 없다. 햇볕정책에 대한 기존 연구는 햇볕정책을 대체로 대북포용정책으로 규정한다.

북한을 현상타파 국가로 보는 정부는 압박을 우선하지만 북한을 현상유지 국가로 보는 정부는 포용 혹은 회유 우선의 대북정책을 추진한다고 할 때 햇볕정책은 북한을 현상유지 국가로 파악하고 실시한 대북정책으로 볼 수 있다. 김대중 대통령은 햇볕정책이 유화정책이 아니라고 강조했지만 북한의 도발에 대응하는 과정을 보면 꼭 그렇지만은 않은 사례가 나타난다.

햇볕이라는 말 자체의 상징성도 압박보다 포용이나 회유에 가깝다. 이는 이 책의 앞에 거론한 지도자나 전략공동체의 정치적 신념의 관점으로 해석될 수 있다. 이 같은 신념이 유사전략문화 형성과정에 어떤 영향을 주었을까.

김대중 정부 역시 집권 첫해부터 도전에 휩싸였다. 1998년 6월 22일 강원도 속초 해안으로 북한의 유고급 잠수함이 침투했다가 승조원 9명이 자폭-사망했으며, 8월 31에는 북한이 장거리 미사일 개발을 시사하는 대포동 1호를 발사했다. 이어 11월 20일에는 강화군 화도면으로 노동당 작전부 해주연락사무소 소속 간첩선을 침투시켰다가 발각돼 도주했으며, 12월 17일에는 여수 앞바다로 반잠수정을 침투시켰다가 우리 측에 의해 격침됐다. 이듬해인 1999년 6월에는 1차 연평해전이, 집권 말기인 2002년 6월에는 2차 연평해전이 발발한다.

속초 해안으로 북한의 유고급 잠수정이 침투하기 6일 전인 1998년 6월 16일 현대그룹 정주영 명예회장은 500마리의 소떼와 함께 판문점을 넘어 북으로 향했다. 이 사건은 남북관계의 새로운 출발을 알리는 기념비적인 사건이었으나, 북한은 6일 뒤 잠수정을 침투시키며 정반대의 행위를 계속했다. 천용택 국방부 장관은 6월 26일 열린 국회 국방위원회 간담회에서 "명백한 침투 사건"이라고 비난했지만, 잠수정 예인장소를 놓고 논란이 일었다.

당초 속초 인근 기사문항으로 예인하는 것으로 알려졌지만 갑자기 동해항으로 바뀐 것이다. 합동참모본부는 "기사문항에 암초가 많고 보안상의 이유로 장소를 변경했다"고 밝혔지만, 군 주변에서는 23일 판문점에서 열린 유엔사-북한군 간 첫 장성급 접촉과 정주영 명예회장의 귀경을 의식한 조치라는 비판이 제기됐다.[254] 이에 대해 천장관은 "햇볕정책에 따른 고려가 아니라 현지 사령관의 판단 혼란 때문"[255]이라고 밝혔다.

김대중 대통령은 잠수정 침투 9일 뒤인 1998년 7월 1일 고려대에

254 연합뉴스, 잠수정 예인장소 왜 바꿨나 — 정회장 귀환, 장성급 회담 배려설, 1998.6.23.

255 김해진, 강민석, 북에 '도발 시인 요구', 경향신문, 1998.6.27.

서 열린 강연에서 "햇볕정책은 유화정책이 아니며, 북한의 무력도발을 절대 용납하지 않으면서 화해-협력의 길로 가는 것이다. 햇볕정책은 북한의 강경 세력에게 가장 고통스러운 정책"[256]이라고 강조했다. 그러나 잠수정 침투 20일 뒤인 7월 12일 강원도 동해시 묵호동 해변가에서 기관단총과 수류탄, 수중 추진기와 함께 무장간첩 시신이 발견되면서 정부의 입장은 급변했다.

국방부는 7월 14일 조사 결과에서 "2명~5명이 침투했을 것으로 추정된다"며 "사망자 외 나머지 인원은 익사 또는 내륙으로 침투했을 가능성이 있다"고 밝혔다. 6월 22일 사건 때 승조원 전원이 잠수정 내부에서 사망한 것과 달리, 이번에는 육상침투 가능성이 거론되자 정부는 같은 날 국가안전보장회의 상임위원회를 열어 남북 교류-협력사업을 전면 유보한다고 발표했다.

이에 따라 7월 18일 출발 예정이었던 민간사업인 현대 측의 2차 소떼 방북은 무산돼 그해 10월 27일에 재개됐다. 북한은 사건 발생 일주일만인 6월 29일 조국평화통일위원회 명의로 다음과 같은 대변인 성명을 발표했고 이 같은 기조를 이어나갔다.

지금 남조선에서는 이른바 잠수정 침투 사건이라는 또 하나의 반북 모략소동이 벌어지고 있다. 우리는 이미

…(중략)…

---

256 동아일보, "햇볕정책은 유화 아니다", 1998.7.1.

훈련을 하다 기계 고장으로 표류하다가 조난되었다는 데 대하여 보
도한 바 있다

…(중략)…

남조선 당국이 터무니없이 우리를 걸고 들며 반북대결 소동을 일으
키고 있는 데 대하여 단호히 규탄한다

…(이하 생략)…[257]

　국방부 조사 결과 하루 뒤인 1998년 7월 15일 김대중 대통령은 첫
국가안전보장회의를 주재하고 "무장간첩 침투 사건은 명백한 정전협
정 위반이며, 남북기본합의서 위반으로 결단코 용납할 수 없다. 모든
수단을 다해 책임을 추궁할 것이며, 재발 방지를 끝까지 요구할 것이
다"라고 밝혔다. 그러면서 "햇볕론 때문에 이번 사태가 생겼다는 주
장이나 햇볕론이 북한을 이롭게 한다는 논리는 모순"이라며 "북한의
일거수일투족에 우리가 일희일비해서는 안된다"고 강조했다.[258]

　그러나 10여 일 뒤인 1998년 8월 1일 정부가 금강산에 확산하고
있는 솔잎혹파리 방제를 이유로 산림청 관계자를 북한에 파견하기
로 한 소식이 전해진다. 2주 뒤인 8월 15일 김대중 대통령은 광복절
경축사에서 장·차관급을 대표로 하는 남북상설대화기구를 창설하자
고 제의하고, 평양에 특사를 보낼 용의가 있다고 밝힌 뒤, "남북기본
합의서에 입각해 북한의 안정과 발전을 지원할 용의가 있다"[259]고 강

257　조선일보, 북 조평통 대변인 성명 요지, 1998.6.29.

258　경향신문, "모든 수단 동원 북 추궁", 1998.7.16.

259　김현경, 김 대통령 남북현안 협의 위해 평양 특사 파견 언급, MBC, 1998.8.15.

조했다.

북한은 이 제의 16일 뒤인 8월 31일 장거리 미사일 개발의 신호를 알리는 대포동 1호 로켓을 발사했다. 북한의 도발 이후 대통령의 제안이 있기 전 정부가 끝까지 요구하겠다고 한 재발 방지 대책에 대해 북한이 호응했는지는 확인되지 않는다.

이는 앞서 김영삼 정부 때 발생한 강릉 잠수함 침투 사건과 박근혜 정부 출범 직후 북한의 잇따른 도발 상황과 비교된다. 김영삼 대통령은 대북 쌀 지원 등의 유화정책을 펴오다 1996년 강릉 잠수함 침투 사건이 발발하자 여야 총재회담에서 "현재의 남북관계로 볼 때 국지전으로 끝날 일이 아니라 전면전으로까지 갈 수도 있다"[260]고 말했다. 박근혜 정부 때도 마찬가지였다. 박 대통령 취임 직전부터 3차 핵 실험을 시작으로 개성공단 가동중단에 이르기까지 두 달 가까이 진행되는 북한의 공세에서도 정부는 '한반도신뢰프로세스'를 유지하다가 북한이 끝까지 대화를 거부하자 개성공단 근로자를 철수시키며 공단 가동이 166일간 중단되는 상황으로 이어졌다.

그러나 김대중 정부하에서는 연이은 무장침투 사건이 일어난 지 한 달여 만에 솔잎혹파리 방제를 들어 대북접촉을 시사했고 두 달가량 지난 뒤에는 북한의 안정과 발전을 지원하겠다며 대화를 제의했다. 지도자나 전략공동체의 성향에 따라 북한 도발에 대한 대응 강도가 달라진다는 점이 드러나는 대목이다.

260　홍준호, 청와대 "햇볕론 변함없다", 조선일보, 1998.6.24.

이듬해인 1999년 6월 15일에는 1차 연평해전이 발발한다. 북한의 선 발포로 14분간 진행된 교전에서 북한은 어뢰정 1척이 격침되고 5척의 중-소형 경비정도 선체가 크게 부서진 채 퇴각했다. 우리 해군의 승전과 북한의 압도적 피해로 국민은 환호했다. 야당을 중심으로 햇볕정책의 재검토를 요구했지만 여야 정치권 모두 북한의 도발에 대해서는 한목소리로 비판했다.

사건 발생 하루 뒤인 6월 16일 청와대에서 열린 김대중 대통령 주재 여야 총재회담에서 당시 한나라당 이회창 총재는 "우리 군이 적절히 대처했다고 생각한다"고 밝혔다. 또 "상호주의 원칙을 포기한 햇볕정책은 더는 곤란하며, 재발 방지 약속을 받을 때까지 금강산 관광과 비료 지원은 중단해야 한다"[261]고 강조했다.

여당인 국민회의 김영배 총재권한대행도 국회의 대북규탄결의안을 언급하며 초당적 대응을 주문하는 등 군 대응의 적절성에 대해서는 이견이 없었다. 이는 한편으로는 햇볕정책이 안보를 앞세워 추진되고 있다는 신호로도 해석되었다.

남북이 해상에서 격렬한 교전을 벌였고, 북한이 큰 피해를 입었지만 김정일 국방위원장은 교전 발생 이튿날 이례적으로 "남조선은 현재의 긴장 상태를 격화시키지 말고 완화로 가야 한다"[262]고 강조했다. 교전 당사자였던 우리 국방부도 이례적으로 비상 경계는 유지하

---

261 장화경, 이재국, 여야 총재회담 무슨 얘기 오갔나 '안보'엔 일치 햇볕엔 '이견', 경향신문, 1999.6.17.

262 북한 평양방송 보도, 1999.6.16.

면서도 "대화로 풀 때가 됐다"는 입장을 밝혀 남북충돌에도 불구하고 남북대치는 그리 오래가지 않았다.[263]

정치적으로 남북이 확전 방지를 위해 노력한 것으로 평가할 수 있지만 한편으로는 북한의 도발에 대한 미온적인 대처라는 주장과 함께 남남 갈등도 불거졌다. 아래 〈표〉를 보면 당시 남북 간에 큰 충돌이 있었음에도 별다른 정책변화가 없었던 점이 확인된다.

2차 연평해전은 1차 연평해전 때와는 달리 남남 갈등이 극대화되는 상황을 맞는다. 해군 6명이 전사하는 등 아군의 피해가 컸는데도 교전 직후 열린 국가안전보장회의(NSC)에서 북한과 같은 우발적 충돌로 결론 내렸으며, 대통령을 비롯해 국무총리와 국방부 장관, 합참의장 등 정부와 군 주요 인사들은 전사한 장병들의 영결식장을 찾지 않았다.

교전 다음 날에는 금강산 관광선 설봉호가 515명의 여행객을 싣고 북한으로 향하는 등 정부의 대응 과정을 두고 비판이 제기됐다. 이러한 기조가 달라지지 않은 모습이 계속됐는데, 사건과 대중의 관심이 정책변동에 어떤 영향을 미치는지를 '초점사건 방법'으로 분석한 연구물에서도 비슷한 결론이 발견된다.

토마스 버크랜드(Thomas A. Birkland)는 초점사건에 대해 '갑작스럽

---

263 김종훈, 박재현, "서해사태 종료단계" 국방부 "대화로 풀 때 됐다"…군 비상경계는 유지, 경향신문, 1999.6.18.

게 대중의 관심이 증가하는 사건'으로 규정하고 있다.[264] 다음 〈표〉의 모형종합 정리를 보면 두 번의 연평해전은 북한과의 직접적 충돌로 대중의 관심은 크게 고조됐지만, 대북정책의 기조는 변하지 않은 것으로 나타난다. 2차 연평해전 이후 교전수칙이 단순화되는 상황이 눈에 띄는 정책변화로 보인다.[265]

〈표 6〉 제1차 연평해전 초점사건의 Birkland 모형 적용 결과[266]

구분	내용
사건 발생	1999년 6월 15일 제1차 연평해전
관심 증가	교전발생 이후 462건 언론 보도(1999.6.15.~1999.7.31.)
집단 동원	국회, 각종 언론, 전문가 및 국회의원, 정부 관료 등 집단 논의
아이디어 토론	- 대북정책 비판 및 적극적 대응방안 모색 - 대북지원, 금강산 관광 등 남북교류 중단방안 논쟁 - 지속적 남북경제협력 추진을 위한 당국 간 혹은 기업인들의 신변 안전보장 협정과 투자보장협정 등의 제도 장치마련
정책변동	새 정책변동 없음
모형종합정리	- 대북정책 기조 불변, 교전사태 재발방지 약속 등 근원적 대책과 해결 위한 정책변동이 이루어지지 못함

---

264 이동규, 북한도발사건 이후 정책변동과 정책학습 연구-Birkland의 사건중심 정책변동 모형을 중심으로, 한국위기관리논집 제10권 제5호, 2014, p. 102.

265 "2차 연평해전 이전 NLL 국방부 교전수칙은 경고방송, 시위기동, 차단기동, 경고사격, 격파사격 등 5단계였으나 이후 경고방송 및 시위기동, 경고사격, 격파사격의 3단계로 줄었다." 김태훈, *ibid*, 2021, p. 112.

266 이동규, *ibid*, 2014, p. 109.

<표 7> 제2차 연평해전 초점사건의 Birkland 모형 적용 결과[267]

구분	내용
사건 발생	2002년 6월 29일 제2차 연평해전 발생
관심 증가	교전발생 이후 총 2,194건 언론보도(2002.6.29.-2002.9.7.)
집단 동원	국회, 각종 언론, 전문가 및 국회의원, 정부관료 등 집단 논의
아이디어 토론	- 대북정책 기조 비판, 교전수칙 수정 논의 - 대북지원, 금강산 관광 등 경제협력 중단 논쟁 - 해군 작전 기동성 논의, 안보교육 강화
정책변동	교전수칙이 소극적 대응서 적극적 응전개념으로 수정됨
모형종합정리	- 대북정책 기조 변하지 않음, 재발 방지 약속이나 대북지원 중단 등의 아이디어가 실제 정책변동으로 이행되지 못함 - 교전수칙 3단계로 단순화, 수정된 교전수칙으로 대청해전 승리에 기여했다고 평가받음

햇볕정책이 위기를 맞은 건 김대중 정부 집권 말기에 터진 북핵이었다. 2002년 10월 4일 조지 W. 부시 대통령의 특사로 북한을 방문한 제임스 켈리 미국 동아시아태평양 담당 차관보에게 북한의 강석주 외무성 제1부상이 고농축 우라늄으로 핵탄두를 개발하고 있다고 시인하며 2차 북핵 위기가 시작한 것이다.

또 비슷한 시기에 국회 국정감사 기간 이른바 4억 달러 대북송금 의혹사건이 불거졌다. 의혹은 노무현 정부 들어 대북송금 사건 특별수사가 실시되며 해소됐다. 관련자들이 사법처리됐다. 남북정상 간

---

267 이동규, *ibid*, 2014, p. 110.

첫 정상회담과 남북 경협사업까지 성공시키며 한때 국민적 지지를 얻었던 햇볕정책은 '대북 퍼주기', '북 핵 개발 지원' 등의 비난 명분을 주며 큰 타격을 입게 된다.

❖ **노무현 정부(2003~2008)**

'평화번영정책'으로 대표되는 노무현 정부의 대북정책의 가장 큰 골칫거리도 북핵이었다. 북한의 핵 개발 시인으로 인한 2차 북핵 위기와 함께 임기가 시작됐으며, 2006년에는 북한이 대포동 2호 로켓 발사에 이어 첫 핵 실험을 실시했다. 이와 함께 김대중 정부 시기에 극대화된 남남 갈등은 노무현 정부가 대북정책을 추진하는 데 장애물로 다가왔다.[268]

노무현 대통령도 집권 초기부터 이를 고민한 것으로 보인다. 노 대통령은 2003년 2월 25일 취임사에서 전임 김대중 대통령의 대북정책을 염두에 둔 듯한 소회를 밝혔다. 노 대통령은 "한반도 평화를 증진시키기 위해 많은 노력을 기울였고 성과는 괄목하다"고 밝히면서도, "정책 추진과정에서 더욱 광범위한 국민적 합의를 얻어야 한다는 과

---

[268] "노무현 정부 때 금강산 관광, 개성공단, 철도·도로 연결 등 김대중 정부 때 합의되고 시작된 사업 이외에 노 정부가 한 일은 거의 없다. 임기 말 2차 남북정상회담은 2·13 합의와 10·3 합의를 비롯한 6자회담 및 북미관계의 진전에 힘입었던 것이지, 냉-온탕을 오락가락한 노무현 정부 5년간의 대북정책의 자연스러운 결과는 아니었다." 정욱식, 이명박의 '전략동맹'은 노무현이 길 닦은 것, 오마이뉴스, 2008.4.23.

제를 남겼다"고 강조했다. 이어 "그동안의 성과를 계승하고 발전시키면서 정책의 추진방식은 개선해 나가고자 한다"고 덧붙였다.

이는 "특정 정책의 선택은 국가 내에서의 권력 분배, 사회 세력, 제도, 국가 구조, 이념 등 국내정치에 의해 이루어진다"는 주장에 따르거나, "국내정치에 의해 만들어진 정책은 다시 정치를 만든다"[269]는 피어슨(Paul Pierson)적 시각이기도 하다. 거꾸로 국제 체제가 국내 행동 전체를 구속한다는 피터 구레비치Peter Gourevitch)의 역전된 제2 이미지 개념에 따르면 북한의 첫 핵 실험이 진행된 노무현 정부 하의 남북관계는 딜레마적 요소가 더 많았다고 볼 수 있다.

이에 따라 노무현 정부 시기 남북관계는 뚜렷한 특징을 찾아보기가 어렵다. 김대중 정부 임기 막판에 터진 대북송금 사건이 사실로 드러나면서 '퍼주기'에 대한 비판이 계속된 상황도 있었고 노 대통령 스스로도 국민적 합의를 강조했기 때문으로 분석된다. 또 2차 북핵 위기로 북미관계, 즉 국제 사회와 북한과의 관계가 악화한 것도 원인으로 꼽힌다.

2003년 1월 북한이 NPT 탈퇴를 선언한 뒤 노무현 정부 집권기인 2003년 8월부터 2007년 9월까지 모두 6차례에 걸쳐 북핵 해결을 위한 6자회담(남북+미중일러)이 개최됐다. 그러나 북한은 2007년 말까지 핵시설을 폐쇄-봉인하고 불능화 조치를 이행하면 나머지 5개국이

---

269 Paul Pierson, "*When Effect Becomes Cause:Policy Feedback and Political Change*", World Politics, Vol. 45, No.4, 1993, pp. 595-628. 이는 신종대, 김대중-노무현 정부의 대북정책과 국내정치: 문제는 '밖'이 아니라 '안'이다, 한국과 국제정치, 제29권 제2호 2013년(여름) 통권 81호, 2013, p. 14 에서 재인용.

중유 등의 경제지원을 한다는 약속을 이행하지 않았다. 6자회담은 이후 중단됐으며, 북한이 핵 개발을 고도화하자 국제 사회는 제재를 강화하며 지금에 이르고 있다. 노무현 정부 시기 남북관계가 소강상태를 맞이한 건 이런 국제관계 환경과 무관하지 않았고 이에 따라 김대중 정부를 뛰어넘는 남북관계의 모습은 확인되지 않는다.

노무현 정부를 시험에 들게 하는 사건은 2006년에 연이어 터졌다. 대포동 2호 로켓 발사와 첫 핵 실험이 그것이다. 당시 북한의 무력시위에 대해 노무현 정부는 오락가락 행보를 보였다는 비판을 받았다. 2006년 7월 5일 북한이 대포동 2호 등 7기의 미사일을 쏘아 올리자 청와대는 7월 9일 홈페이지에 "굳이 일본처럼 새벽부터 야단법석을 떨 이유가 없다"[270]는 입장을 밝혔다. 이틀 전인 7월 7일 북한의 미사일 발사에 항의하며 정부가 비료 10만 톤과 쌀 50만 톤 지원계획을 유보한 것과는 다른 인식이다.

그러나 쌀 지원 중단 조치는 한 달여 뒤인 8월 20일, 북한의 수해 피해를 이유로 없던 일이 됐다. 정부는 당시 쌀 10만 톤과 함께 수해 복구용 시멘트 10만 톤, 철근 5만 톤, 덤프트럭 100대, 굴삭기 50대 등 2천200억 원 상당의 물품에 대한 인도적 지원 방침을 밝혔다.[271] 정부의 결정 배경에는 여야 합의도 영향을 미쳤다. 대북지원에 앞서 당시 여당인 열린우리당과 야당인 한나라당 등 5당은 8월 10일, 대

---

270 조준형, 〈북 로켓 발사〉 정부 대응 3년 전과 큰 차이, 연합뉴스, 2009.4.5.

271 신웅진, 북한 수해 복구에 쌀 10만 톤 지원, YTN, 2006.8.20.

북지원에 합의했다. 한나라당은 그러면서도 "쌀 지원은 수해 지역에 국한한다"는 조건을 달았다.[272] 그러나 8월 24일, 한나라당 강경 보수 성향의 김용갑 의원은 이종석 통일부 장관을 '세작(간첩)'에 비유하는 등 인식차를 드러냈다.[273]

북한의 대포동 발사 이후 두 달이 지난 9월 8일 핀란드 국빈 방문 자리에서 노 대통령은 "대포동 미사일이 미국까지 가기에는 너무 초라하고 한국으로 향하기에는 너무 크다"고 밝혔다. 또 "북한 미사일 발사는 정치적 행동인데, 실제 무력적 위협으로 보는 언론이 더 많은 것이 문제 해결을 어렵게 하는 이유 중 하나"라고 강조했다.[274] 노 대통령은 또 "북한이 핵 실험을 할지, 안 할지 언제 할 것인지 아무런 징후나 단서를 갖고 있지 않다"고 밝혔는데 북한은 한 달 뒤인 2006 년 10월 9일 1차 핵 실험을 단행했다.

그러나 북한의 1차 핵 실험 직후 노 대통령은 "이 마당에 포용 정책을 그대로 가져가겠다는 것은 말이 안 된다"[275]고 밝혔다. 이례적으로 발언의 강도가 높았다. 하지만 이틀 뒤, 민주평화통일자문위원들을 만난 자리에서 "제재와 대화를 통한 해결이라는 두 가지 방법이 적절히 배합돼야 하고, 무력을 사용하지 않고 사태가 해결돼야 한

---

272 안홍욱, 이용욱, 여야 5당 '北 수해 쌀 지원' 동의, 경향신문, 2006.8.10.

273 이정진, 통일부 세작 발언 김용갑 의원에 사과 요구, 연합뉴스, 2006.8.25.

274 정승민, "노 대통령, 북 미사일 무력 공격용 아니다", SBS, 2006.9.8.

275 박정현, 김수정, [안보리 대북결의안 채택] 남북관계에 어떤 영향, 서울신문, 2006.10.16.

다"고 강조하며 한발 물러섰다.[276]

국회에서는 야당인 한나라당을 중심으로 포용 정책이 핵 실험으로 돌아왔다며 전면 폐기를 주장했지만 한명숙 국무총리는 국회 긴급 현안 질의 답변에서 "조정하고 수정할 시점이지만 전면 포기나 기조를 버리지는 않겠다"고 밝혔다. 여당인 열린우리당 우상호 대변인은 "핵 실험을 막는 데는 실패했지만 남북 군사적 긴장 완화와 교류 확대라는 긍정적 역할만은 충분히 인정받아야 한다"고 주장했다.

그러나 북한은 유엔에서의 대북제재 논의에 대한 외무성 대변인 담화를 통해 "미국이 압력을 가중시키면 이를 선전포고로 간주하겠다"는 입장을 내놓았다. 그러면서 "대화와 대결 다 준비돼 있다며, 조미 간 신뢰가 조성돼 미국의 위협을 더 느끼지 않게 된다면 단 한 개의 핵무기도 필요 없다"고 밝혔다.[277] 핵 실험의 이유를 미국에 돌린 것이다.

이런 와중에 김대중 전 대통령은 노무현 대통령과의 통화 사실을 공개하고 일각에서 거론되는 '햇볕정책 실패론'에 대해 불쾌한 감정을 내비쳤다. 김 전 대통령은 "포용 정책은 조금이라도 남북 긴장을 완화시켰고, 관계를 악화시킨 적이 없는데 어째서 그렇게 말해야 되느냐 했더니 대통령께서도(노 대통령이) 전적으로 동감한다고 말했다"고 밝혔다.[278]

---

276 정재훈, 노 대통령 "무력사용 없이 평화적 해결돼야", YTN, 2006.10.

277 북 조선중앙TV, 2006.10.11.

278 정윤섭, DJ "'햇볕정책 실패'는 해괴한 이론", 연합뉴스, 2006.10.11.

정부는 2006년 10월 19일 열린 당정회의에서 개성공단과 금강산 관광을 계속하기로 결정했으며 이튿날인 10월 20일 김근태 열린우리당 의장은 개성공단을 방문했다. 김 의장은 방문 성명에서 "개성공단과 금강산 관광사업은 한 치의 흔들림 없이 계속돼야 한다는 점을 국제 사회에 명확히 알리기 위해 개성공단을 방문했다"고 밝혔다. 당시 김한길 원내대표를 비롯한 당내 일각에서도 북한에 잘못된 신호를 줄 수 있다며 우려가 일었지만, 김 의장이 방문을 강행하면서 여야 간에 논란이 거세게 일었고 남남 갈등도 요동쳤다.

북한의 첫 핵 실험과 정부의 대북정책을 둘러싼 논란이 가열되고 있던 2006년 10월 31일 북한이 돌연 6자회담 복귀 의사를 밝힌다. 김정일의 이러한 조치는 2017년 김정은의 행동과 비교사례로 꼽을만하다. 김정은은 2017년 한 해 동안 핵 실험과 역대 최다의 중장거리 탄도미사일 발사를 이어 가다가 2018년 새해 초 갑자기 남북-북미 대화에 나섰다. 2006년 북한의 6자회담 복귀로 인해 북핵 문제가 국제 사회 논의로 넘어갔으나 결론을 내지 못한 것처럼 2018년과 2019년 두 차례의 북미정상회담에도 불구하고 북핵 문제는 다시 원점으로 복귀한 것이다.

2006년 당시 우리 정부가 취한 제재는 쌀과 비료 지원 중단이었는데, 이러한 조치가 압박정책으로 변화하는 게 아니냐는 주장도 제기될 수 있다. 그러나 당시 노 대통령과 정부의 냉-온탕 대북 발언과 대북 지원과정을 보면 포용 정책은 버릴 수 없는 가치였음을 역설적으로 보여주었다. 노무현 정부 집권 말기인 2007년 10월 2차 남북정상회담이 개최됐으나 북핵 6자회담은 소득 없이 끝났다. 이후 이명박 정부가 들어서며 10년 만에 진보에서 보수로 정권이 바뀌자 북한은 도발 강도를 더욱 극대화하며 정전 이후 처음으로 남한 영토에 포탄을 쏟아부었다.

❖ 문재인 정부(2017~2022)

노무현 정부 이후 10년 만에 보수에서 진보로 정권이 바뀌었고, 북한은 핵무기 운반 수단 개발에 더 열을 올렸다. 중거리탄도미사일 IRBM과 대륙간탄도미사일 ICBM 등 화성 계열 중장거리 미사일의 연이은 시험 발사, 2017년 8월 미국의 B-1B 전략폭격기의 한반도 전개에 맞서 괌 타격 계획 공개, 2017년 9월 6차 핵 실험(북 주장 수소탄 핵 실험)을 계속했다. 11월 말에는 핵 무력 완성을 선언하고 며칠 뒤 이를 확인하는 성명을 발표할 때까지 거의 1년 가까이 도발과 공세를 이어갔다.

문재인 정부 임기 초반 북한의 도발은 박근혜 정부와 엇비슷했다. 그러나 한 가지 차이점이 눈에 띈다. 중장거리 미사일 도발의 행태를 보면 남북관계보다 북미관계를 더 의식했다는 점이다. 북한은 2015년 8월 DMZ 지뢰 도발과 같은 직접적인 대남도발을 해오지는 않았다. 이는 남한에 10년 만에 진보 정부가 들어선 점과 미국의 대북정책에 대한 반발이 더 컸기 때문으로 보인다.

미 트럼프 정부가 새로운 대북정책으로 '최대의 압박과 관여'를 내세우자, 북한 외무성은 2017년 5월 1일 대변인 담화에서 "북한은 핵 억제력 강화 조치를 최대 속도로 다그칠 것"이라고 주장했다. 이튿날 미국의 B-1B 전략폭격기가 한반도에 전개되자 곧바로 미국의 핵 추진 항공모함인 칼빈슨함 전단과 B-52, B-1B 전략폭격기를 타격하는 가상 영상을 공개하며 위협했다.[279] 당시 취임 100일을 맞은 트럼프 대통령이 "김정은 위원장을 영광스럽게 만날 수도 있다"는 발언을 했지만 아랑곳하지 않았다. 북한은 이어 "핵 무력을 생명으로 여기며 누가 뭐라 하든 절대로 포기하지 않을 것이라는 점을 깨달아야 한다"[280]고 주장했다.

문재인 정부 대북정책의 첫 시험대는 정부 출범 나흘 만에 발생했다. 북한이 5월 14일 새벽, 고도 2천km까지 올라간 탄도미사일을 발사했는데, 북한은 이튿날 중장거리 미사일인 화성-12형이라고 밝혔다.[281] 문재인 대통령은 사흘 뒤 국방부와 합동참모본부를 찾았다. 당시 자리에 함께했던 한민구 국방부 장관과 이순진 합참의장, 장준규 육군참모총장 등 군 지휘관들은 전임 박근혜 대통령 때 임명된 사람들이었다.

문 대통령은 이 자리에서 "북한의 탄도미사일 발사는 유엔안보리 결의에 위반하는 중대한 도발 행위이고, 한반도는 물론 국제평화와

---

279 북 선전매체 우리민족끼리, 2017.5.2.

280 북한 노동신문, 2017 5 9.

281 북한 조선중앙통신, 2017 5.15.

안정에 대한 심각한 도전행위이다. 만약 적이 무력도발을 감행한다면 즉각 강력 응징할 수 있는 그런 의지와 능력을 갖고 있다…(중략)…말로만 외치는 국방이 아니라 진짜 유능한 국방, 국방다운 국방, 안보다운 안보, 나라다운 나라를 만드는 것을 내 소명으로 삼을 것"[282]이라고 강조했다.

북한은 문 대통령 발언 이틀 뒤인 5월 19일 노동당 통일전선부 외곽기구인 조선아시아태평양위원회 대변인 담화에서 "새로 집권한 남조선 당국이 이번 시험 발사의 의의를 외면하고 외세와 맞장구를 치며 온당치 못하게 놀아대고 있다"[283]며 문재인 정부를 처음으로 비난했다. 북미 갈등 속에 남북문제가 처음으로 수면 위로 부상한 셈이다.

북한은 이어 5월 21일 사거리 2,000km로 추산되는 지상 발사용 북극성 2형을 시험 발사한 뒤 김정은의 지시로 실전배치에 나섰다. 북극성 2형 시험 발사 이튿날인 5월 22일 통일부는 "남북관계 단절은 한반도의 안정 등을 고려할 때 바람직하지 않다며, 도발에는 단호하게 대응하되 민간교류 등 남북관계 주요 사안들에 대해 유연하게 검토해 나가겠다"고 발표했다.

통일부의 성명은 앞서 문 대통령이 국방부를 방문한 자리에서 도발에 강력 대처해 나가겠다고 밝힌 뒤 대응 기조에 변화를 시사한

---

282 문재인 대통령 녹취록에서 일부 발췌, YTN, 2017.5.17.

283 북한 조선중앙TV, 2017.5.19.

것이었다. 통일부는 나흘 뒤인 5월 26일 우리민족서로돕기운동본부가 낸 인도적 지원을 위한 대북접촉을 승인했다. 이는 중단된 지 1년 4개월 만이었다.

그러나 북한은 사흘 뒤인 5월 29일 스커드 계열로 추정되는(북 주장으로는 함선 공격용 정밀유도 탄도로켓) 신형 미사일을 시험 발사했다. 정부는 다시 "북한의 미사일 발사를 강력 규탄하며, 어떤 도발에도 단호하게 대응해 나가겠다"고 강조했다. 북한은 남한의 경고를 무시하고 "최고지도부의 명령에 따라 언제 어디서든 ICBM 시험 발사를 할 준비가 돼 있고, 미국을 핵으로 초토화할 수 있다는 선언이 빈말이 아니다"고 위협했다. 그러면서 한편으로는 "7·4 공동성명과 6·15 공동선언, 10·4선언이 가리키는 길을 따라 우리 민족끼리 힘을 합쳐 남북관계에서의 대전환, 대변혁을 이룩하기 위해 적극 노력할 것"[284]이라는 입장을 밝혔다. 며칠 뒤엔 "지금의 남북관계는 최악의 파국 상태에 놓여 있다"며 "남한 정부가 북남관계를 개선할 의지가 있다면, 누구의 눈치를 보고 망설일 것이 아니라 모든 군사 연습을 중단하고 대화에 나서라"[285]고 주장했다.

북한의 도발은 6월에도 계속됐다. 2017년 6월 9일 지대함 미사일 발사에 이어 같은 날 강원도 한 야산에서는 북한이 날려 보낸 소형 무인기가 발견됐다. 이 무인기는 국가정보원의 조사 결과 경북 성주

---

284 북 노동신문, 2017.5.31.

285 북한 평양방송, 2017.6.3.

사드 기지와 성주 골프장, 강원도 군부대 등 551장을 촬영한 뒤 북상하다 추락한 것으로 확인됐다.

문재인 대통령은 그러나 6일 뒤인 6·15 공동선언 17주년 기념식에서 "6·15 정신을 계승해 남북 화해와 협력을 추구할 것이며 북한이 핵과 미사일 도발을 중단한다면 한반도 평화 체제 구축과 북미관계 정상화까지 함께 논의할 수 있다"고 강조했다.

그러나 북한은 2017년 7월 4일 신형 대륙간 탄도미사일 화성-14형을 시험 발사했다. 북한은 조선중앙TV의 특별 중대 보도에서 "국가 핵 무력 완성을 위한 최종 관문인 대륙간 탄도미사일 화성-14형 시험 발사의 단번 성공은 위대한 조선노동당의 새로운 병진노선 기치 따라 비상히 빠른 속도로 강화-발전된 주체조선 불패의 국력과 무진막강한 자립적 국방공업의 위력에 대한 일대 시위"라고 주장했다. 그러면서 "핵무기와 함께 세계 그 어느 지역도 타격할 수 있는 최강의 대륙간 탄도미사일을 보유한 당당한 핵 강국으로서 미국의 핵전쟁위협 공갈을 근원적으로 종식시키고 조선 반도와 지역 평화와 안정을 믿음직하게 수호해 나갈 것"이라고 밝혔다.[286]

외교부는 "유엔안보리 결의 위반이고, 정부는 이를 강력히 규탄한다"는 원론적 입장을, 국방부는 "북한이 막무가내식 도발을 지속한다면, 김정은 정권은 파멸에 이를 것임을 분명히 경고한다"고 목소리를 높였다. 문재인 대통령도 국가안전보장회의 전체 회의를 주재한 자리

---

286 북한 조선중앙TV, 2017. 7. 4.

에서 "북한의 도발은 오직 고립과 경제적 어려움만 가중시킬 뿐"이라고 밝힌 데 이어, 영국 데이비드 캐머런 총리를 접견한 자리에서는 "북한이 레드 라인을 넘어설 경우 우리가 어떻게 대응할지 알 수가 없다"고 발언 강도를 높였다. 청와대는 문재인 대통령의 발언 요지에 대해 "제재-압박 강화로 출구가 필요한 시점에는 북한도 평화적 방식을 원할 것이며, 민간교류 등 대화 병행 기조는 유지할 것"이라고 여지를 남겼다.

문 대통령의 메시지는 국회와 궤를 같이했다. 7월 4일 여당인 더불어민주당은 "지금까지 북한에 가해진 압박과 제재 이상의 책임을 질 각오를 해야 한다(백혜련 대변인, 2017년 7월 4일)"고 경고했고, 자유한국당은 "낭만적이고 비현실적인 남북대화에 집착하고 또 북한에 퍼주지 못해 안달이고, 정부 요직에 친북 주사파를 배치했다(정우택 원내대표, 2017년 7월 4일)"며 북한의 도발 책임을 문재인 정부로 돌렸다. 국민의당은 "정부의 적극적인 대응과 대책(김유정 대변인, 2017년 7월 4일)"을 촉구했으며, 정의당도 "무력으로 타국을 위협해 체제의 안존을 도모하는 것은 헛된 망상일 뿐(추혜선 대변인)"이라고 북한의 도발을 비난했다.

이러한 메시지가 나온 이튿날인 7월 5일, 군 당국은 문재인 대통령의 지시로 현무-2A와 에이태킴스(ATACMS) 지대지 미사일을 동원해 맞대응 사격에 나섰다. 또 정밀 타격용 타우러스 미사일로 북한 지

도부를 제거하는 참수작전 가상 동영상을 공개했다.[287]

북한의 도발에 대한 진보 정부의 대응으로서는 고강도여서 진보 정부의 대북정책이 과거와 다른 행보를 보일지에 관심이 집중됐다. 그러나 12일 뒤인 7월 17일 정부는 남북 군사회담과 이산가족 상봉을 위한 적십자 회담을 열자고 북측에 제의했다. 북한이 회담 제안 당일(7월 21일)까지 반응이 없자 국방부는 "군사적 긴장을 완화하고 대화 채널을 복원하는 것은 한반도 평화와 안정을 위해 매우 시급한 과제"라며 대화에 응할 것을 거듭 촉구했지만 북한은 호응하지 않았다. 북한은 회담 제의에 대한 답변 대신 정전협정 체결 64주년을 앞두고 열린 중앙보고대회에서 박영식 인민무력상을 앞세워 "적들이 오판하면 사전 통고 없이 미국 심장부에 선제 핵 타격을 가하겠다"[288]고 위협했다.

이런 가운데 통일부는 7월 28일 "도발에는 강한 압박과 제재로 대응하고 동시에 대화의 문을 열어놓겠다는 기존 구상에는 변함이 없다"고 밝혔지만, 북한은 다음 날인 7월 29일 동해상으로 화성-14형을 2차 시험 발사했다. 문 대통령은 NSC 전체 회의에서 "단호한 대응이 말에 그치지 않고 북한 정권도 실감할 수 있도록 강력하고 실질적인 조치들을 다각적으로 검토할 것"이라며, "독자 대북제재 방안도 검토해 보라"[289]고 지시했다.

---

287 김귀근, 軍 가상 평양타격 장면 등 '참수작전' 영상 대거 공개, 연합뉴스, 2017.7.5.

288 북한 조선중앙통신, 2017.7.26.

289 박경준, 문 대통령 "필요하면 우리 독자적 대북제재 방안도 검토", 연합뉴스, 2017.7.29.

북한의 고강도 위협은 지속됐는데 민족화해협의회는 7월 31일 대변인 담화에서 "핵 문제는 미국의 끊임없는 핵 위협 공갈에 의해 산생되었으며, 그것은 철저히 조미 사이에 해결해야 할 문제이다. 남조선 당국은 여기에 끼어들 아무런 명분도 자격도 없다"[290]고 주장했다. 북한은 이어 백령도 해병 6여단과 해병대 연평부대의 사격훈련에 대해 "백령도나 연평도는 물론 서울까지도 불바다가 될 수 있다는 것을 명심하라"[291]고 위협했으며, 잇따른 미사일 발사에 유엔 안보리의 대북제재결의안에 찬성한 우리 정부를 향해 "대화 타령이 결국 속에 없는 겉발린 수작이며 우리를 동족으로서가 아니라 적으로 상대하겠다는 것을 여지없이 드러냈다"[292]고 비난했다.

북한은 국가 전복 음모 혐의로 무기징역을 선고받고 복역 중이던 한국계 캐나다인 임현수 목사를 석방하며(8월 9일) 유화 제스처를 보이는 듯 했지만 다음 날인 8월 10일 다시 강경 메시지를 쏟아냈다. 북한 전략군 김낙겸 사령관은 "괌도의 주요 군사 기지들을 제압-견제하고 미국에 엄중한 경고 신호를 보내기 위해 중장거리 전략탄도로켓 화성-12형 4발의 동시 발사로 진행하는 괌도 포위사격 방안을 심중히 검토하고 있다"[293]고 위협했다.

전형적인 강온전략과 협박외교를 구사했는데 우리 정부는 을지프

---

290 북한 조선중앙TV, 2017.7.31.

291 북한 조선중앙통신, 2017.8.8.

292 북한 조선중앙TV, 2017.8.8.

293 북한 조선중앙통신, 2017.8.10.

리덤가디언(UFG)훈련의 규모를 축소하지 않고 정상적으로 실시하며 맞대응했다. 북한은 훈련 이튿날인 8월 22일 판문점 대표부 대변인 담화를 통해 "군사적 도발을 걸어온 이상 무자비한 보복과 가차없는 징벌을 면치 못할 것"[294]이라고 주장했다.

북한은 결국 8월 26일 단거리 탄도미사일을, 29일에는 김정은 위원장이 참관한 가운데 중거리탄도미사일을 발사했는데, 이 미사일은 일본 열도 상공을 가로질러 2천700km를 비행한 뒤 북태평양에 떨어졌다. 이에 대해 조명균 통일부 장관은 "북한의 도발을 강력하게 규탄한다. 그러나 대화와 협력을 통해 남북 간 현안을 해결하기 위해 일관되게 노력하겠다"[295]고 강조했다.

북한이 2017년 12월 핵 무력 완성을 선언하기에 앞서 진행된 마지막 핵 실험인 6차 핵 실험은 2017년 9월 3일 실시됐다. 북한은 "대륙탄도로켓을 장착할 수 있는 수소탄 시험에 완전 성공했다"고 밝혔다. 문재인 대통령은 핵 실험 당일 소집한 국가안전보장회의 전체회의에서 "북한이 핵미사일 개발을 포기하도록 북한을 완전히 고립시키기 위한 유엔 제재결의 추진 등 국제 사회와 함께 최고로 강한 응징 방안을 강구하라"고 지시했다.

이튿날인 9월 4일 문 대통령은, 트럼프 미 대통령과 전화 통화를 갖고 대응 방안 가운데 하나로 한미 미사일 지침상 500kg인 미사일

---

294 북한 조선중앙통신, 2017.8.22.

295 김지선, 조명균 장관 "북 도발 규탄…대화로 해결 일관 노력", YTN, 2017.8.29.

탄두 중량의 제한을 해제하기로 전격 합의했다. 또 블라디미르 푸틴 러시아 대통령과의 전화 통화에서는 "북핵 문제는 외교적 방법을 통해 평화적으로 해결돼야 한다"고 강조한 뒤, "추가 도발을 중지시키기 위해 대북원유공급 중단과 북한 해외노동자 수입금지 등 북한 외화 수입원을 근본적으로 차단할 수 있는 방안을 유엔안보리에서 진지하게 검토해야 할 때"라고 강조했다.

우리 군은 이튿날인 9월 4일 동해 쪽에서 단독 대북 응징 훈련을 실시했다. 이 훈련은 현무-2A 지대지 미사일과, 슬램-ER 공대지 미사일의 실사격으로 진행됐는데, 모두 정밀 타격용 무기 체계로 북한의 핵 실험장과 지도부를 겨냥하고 있음을 경고했다. 문재인 대통령이 밝힌 대북원유공급 중단은 9월 12일 열린 유엔안보리 대북제재 결의안에서 일부 반영된 것으로 보인다. 중국과 러시아를 포함해 15개 유엔안보리 이사국이 모두 찬성표를 던졌는데, 400만 배럴로 추정되는 대북 원유수출을 동결했고, 휘발유 같은 유류는 30% 규모의 공급을 차단했다.

다만 미국이 추진했던 대북 원유봉쇄와 김정은과 김여정에 대한 제재는 중국과 러시아의 반대로 부결됐다. 북한의 잇따른 도발에 여론도 강경한 입장을 나타냈다. 핵 실험 직후인 9월 5일부터 7일까지 전국 1,004명을 대상으로 실시된 여론조사에서 남한의 핵무기 보유에 60%가 찬성 의견을 나타냈다.[296] 그러나 문 대통령은 9월 14일

---

296 이승준, 갤럽 "핵무기 보유, 찬성 60% vs 반대 35%", 한겨레 신문, 2017.9.8.

미 CNN 방송과의 인터뷰에서 "북핵 대응으로 우리가 자체 핵 개발을 하거나 전술 핵무기를 다시 반입해야 한다는 생각에 동의하지 않으며, 핵으로 맞선다는 자세로 대응하면, 남북 간 평화가 유지되기 어렵다"는 입장을 밝혔다.

문 대통령이 CNN과 인터뷰를 하던 날 통일부는 국제기구를 통해 북한의 취약계층을 돕기 위해 800만 달러를 지원하는 방안을 검토하고 있다고 밝혔다. 유니세프와 세계식량계획 등 유엔 산하 기구의 요청에 따른다는 것인데, 이 지원방안이 결정되면 정부 차원의 대북 지원으로는 박근혜 정부 시기인 2016년 1월 북한의 4차 핵 실험 이후 중단된 지 21개월 만이었다. 통일부는 북한의 도발 등 정치적 상황과는 관계없이 인도적 지원은 적극적으로 추진한다는 정부 기조에 따른 것이라고 밝혔지만, 시기를 둘러싸고 논란이 일기도 했다.

남한 정부가 대북 인도적 지원방침을 밝힌 이튿날인 9월 15일 북한은 김정은이 참관한 가운데 평양에서 동해 쪽으로 화성-12형 미사일을 다시 발사했다. 이 미사일도 일본 열도 상공을 통과해 비행했는데, 미사일 발사를 참관한 김정은은 "핵 개발이 종착점에 다다랐다"며 국제 사회의 제재를 비웃었다. 북한은 핵 개발이 미국의 위협에 따른 것이라는, 소위 자위적 국방력 강화라는 주장을 계속 제기해 왔다. 그러나 그동안의 협상 과정과 핵 실험 → 미사일 발사 시험 → 핵 실험 → 미사일 발사시험의 과정을 보면 핵 보유국을 향해가는 북한 전략공동체의 정해진 길에 불과한 것이었다.

북한은 이후에도 여러 차례 시험 발사를 계속한 끝에 2017년 12월 핵무기 보유국을 선언한 뒤 2018년 김정은은 신년사를 계기로 돌연 입장을 바꾸었다. 김정은은 "민족적 대사를 성대히 치르고 민족의 존엄과 기상을 내외에 떨치기 위해서도 동결상태에 있는 북남관계를 개선하여 뜻깊은 올해를 민족사에 특기할 사변적인 해로 빛내어야 한다"며 대화 재개에 나섰다.

2018년부터 2019년 초까지 남북, 북미관계는 큰 변화를 맞이한다. 세 차례의 남북정상회담과 두 차례의 북미정상회담, 남북미 정상의 판문점 회동이 개최됐다. 문재인 대통령과 트럼프 미 대통령이 판문점 군사분계선을 오르내리던 장면은 평화의 상징이 되었다. 같은 기간 북한의 도발도 멈췄고, 비핵화나 평화 메시지가 무르익었다.

그러나 그뿐이었다. 2차 북미정상회담 이후 비핵화 문제를 둘러싸고 북미 간 신경전이 계속되면서 일시 멈췄던 북한의 정치-군사적 도발은 재개됐다. 2019년 5월 이스칸데르급 미사일 시작으로, 10월 잠수함발사탄도미사일(SLBM) 북극성-3형, 11월 초대형 방사포 등을 계속해서 쏘아 올렸다. 2020년에도 3월 초대형방사포를 시작으로 9·19 군사합의를 위반하는 아군 GP총격, 개성남북공동연락사무소 폭파 등을 계속했다.

여기서 한가지 눈에 띄는 점이 나타난다. 문재인 정부 초기 북한의 잇따른 정치-군사적 도발에 강력 대응하던 모습은 거의 사라졌다. 북한이 개성의 남북공동연락사무소를 폭파한 6월 16일 직후 정부 대응 기조를 살펴보자. 국방부는 "군사적 도발 행위를 감행한다면 우리 군은 강력히 대응할 것"이라는 원론적 수준에 그쳤다.

그러나 6월 17일 북한 조선인민군 총참모부는 대북 전단 살포를 비난하며 "이제 대적 행동의 행사권은 우리 군대에 넘어갔다. 공화국 주권이 행사되는 금강산 관광지구와 개성공업지구에 이 지역 방어 임무를 수행할 련대급 부대들과 필요한 화력 구분대들을 전개할 것"이라고 주장했다. 또 "전 전선에 배치된 포병부대들의 전투직일 근무를 증강하고 전반적 전선에서 전선경계근무급수를 1호전투근무체계로 격상시키며 접경지역 부근에서 정상적인 각종 군사훈련들을 재개하게 될 것이다…(이하 생략)"라고 위협했다.[297]

정부는 처음 겪는 북한의 공동연락사무소 폭파에 대해 적잖이 당황한 모습이 눈에 띈다. 강력 대응을 예고했지만 문재인 정부 초기 북한의 잇따른 중장거리 미사일 발사에 맞서 대응 사격으로 맞불을 놓고 유엔을 향해서는 대북 원유중단 조치와 같은 건의를 한 것과는 다른 모습이었다.

개성공동연락사무소 폭파에 대한 대북조치도 눈에 띄지 않는다. 그 사이 김연석 통일부 장관이 자리에서 물러났고, 후임 통일부 장관으로 지명된 이인영 후보자는 폭파사건 한 달쯤 지난 7월 20일 미래통합당 정진석 의원의 질의에 대해 "남북관계 특수성 상 손해배상 청구 등 사법 절차에 따라 문제를 해결하는데 한계가 있다"[298]고 답변했다. 7월 21일에 이 후보자는 "북한과의 인도적 교류-협력은 바로

297 북한 조선중앙TV, 2020.6.17.

298 김형원, 이인영 "연락사무소 폭파, 北에 배상요구 어렵다", 조선일보, 2020.7.20.

추진하면 좋겠다"고 밝힌 뒤, 8월 예정된 한미연합훈련에 대해서는 "개인적으로 연기하는 게 좋겠다는 생각"이라고 강조했다.[299]

이에 앞서 문정인 대통령 통일외교안보 특별보좌관은 "북한의 개성 공동연락사무소 폭파는 북한의 영토에서 이뤄진 것으로 정치적 행위는 맞지만 군사적 도발은 아니다"[300]고 밝혔다. 또 정세현 민주평화통일자문회의 수석부의장은 "한미워킹그룹이 남북관계의 족쇄가 됐다. 남북이 전쟁 공포 없이 살려면 경제협력과 군사적 긴장 완화를 연계시키는 방법밖에 없다. 이를 다른 말로, 나쁜 말로 하면 퍼주기다. 퍼주기 없이는 군사적 긴장 완화도 없다"라고 말했다.[301]

북한이 대북 전단 살포에 항의하며 실행한 공동연락사무소 폭파 이후 정부와 여당은 대북 전단을 살포하면 3년 이하의 징역이나 3천만 원 이하의 벌금에 처한다는 내용 등을 담은 법(남북관계 발전에 관한 법률 개정안)을 제정했다. 이에 대해 야당인 국민의힘은 '김여정 하명법'이라는 비난을 쏟아냈다.

❖ 소결론

1990년 이후 3번의 진보 정부 집권기에 추진한 남북관계에서 뚜렷

---

299 연규욱, 이인영 "내달 한미훈련 연기했으면 좋겠다…남북교류는 바로 추진", 매일경제, 2020.7.21.

300 노석조, 문정인 "북한 연락사무소 폭파, 도발 아니다", 조선일보, 2020.7.1.

301 연규욱, 이석희, 정세현 "北 대남도발 배경 한미워킹그룹 족쇄 때문", 매일경제, 2020.6.18.

한 결과물은 남북정상회담이다. 이를 통해 여러 합의가 나왔고, 남북관계는 큰일을 내는 것처럼 보였다. 그러나 북한이 과거로 다시 회귀하는 모습이 계속되면서 정상회담이나 남북 간 대화는 북한이 주도한다는 인식을 주기에 충분했다.

보수 정부가 결과적으로 북한을 현상타파 국가로 인식하게 된 배경의 상당 부분이 북한 변수에서 비롯됐다고 밝혔다. 진보 정부에서는 그러나 북한의 주요 도발에 대한 대응이 상당히 달랐다는 점은 앞의 설명으로 확인된다. 결국 진보 정부는 북한에 대한 현상유지적 시각이 대북인식을 주도했다는 것으로 강조될 수밖에 없다.

다만 보수 정부의 경우 북한 도발 변수에 따라 여론이 요동치면서 전략공동체의 정책 결정도 영향을 받았는데 진보 정부는 정권 말기로 갈수록 이에 크게 휘둘리지 않는 모습이 확인된다. 결국 국민의 반응 강도가 높게 예상되는 정책을 택하기보다 전략공동체의 일방적 의지가 더 작용했을 것이라는 추정이 가능하다.

정권별 정책이 아닌 유사전략문화적 관점에서 보수-진보 정부를 나란히 놓고 보면 북한의 도발에 대응하는 과정에서 오락가락하는 모습이 시종일관 발견되고 있다. 다만 결과적으로 강경 대응으로 치달았던 보수 정부와 달리 진보 정부는 시간이 갈수록 대응이 약화하는 쪽으로 나아갔고, 각 정부의 이러한 행태는 남한 정부의 정책이 유사전략문화를 형성하는 흐름으로 이어졌다.

3. 냉온탕 오가는 도발 대응

앞선 장에서 북한의 전략문화 형성 배경과 남한의 유사전략문화와 관련한 구체적 배경을 살펴봤다. 지금부터는 북한의 도발에 대한 남한 정부의 대응 강도를 제시하고자 한다. 남한의 유사전략문화를 이해하는 데 아주 중요한 배경이다. 대응 강도의 높고 낮음에 따라 남남 갈등이 요동쳤고, 이로 인해 정부의 대북정책도 영향을 받았다.

대응 강도는 지도자와 정부 전략공동체의 성향에 따라 다르게 나타난다. 앞서 이미 구체적 사례를 제시했지만, 이를 따로 정리한 것은 독자들이 일목요연하게 이해하는 것을 돕도록 하기 위함이다. 이번에 제시하는 단계별 대응 강도는 강-중-중강-중약-약으로 요약했다. 강의 대응 강도는 북한군의 직접 침투나 공격, 핵 실험 등에 대한 남한의 대응 강도이며, 중에서 중강은 간접 침투나(예: 무인기 사건 등) 중장거리 미사일 발사 등을, 중약 혹은 약은 협상 국면이나 협상 중 도발에 대한 남한의 대응 강도로 조작화했다.

따라서 아래 그래프는 북한의 도발 강도에 따른 남한의 대응 강도를 표시한 것으로, 북한의 도발 강도를 나타내는 것이 아니다. 이에 따라 북한의 도발이 강을 띄더라도 남한의 대응 강도는 강이 아닐 수도 있다. 김영삼 정부에서 문재인 정부에 이르는 기간 북한의 도발 과 대응, 정부별 혹은 정부 내 대북정책 등을 살펴본 결과 다음과 같 은 특성이 나타난다.

책을 쓰는 동안 문재인 정부를 거쳐 5년 만에 다시 보수 정부로 바 뀌었다. 윤석열 정부 역시 과거 보수 정부의 대북 행동 패턴과 크게 다르지 않지만 좀 더 원칙을 강조하는 모습을 보이고 있다. 2022년 가장 큰 사건인 무인기 침투 사건에 대해 9·19 군사합의 효력 정지 를 언급하는 등 상호주의 시각이 뚜렷하다. 그러나 정권 초기인 만 큼 끝까지 이를 유지하는지가 관전 포인트가 될 것이다.

❖ 김영삼 정부

김영삼 정부의 경우 임기 초 북핵 문제와 함께 시작하면서 강경 대 응 국면을 맞이한다. 그러나 국내적으로 김영삼 정부의 강경 대응의 전환점은 1995년 북한이 쌀 지원선인 '씨 아펙스호'에 인공기를 걸도 록 한 사실이 알려지면서 비롯됐다.

1996년 5월 강릉 잠수함 침투 사건이 발발하며 남북관계가 악화하 고 집권 말기에는 북핵문제가 다시 남북관계를 좌우하는 이슈로 등 장한다. 1997년 8월 19일 '신포 경수로' 착공식이 열리면서 한때 완화되기도 했으나 이는 국제협상의 결과물에 불과했다.

　기존 연구에서 김영삼 정부의 대북정책이 오락가락 행보를 보였다
는 지적이 많았는데 김영삼 정부의 집권 기간 북한의 주요 도발 대비
대응 강도를 보면 중강 → 중 → 중강 → 중약 → 강 등의 형태로 나
타난다.

<그래프 1> 김영삼 정부 시기 북한 **주요 도발**과 남한 **대응 강도**

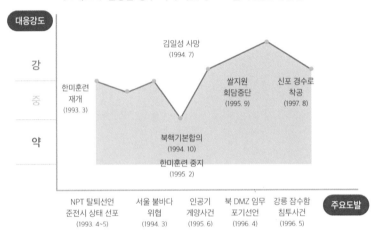

❖ **이명박 정부**

　이명박 정부 시기에도 김영삼 정부 때와 마찬가지로 임기 초반부
터 북한은 공세적 도발을 지속했다. 임기 초반 터진 금강산 관광객
총격 사건으로 남북관계가 얼어붙기 시작했으며, 이는 임기 내내 지
속되는 경향이 나타난다. 중간에 이산가족 상봉행사가 진행되기도

하면서 남북관계가 변화하는 상황을 맞기도 했지만, 이는 북한의 강온전략에 따른 일시적 효과에 불과했다.

이명박 정부도 남북정상회담을 추진한 것으로 나타나는데, 이는 북한의 도발에 아무런 영향을 미치지 못했다. 또 남북정상회담 추진 여부와는 상관없이 북한의 도발이 발생할 때마다 강경 대응을 취하면서 보수 정부는 대북정책에 있어서 북한을 현상타파 국가로 규정하고 있다는 점을 이행하고 있다. 이명박 정부 시기 도발 대응 강도는 강 → 중강 → 강 → 강 → 강으로 나타난다.

〈그래프 2〉 이명박 정부 시기 북한 **주요 도발**과 남한 **대응 강도**

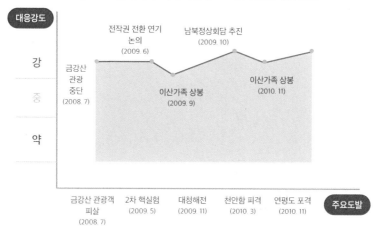

❖ **박근혜 정부**

박근혜 정부 역시 두 보수 정부와 비슷한 흐름을 나타낸다. 박근혜 정부 시작 직전부터 북한은 3차 핵 실험 등 강경 정책을 구사했다. 박근혜 정부는 임기 시작 직후 진행된 북한의 도발에도 한반도신뢰프로세스를 지속 강조했지만 그리 오래가지 않았다. 북한이 도발 강도를 높여가자 대응 역시 고조됐다

특히 취임 두 달 만에 북한의 개성공단 근로자 철수와 남한의 개성공단 가동중단이 충돌하면서 남북관계는 임기 내내 냉전 상태를 유지했다. 박근혜 정부에서도 이산가족 상봉 행사가 두 차례(2014년 2월 19차, 2015년 10월 20차) 열렸지만 개성공단 재개의 후속 조치 성격이었고, 북한의 DMZ 지뢰 도발과 이후 남북협상에 따른 결과물이기도 했다.

북한은 이산가족 상봉 행사와는 관계없이 지속적으로 핵 무력 고도화를 멈추지 않았고, 박근혜 정부 역시 이에 강경 대응을 주저하지 않았다. 박근혜 정부 시기는 도발 대응 강도는 중강 → 강 → 강 → 강 → 강으로 나타난다.

<그래프 3> 박근혜 정부 시기 북한 **주요 도발**과 남한 **대응 강도**

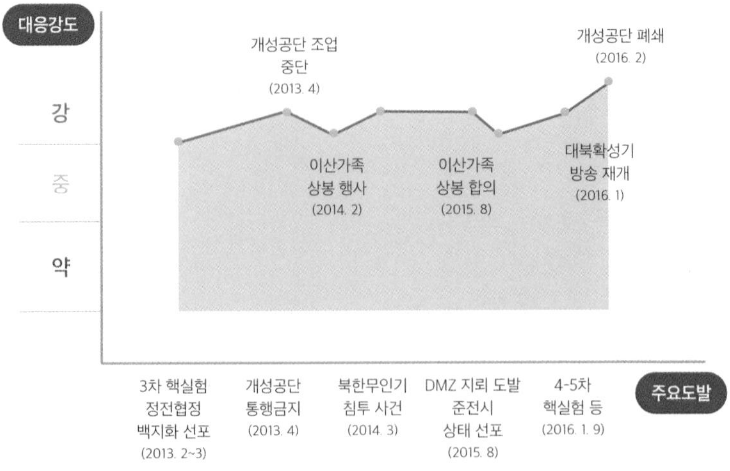

앞 그래프를 보면 보수 정부의 북한 도발 대응 강도는 대부분 중혹은 중강이나 강으로 표시된다. 특히 임기 말로 갈수록 남북관계가더 악화되며 강으로 치닫는 모습을 볼 수 있다. 보수 정부의 경우 북한을 현상타파 국가로 인식하고 이에 따른 대응을 하고 있다는 구체적 사례로 볼 수 있다.

❖ 김대중 정부

북한의 도발은 진보 정부에서도 강한 사례가 자주 나타났지만 대응 강도는 상대적으로 낮았다.

〈그래프 4〉 김대중 정부 시기 북한 **주요 도발**과 남한 **대응 강도**

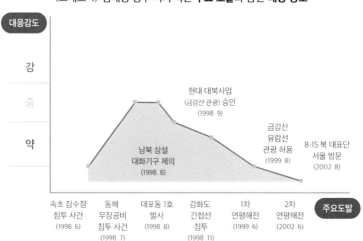

남북 해군이 직접 교전을 치렀던 1, 2차 연평해전 때도 마찬가지였다. 1차 연평해전은 승전으로 인해 대응이 약화됐지만, 피해가 컸던 2차 연평해전 때에도 비슷한 성향을 보였다. 군사적 충돌이 있었으나 제2차 연평해전 다음 날 금강산 관광선을 출항시키는 등 북한의 도발에 대한 대응강도는 높지 않았다. 따라서 김대중 정부의 대응 강도는 약 → 중 → 약 → 약 → 약으로 판단했다.

❖ 노무현 정부

노무현 정부시기는 김대중 정부의 대북포용정책을 이어받은 관계로 큰 특색이 나타나지 않는다. 당시 북한의 가장 큰 도발은 1차 핵실험이었다. 한반도에 긴장이 고조되기 시작했지만, 북한은 핵 실험 이후 6자회담 복귀를 선언한다. 이에 따라 UN 인권결의안에 찬성표를 던지며 강경책을 구사하던 노무현 정부의 대북정책은 곧바로 유화정책으로 바뀌는 계기가 된다.

노무현 정부 집권 말기인 2007년에는 2차 남북정상회담도 열렸다. 북한은 보수 정부 때와는 달리 강온전략을 적절히 구사하며 대화를 이어갔다. 노무현 정부시기 북한은 대남 직접 도발보다 첫 핵 실험을 실시하는 등 핵무기 개발에 열을 올리며 도발의 전략적 수단을 변경하고 있다. 이에 따라 노무현 정부시기 정부의 도발 대응 강도는 약 → 약 → 중약 → 약 → 약으로 마무리되고 있다.

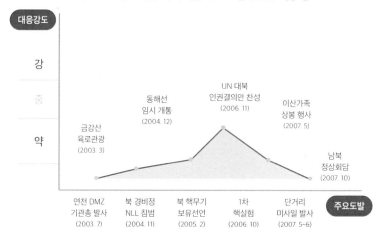

〈그래프 5〉 노무현 정부 시기 북한 **주요 도발**과 남한 **대응 강도**

❖ 문재인 정부

　문재인 정부 시기의 도발 대응 강도는 김대중-노무현 정부와는 확연한 차이가 나타난다. 북한은 10년 만에 재등장한 진보 정부에 맞서 과거 보수 정부 때처럼 도발 강도를 고조시켰다. 북한은 문재인 정부의 경고를 무시하고 2017년 말까지 도발을 지속했는데 문재인 정부 역시 과거 진보 정부 때와는 달리 보수 정부와 비슷한 대응에 나선 모습이 확인된다.

　예를 들어 북한이 중장거리 탄도미사일을 발사할 때마다 대응 미사일을 발사하는 식인데 이는 보수 정부든 진보 정부든 역대 정권에서 찾아볼 수 없는 모습이었다. 또 문재인 정부는 북한의 도발에 맞서 국제 사회에 대북제재를 구체적으로 건의하기도 했다.

그러나 문제는 남북-북미정상회담 이후인데 2019년 이후 2020년까지 도발을 재개한 북한에 맞서 문재인 정부의 대북 도발 강도는 집권 초기에 비해 크게 약화한 모습이 나타난다. 이를 그래프로 나타내면 강 → 약 → 약 → 약이다.

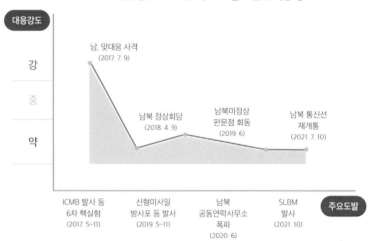

〈그래프 6〉 문재인 정부 시기 북한 **주요 도발**과 남한 **대응 강도**

위 그림을 종합해 보면 보수 정부는 집권 후반기로 갈수록 대북 압박정책이 강화되고 진보 정부는 북한의 도발과 상관없이 집권 후반기로 갈수록 포용정책을 유지하거나 강화하는 특성이 나타난다.

문재인 정부에서는 집권 초 북한의 중장거리 미사일 발사에 맞서 대응 사격을 하기도 했지만 2021년 10월 북한의 SLBM 발사 때에는 도발이라는 명칭도 사용하지 않았다.[302] 임기 말 종전선언을 추진하는 과정을 고려한 전략적 판단으로 보이지만 이 때문에 군 당국은 도발이라는 표현을 쓸지 위협이라는 표현을 쓸지를 둘러싸고 내부적으로 곤혹스러운 상황을 맞기도 했다.

국방백서 상 도발은 남한에 대한 직접적 위해를 가할 때로 적시하고 있지만 보수 정부에서는 북한 내에서 발사하는 미사일에 대해서도 도발이라는 표현을 사용했다.

정부의 대북정책에 대한 비판적 기존 연구를 보면 보수 정부의 경우 김영삼 정부는 첫 문민정부로서 대북정책에 대한 기대도 컸으나 정부 내 강온파의 대립(3당 합당에 의한 민주자유당 등), 문민정부로서의 국내 여론 의식, 북핵과 북한의 도발 등에 따라 일관성 있는 대북정책을 추진하지 못했다는 주장이 있다.[303]

이명박 정부의 경우에는 남한 우위의 대북정책과 전임 정부의 대북정책에 대한 북한의 집착 등을 꼽고 있으며,[304] 박근혜 정부는 취임 초부터 긴장과 갈등이 연속되고 중국의 공세적 현실주의 등 주변 환경의 변화, 남북관계와 무관하게 제시된 '통일대박론'[305]등이 거론된다.

---

302 정빛나, 서욱 "北 SLBM 초보 수준, 우리 군 곧 전력화···국민 피해 끼쳐야 도발", 연합뉴스, 2021.10.21.

303 박태균, 남남 갈등으로 표류한 김영삼 정부의 대북정책, 통일과 평화(6집 1호), 2014, pp. 4-34.

304 고유환, 이명박 정부 대북정책 평가와 차기 정부 대북정책 방향, 북한학 연구 제8권 제2호, 2012, pp. 154-170.

305 김형빈, 김두남, 제4장 박근혜 정부 통일정책의 쟁점과 과제, 통일전략 제16권 제3호, 2016, pp. 126-150.

진보 정부의 경우 김대중 정부는 햇볕정책으로 대표되는 대북 포용정책에 대한 긍정적 평가와 함께 남남 갈등 심화에 따른 정치적 혼란을,[306] 노무현 정부에 대해서는 김대중 정부의 햇볕정책을 계승했으나 북한이 첫 핵 실험을 단행하면서 최악의 결과를 가져왔다는 평가를 받고 있다.[307] 문재인 정부는 주지하다시피 역대 정부 가운데 가장 많은 남북정상회담을 개최했으며 첫 북미정상회담의 가교역할을 하는 등 성과가 두드러졌으나 결과적으로 북한의 비핵화 달성에 실패함으로써 한계를 다시 확인하는 상황에 그쳤다.

이러한 정부별 대북정책의 특성은 북한의 도발 대응에 상당 부분 영향을 미치는 모습이 〈그래프〉를 통해 확인되고 있다. 문제는 정부별 혹은 정부 내에서도 수시·가변적인 도발 대응이 장기적으로는 북한으로 하여금 남한의 대북정책에 대한 오판의 빌미를 줄 수 있고 남한 내부적으로는 갈등만 키운다는 비판이 제기된다는 점이다.

결국 북한 스스로 공세적 전략문화를 바꾸기 전에는 남한의 대북정책이 북한의 변화를 끌어내는 데 한계가 있음이 확인된 것이라고 볼 수 있다. 기존 연구에서도 "남한 정부의 대북정책보다 북한 내부의 요인들이 대남정책을 결정하는 주요한 요소였으며, 남한 정부의 정책 성향 여부가 북한의 태도 변화에 주요한 영향이라는 가정에 의

---

306 김학노, 평화통합 전략으로서의 햇볕정책, 한국정치학회보 39(5), 2005, pp. 237-238, pp. 253-254.

307 김문성, 조춘성, 한국의 대북정책 변동요인: 노무현 정부와 이명박 정부의 대북정책을 중심으로, 평화학 연구 제11권 3호, 2010, pp. 156-157.

286   남북 전략문화와 북한 핵 가스라이팅

문을 제기하는 것"[308]이라는 주장이 제기되기도 했다.

황일도는 "북한의 인식틀이 변화하려면 동북아 국제질서에 대전환적 사건이 발생하거나…(중략)…김정은 체제가 지금의 정체성을 견지하는 것보다 오히려 미국에 편승하는 방식의 전략적 대전환을 결심하고 이를 정책결정자 그룹 전체에 확산시키는 경우도 이론적으로 상상해 볼 수 있다"[309]고 주장한다.

308 조한범 외, *ibid*, 2012, p. 251.

309 황일도, 북한의 전략문화와 군사행태 — 핵무기 개발, 재래식 전력배치, 연평도 포격사례를 중심으로, 2013, p. 244.

IX.

평화와 자주국방의 역설

영구평화는 가능한 것인가. 우리는 그동안 불가능한 영구평화에만 매달려 온 것이 아닌가. 평화란 무엇인가. 남북의 자주국방은 어떻게 다른가. 이제 새로운 고민을 해야 할 시기를 맞고 있다.

1. 칸트적 문화, 영구평화는 가능할까

문재인 대통령은 2021년 10월 1일 국군의날 기념사에서 "국군 최고통수권자의 첫 번째이자 가장 큰 책무는 한반도의 항구적 평화를 만들고 지키는 것"[310]이라고 밝혔다. 5년 만에 다시 보수 정부로 바뀐 뒤 윤석열 대통령은 취임사에서 "일시적으로 전쟁을 회피하는 취약한 평화가 아니라 자유와 번영을 꽃피우는 지속 가능한 평화를 추구해야 한다"라고 강조했다.

문 대통령의 **'항구적 평화'**나 윤 대통령의 **'지속 가능한 평화'**는 이른바 영구평화를 강조한 **칸트적 문화**에 가깝다. 영구평화는 국가 간 전쟁 발발 가능성이 전혀 없는 상태로 이른바 요한 갈퉁(Johan Galtung)이 정의한 **적극적 평화** 상태를 일컫는다. 그에 의하면 적극적 평화란 인간사회에 폭력적 요소가 사라지는 것이다.

그러나 북한이 상호 영구평화를 지향하는지에 대한 의구심은 여

---

310 이도형, 문 대통령 "최고통수권자 가장 큰 책무, 한반도 영구적 평화", 세계일보, 2021.10.1.

전하다. 김정은 국무위원장은 2021년 10월 11일 노동당 창건 76주년 기념 3대 혁명전시관에서 개최된 국방발전전람회 '자위-2021' 기념 연설에서 "남조선에서 도발과 위협이라는 단어를 대북 전술용어로 쓰고 있고…(중략)…계속 우리의 자위적 권리까지 훼손시키려고 할 경우 결코 이를 용납하지 않을 것이며 강력한 행동으로 맞설 것"[311]이라고 주장했다. 여기에서 김정은이 '남한이 도발과 위협이라는 단어를 대북 전술용어로 쓰고 있다'고 말한 것은 시사하는 바가 크다. 남한의 비일관성이 결국은 북한의 도발에 이용되는 게 아니냐는 추정을 할 수 있기 때문이다.

남한 역대 대통령 가운데 평화와 협력을 강조하지 않은 대통령은 없다. 1988년 노태우 대통령 이후 역대 대통령은 취임사에서 평화와 통일, 협력을 강조했다.[312] 이들 대통령이 강조한 평화는 전쟁 가능성이 없는 칸트적 평화 개념을 추구한 것으로 분석된다. 이 칸트적 문화와 남한 유사전략문화의 독립변수인 방어우위신화는 평화와 협력 추구에서는 같은 맥락을 형성하지만 영구평화와 일반적 평화는 궤를 달리할 수 있다.

영구평화의 경우 상대방과의 협력을 전제로 하기 때문에 분단을 고착화하는 게 아니냐는 비판적 시각도 제기될 수 있다. 또 남북 영

---

311 북한조선중앙통신, 2021.10.12.

312 노태우 대통령은 평화와 통일, 협력, 공존을, 김영삼 대통령은 국민적 합의에 의한 통일과 협력을 강조했다. 김대중 대통령과 노무현 대통령 역시 평화, 화해, 협력. 공생을 주장했으며, 이명박 대통령과 박근혜 대통령도 통일과 평화, 공동 발전, 협력 입장을 밝혔다. 문재인 대통령 취임사에서는 통일과 협력 대신 한반도 평화정착을 강조하고 있다.

구평화의 조건이 통일이라고 하더라도 한반도 주변은 평화를 끊임없이 위협하는 세력이 존재한다. 전쟁이 끊이질 않았던 인류의 역사를 뒤돌아보면 칸트의 영구평화 개념은 달성하기 힘들다는 사실도 확인된다. 이를 남북관계로 문제를 좁히면 칸트의 영구평화보다 공존을 추구하는 평화가 더 현실적일 수 있다.

그러나 이 모든 것에 앞서 평화에 대한 남한 내부의 개념 정립이 우선적으로 필요하다. 예를 들어 실현 불가능한 적극적 평화, 즉 영구평화를 달성하기 위해 힘을 소비할 필요가 없다. 평화의 개념을 전쟁의 반대개념으로서의 평화나 혹은 전쟁과 전쟁 사이의 기간을 평화 상태로 규정하고 전쟁을 꾸준히 억제할 수 있어도 평화를 실현시킨 것으로 볼 수 있어야 한다. 갈퉁의 적극적 평화 개념에서 보면 남한의 역대 정부는 평화를 달성하는 데 모두 실패했다. 그러나 **소극적 평화** 기준에서 보면 지난 30년간 역대 정부는 모두 평화를 실현했다.

특히 통일이 우선시 되면 방어우위신화를 폐기해야 한다는 딜레마에 빠질 수 있다. 북한이 공격우위신화를 유지하는 한 남한도 북한과 같은 공격우위의 전략문화를 추구할 수밖에 없기 때문이다. 국가가 공격우위신화에 빠지면 상대국과 안보 딜레마나 안보 경쟁이 발생하고 결국 공세적 전략문화로 치달을 수 있다. 균형이 깨지면 생존이 위협받을 수 있기 때문이다. 국제 체제는 여전히 무정부 체제이고 약육강식의 사회라는 지극히 현실주의적 관점에서 그렇다. 그렇다면 서로 다른 전략문화를 추구하는 상황에서 민족적 관점인 통일이 국가적 목표인지 여부에 대한 심각한 고찰이 필요한 상황이다.

1990년 초 미소 간 냉전체제가 무너진 건 소련을 위시한 공산권 진영의 붕괴에서 비롯됐다. 이런 면에서 볼 때 이념이 다른 남북이 대치 중인 한반도는 여전히 냉전 상태다. 한반도에서 냉전 상태가 해소되려면 미소 관계처럼 누군가 붕괴해야 해소될 수 있다는 추측도 가능하다.

통일보다 공존을 지향한다면 지난 30년간 유사전략문화의 결과물인 방어우위신화의 효용성은 지속될 수 있지만, 이룰 수 없는 영구 평화나 민족을 우선한 통일이 최선의 가치라면 갈등과 충돌이 지속될 수밖에 없을 것이다.

2. 방어 대 공격, 양분법은 적절한가

남북이 각각 방어와 공격우위의 전략문화를 형성했지만, 이러한 양분법이 국민과 국가에 해를 끼칠 수 있다는 주장도 제기된다.

박건영은 정책 결정 과정에서 양분법적 시각을 가진 지도자의 문제점과 관련해 첫째, 협소한 시야로 정책결정자가 목표를 달성하기 위한 가장 효율적인 수단을 선택하는데 필요한 포괄적 합리성을 방해하며, 둘째, 성공 아니면 실패라는 결과론적 양분법을 고수해 충동적 혹은 도박적 선택을 강제할 수 있다고 경고한다. 셋째, 양분법적 사고는 고정관념이라는 신념을 강화해 변화하는 환경에 적응하지 못함으로써 목표를 달성하기 어려울 수 있다고 강조한다.[313]

그러나 이 책에서 방어 대 공격이라는 양분법 개념을 통해 남북관계를 살펴보는 이유는 다양한 변수를 큰 틀에서 분석하기 위함이다. 박건영의 주장대로 양분법의 폐해 가운데 하나로 남북이 서로 독선

---

[313] 박성우, 임혜란, 강원택, 신욱희, 양분법을 넘어서 - 극단의 시대와 정치외교학, 사회평론아카데미, 2020, pp. 392-398. 박건영은 이 책 12장에 관련 글을 실었다.

적으로 흘렀다는 평가도 가능하며, 상호주의 관점에서 보면 지도자의 독선적 태도는 필수 불가결할 수 있다. 문제는 북한과 달리 지금까지 남한 각 정부의 경우 지도자나 전략공동체의 독선적 태도만 있지 국민 누구나 공감할 수 있는 국가적 차원의 일관성 있는 대북정책이나 군사전략문화가 없다는 것이다.

북한은 2021년 제8차 당 대회에서 "심각한 교착상태를 수습하고 평화와 통일의 길로 나아가는가 아니면 대결의 악순환과 전쟁의 위험에 머물러 있는가라는 중대기로"라며 남한의 선택을 강요하고 있다. 일관성이 독선이 될 수 있다는 우려는 남한보다 북한에 더 해당한다 하겠다.

이는 전쟁이냐 아니면 평화냐라고 하는 것처럼 북한 전략공동체가 채택하고 있는 양분법에 따른 전형적인 결과물이기도 하다. 반대로 남한도 유사전략문화를 폐기하고 일관성 있는 대북정책을 가져야 한다면 역설적으로 보수-진보 정부가 반드시 추구해야만 하는 독선적 태도, 즉 일관된 전략문화를 마련해야 한다는 설명이 가능하다.

지도자나 국가의 양분법적 시각이 자칫 정책형성 과정에서 다양한 변수를 외면하는 상황을 만들 수 있지만 전략문화론은 정책형성(policy making)이 아닌 정책분석 방법이다. 따라서 절대적이지는 않지만, 이러한 접근법이 합리적선택이론에서 찾지 못하는 국가의 관념적 행동 특성을 통사적 관점에서 살펴보는 데는 충분한 방법이 될 수 있다. 이는 학문적 분석 방법이기는 하지만 국가의 대외전략을 마련하는데 중요한 판단기준이 될 수도 있다.

상호주의 관점에서 보면 국제 사회가 인간관계와 다른 점은 어느 한쪽이 비합리적이라면 양분법은 여전히 유효할 수 있다. 인간관계의 비합리성은 국가가 법으로 규제할 수 있지만 상위기관이 없는 무정부적 국제 체제는 규제할 수 있는 법이 없기 때문이다. 상대방이 도박적 선택을 계속한다면 억제책을 계속 만들 수밖에 없다. 상대방을 속이려는 행위가 넘쳐나고 북한이 이러한 '미치광이 전략(Madman Strategy)'[314]과 같은 무리한 베팅을 하는 경우에는 이를 중지시켜야 하기 때문이다.

---

314 이윤정, 트럼프, 이란 핵 합의도 뒤집을까, 경향신문, 2017.2.3. '광인(미치광이)이론'이란, 협상 상대방에게 자신을 미친 사람으로 인식시켜 유리한 쪽으로 협상을 유도하게 하는 전략이다.

3. 같은 듯 다른 남북 자주국방론

❖ **남한의 자주국방**

　남한의 자주국방론은 역사가 오래됐다는 점에서 전략문화적 성향
을 보이고 있지만 이 또한 정권에 따라 부침을 겪어왔다. 남한의 자
주국방은 1990년 이전과 이후로 나눌 수 있다. 1990년 이전에는 생
존 개념의 자주국방을, 그 이후에는 자주적 권리가 강조되기 시작했
다.

　생존 개념의 자주국방은 박정희 정부에서 두드러진다. 1969년 7월
"아시아는 아시아인들의 것"이라는 닉슨 독트린 이후 미국은 아시아
주둔미군에 대한 대대적인 감축에 나선다.[315] 당시 남한의 감축 규모
는 베트남에 이어 두 번째였으나 베트남전에서 발을 빼기 위해 감군

---

315 1969년 1월부터 1971년 12월까지 베트남 주둔 미군은 54만 9천5백 명에서 15만 9천 명으로 감축됐
으며, 주한미군은 미 7사단을 중심으로 6만 3천 명에서 4만 3천 명으로 감축됐다. 주일미군은 3만
9천 명에서 3만 2천 명으로 감축되기에 이른다. 김일영, 조성렬, 주한미군 역사, 쟁점, 전망, 2003,
pp. 87-88.

에 나섰던 미국의 의도를 감안하면 사실상 최대 규모로 볼 수 있다.

1968년 북한의 청와대 기습사건과 푸에블로호 피랍사건이 연이어 발생한 상황에서 들려온 철군 소식에 안보 불안을 느낀 남한 정부는 북한의 오판을 불러올 수 있다며 반대했으나 미국의 입장은 완강했다. 남한 전략공동체의 이른바 방기(abandonment)의 불안은 커져만 갔으며 이후 미국은 국군 현대화 계획을 위해 5년간 15억 달러의 군사원조를 약속하면서 1971년 2월 6일 공동성명을 통해 합의가 발표되었다.[316]

1977년 남한 인권 문제에 비판적이자 주한미군 철수를 공약으로 내건 카터 정부가 출범하면서 생존적 자주국방은 다시 영향을 받기 시작했다. 카터 정부는 선거 공약 이행을 위해 두 번째 주한미군 감축을 본격적으로 추진했는데, 당시 주한미군은 1차 감군 이후 4만 2천 명 안팎을 유지했다. 그러나 1978년 4월 철수 대상 인원은 6천 명에서 3,460명으로 축소됐으며 북한 전력의 증가와 철군 비용이 늘면서[317] 최종 철수 인원은 3천여 명에 그쳤다. 카터 행정부는 1979년 2월과 8월 철군 잠정 보류와 주한미군 철수 중지 결정을 내렸으며, 새로 등장한 레이건 정부는 1981년 철군 계획을 백지화한다.

박정희 정부의 자주국방 정책은 1차 주한미군 철수 당시 미국 정

---

316 김일영, 조성렬, *ibid*, 2003, p. 89.

317 미 정부는 북한군 규모를 100만 명으로 파악됐으나 CIA는 인민군과는 별도의 국가안전보위부 20만 명과 국경수비대, 해안수비대도 군대로 봐야 한다는 보고서를 올렸으며, 감군 이후 한국군에 이양하는 무기 재배치 비용이 15-24억 달러가 소요되는 것으로 평가되며 철군 정책은 힘을 잃기 시작한다. 이는 김일영, 조성렬, *ibid*, 2003, p. 95 참조.

부가 약속한 15억 달러의 원조 자금과 1975년부터 걷기 시작한 국방세를 바탕으로 강력하게 추진되기 시작한 것으로 나타난다. 이후 노태우 정부 때부터 작전통제권 환수를 논의하기로 추진하면서 이른바 주권국가의 자주적 권리가 수면 위로 부상하기 시작했다. 그러나 북한의 핵 개발로 김영삼 정부 들어 1994년 평시작전통제권을 환수하는 데 그쳤으며 이후 남한의 전작권 환수 논의는 연기되었다.

진보 정부에서는 노무현 정부의 협력적 자주국방론이 있다. 박정희 정부시기 자주국방론이 동맹의 방기 불안과 북한보다 열세였던 국방력을 강화하는 이른바 생존 전략에 초점이 맞춰졌다면,[318] 노무현 정부시기 협력적 자주국방론은 국방력의 대북 우위 혹은 대등성을 바탕으로 한 대미 자주성이 강조되고 있다.

협력적 자주국방론은 9.11 테러 사건 이후 미국의 대외 군사전략이 신속기동군으로 변화하는 것과 이를 계기로 전시작전통제권의 전환 목표를 고려한 것이었다.[319] 노 대통령은 2005년 10월 1일 국군의 날 기념식에서 "전시작전통제권 행사를 통해 스스로 한반도 안보를 책임지는 명실상부한 자주 군대로 거듭나야 한다"며 전작권 환수를 본격화한다. 노 대통령과 부시 미 대통령은 2006년 9월 15일 정상회담을 통해 전작권 전환에 합의했으며, 한미 국방장관 회담을 거쳐

---

318 이와 관련해 또 다른 주장도 제기된다. 박정희 대통령이 3선 연임을 허용하는 개헌(1969)과 10월 유신(1972)의 장기 집권욕에 대한 비판적 시각을 전환하기 위해 안보위기를 과장하며 자주국방론을 제기했다는 시각도 있다. 이는 김영명, 한국 현대 정치사, 1992, pp. 197-201 참조.

319 이경수, 박정희·노무현 政府의'自主国防'政策 比較研究, 성균관대학교 대학원 박사학위 논문, 2007, p. 103.

2007년 2월 23일 전작권 전환 시기를 2012년 4월 7일로 확정했다.

그러나 평시작전권 전환에 그쳤던 1990년대 상황과 마찬가지로 북한의 잇따른 도발이 계속되면서 이명박 정부 시기인 2010년 10월 전작권 전환 시기는 2015년 12월로 미뤄졌다. 이후 박근혜 정부 때에는 북한의 핵 무력이 고도화되면서 시기가 아닌 조건에 기초한 전작권 전환으로 변경돼 지금에 이르고 있다.

조건의 핵심은 한국군이 한반도 전구작전을 주도할 수 있는 핵심 능력을 갖추는 것으로 한미 군 당국은 조건을 단계별로 설정해 현재 1단계 기본운용능력(IOC) 평가를 마쳤으며, 2023년 4월 현재 2단계 완전운용능력(FOC) 평가를 진행 중이며, 완료되면 3단계 완전임무수행능력(FMC) 평가에 나설 예정이다.

자주국방론을 담론으로 한 전작권 전환 추진과정에서도 보수-진보 정부의 대북인식에 뚜렷한 차이점이 나타난다. 김영삼 정부 시기에는 북한의 핵 개발로 전작권 전환이 무기한 중단됐지만 노무현 정부 시기에는 북한의 1차 핵 실험이 단행됐음에도 전작권 전환에 합의했다. 당시 자주파-동맹파 논란이 일면서 남남 갈등이 제기됐고 이명박, 박근혜 정부 시기 전작권 전환은 북한의 도발과 핵 개발로 다시 연기되거나 조정되는 우여곡절을 거쳤다.

노무현 정부의 전작권 전환정책을 이어받고 있다는 평가를 받는 문재인 정부가 박근혜 정부의 조건에 기초한 전작권 전환정책을 지속추구한 모습은 특기할 만하다. 보수 정부와 달리 전작권 정책에 대한 변경을 시도하지 않은 것은 노무현 정부의 협력적 자주국방 모델을 수용했음을 보여준 것으로 판단된다. 그러나 코로나19 등의 변수로 인해 2021년 한 해에만 조건 충족을 위한 한미연합훈련이 두 차례 연기되면서 문재인 정부가 추진했던 임기 내 전작권 전환은 결과를 맺지 못했다.

정도의 차이는 있으나 보수-진보 정부가 추진했던 자주국방론은 안보 딜레마를 자극할 수 있다는 우려가 제기될 수 있다. 미국에 의존하던 것에서 벗어나 자주국방의 조건을 갖추려면 국방비를 지속적으로 늘려야 하는 역설적인 상황인데 이는 북한으로 하여금 남한이 팽창을 추구한다는 오해를 불러올 수 있다. 자주국방의 성격이 달랐던 박정희, 노무현 정부 시기에도 국방비는 큰 폭으로 늘어나는 것이 확인되고 있다.[320]

그러나 북한은 국방비를 대폭 늘린 진보 정부와의 대화에 적극적이었으며 크게 문제삼지도 않았다. 북한은 진보 정부의 자주국방과 보수 정부의 자주국방론에 대해 별도의 평판을 내리고 있다는 해석이 가능하다. 다만 문재인 정부 말기 북한은 외세가 자신들의 국방력 강화에 이중 잣대 혹은 이중기준을 지니고 있다며 강하게 비판했다. 자주국방을 추진하는 북한에 대해 도발 혹은 위협의 굴레를 씌우는 이중 잣대를 적용해서는 안 된다는 주장이다. 남한과 마찬가지

---

320 박정희 정부 시기인 1970년 국방비는 전년도 84억 4천만 원에서 102억 3천만 원으로 급격하게 늘어난다. 1971년 국방예산은 134억 7천만 원을 기록하고 있다. 이는 이경수, *ibid*, 2007, p. 88 참조. 노무현 정부 때의 국방비는 연평균 8.4% 증가했으며, 이명박 정부 때에는 연평균 6.1%, 박근혜 정부 때에는 4.2%대로 떨어진 것으로 나타난다. 문재인 정부(2018-2022 예산안) 시기 국방예산은 다시 증가해 연평균 6.3%를 기록하고 있다. 김형준, 내년 국방예산 54조 6천억…문재인 정부 5년간 6.3% 증가, 노컷뉴스, 2021.12.3.

로 외세의 공격을 억제하거나 방어하기 위함이라는 것이 그 명분인데 그러나 자주국방을 추구하는 모든 국가가핵무기를 보유하지는 않는다.

박정희 정부의 자주국방론은 동맹의 방기 우려에서 비롯됐으며, 노무현 정부의 협력적 자주국방론은 자주파와 동맹파 간 동맹의 이탈 여부를 둘러싼 논쟁을 불러왔다. 결국 큰 틀에서 보면 남한의 자주국방론은 동맹의 영향력에 포위돼 있는 것인데, 신욱희는 전작권 전환과 한미연합사 재편 문제 등을 예로 들며 한미동맹의 변화를 양분법적 시각으로 보는 것에 우려하고 있다. 그는 이 같은 논의들에 대해 "동맹에서 자주로의 전환이 아니라 동맹의 구조 내에서 주체성의 증대 추구로 보아야 한다"[321]고 지적한다.

랜티스는 전략문화 형성의 정치적 요인으로 역사적 경험, 정치체제, 엘리트 신념, 군사 조직 등을 설명하고 있는데 한미동맹은 이 모든 것을 아우른다. 전략문화의 지정학적 요소에 따르면 약소국인 남한은 균형으로 안보와 생존을 추구하는 전략문화적 습성을 유지해야 한다.

그러나 미국과 중국이라는 강대국 사이에서 이 균형을 어떻게 유지할 것인가를 놓고 상황에 따른 대응 방안이 유사전략문화로 발전했다는 측면이 존재한다. 이는 지리전략적 위치와 함께 안보(한미동맹)와 경제(한중관계)문제가 중첩적으로 얽혀있는 것이 그 원인이다.

---

[321] 박성우, 임혜란, 강원택, 신욱희, *ibid*, 2020, p. 371.

❖ 북한의 자주국방

1950년대 말부터 시작된 중국과 소련의 공산주의 이념 논쟁을 계기로 국방에서의 자위를 내세우기 시작했던 북한은 1969년 중-소 국경분쟁과 1990년을 전후로 공산주의가 해체되는 탈냉전기로 접어들며 자주국방을 강화하기 시작한다. 이른바 주체전법으로 설명되는데 북한의 국방력 강화 역시 주변국(소련) 혹은 동맹(중국)의 방기 우려에서 비롯되기는 했지만 자구(selp-help)에 따른 생존 혹은 체제 유지와 위협 억제 목적이 더 부각됐다. 자구의 수단이 되는 핵무기는 주체무기의 핵심으로 1990년 이후 지금까지 가장 강력하다.

북한이 이 과정에서 내세운 전략문화적 상징어는 **'미제와 그 추종 세력' '대북 적대시 정책'**이다. 이 키워드는 북한의 전략문화가 공격우위적이지만 한편으로는 방어적일 수 있다는 의미를 내포한다. 미제와 그 추종 세력의 대북 적대시 정책 때문에 국방력을 강화해 체제를 지킬 것이며 대북 적대시 정책을 포기하면 국방력을 강화할 명분이 없다는 논리로 이어진다. 즉 능동적인 국방력 강화가 아닌 수동적인 국방력 강화를 강변하는 셈이다.

방어로 평가할 수 있는 흐름 가운데 최근에는 이른바 '2017년 8월 위기설'이 있었다. 북한은 2017년 8월 8일 트럼프 미 대통령의 "화염과 분노(fire and fury)" 발언에 대해 북한 전략군과 인민군 총참모부는 "미국에 엄중한 신호를 보내기 위해 화성-12형으로 괌도 주변에 대한 포위사격을 심중히 검토하고 있다"고 위협했다. 또 "미국의 무모

한 선제타격 기도가 드러나는 즉시 서울을 포함한 1, 3 야전군 지역의 모든 군부대를 불바다로 만들고 태평양 작전 전구 미제 침략군 발진기지들을 제압하는 전면적인 타격으로 이어지게 될 것"이라고 주장했다.[322]

2020년 10월 10일 당 창건 75주년 열병식에서 김정은은 "적대 세력의 핵 위협을 포괄하는 모든 위험한 시도들과 위협적 행동을 억제하고 통제 관리하기 위해 자위적 정당방위 수단으로서 전쟁 억제력을 계속 강화해 나갈 것"이라고 밝혔다. 또 "우리 전쟁 억제력이 결코 남용되거나 선제적으로 쓰이지 않을 것이지만, 어떤 세력이든 우리를 겨냥해 군사력을 사용하려 든다면 가장 강력한 공격적인 힘을 선제적으로 총동원해 응징하겠다"고 밝히고 있다.[323] 북한의 핵무기 보유가 공격이 아닌 억제와 정당방위 수단임을 강조한 것으로 보인다. 문맥을 보면 핵무기를 선제적으로 쓰지 않을 것이라면서도 '군사력을 사용하려 든다면' '선제적으로 쓸 수 있다'는 여지를 남겨두고 있다.

그러나 2021년 1월 10일 발표된 조선노동당 규약 개정 내용에는 변화가 엿보인다. 노동신문은 "공화국 무력을 정치 사상적으로, 군사 기술적으로 부단히 강화"한다는 내용을 당 규약 개정안에 새로 넣었음을 알리고 있다. 또 당 대회의 결정과 관련해 "강력한 국방력에 의거해 조선 반도의 영원한 평화적 안정을 보장하고, 조국 통일의 역사

322 정인환, "괌 포위사격" "화염과 분노"…북-미 말의 전쟁 '최고조', 한겨레, 2017.8.9.

323 북한 조선중앙TV, 2020.10.10.

적 위업을 앞당기려는 것이 당의 확고한 입장"이라고 주장하고 있다.[324]

이는 북한의 핵무기 보유가 한편으로는 평화를 담보하는 수단이면서도 한편으로는 통일의 수단, 즉 공격적 수단이 되고 있음을 재확인한 것으로 볼 수 있다. 강력한 국방력과 조국 통일을 동일 선상에 올려 언급하고 있는 것은 북한이 여전히 무력에 의한 통일전략을 포기하지 않고 있다는 방증이다. 북한 전략문화의 토대인 혁명전통에 비춰보면 미제와 그 추종 세력은 방어 대상이 아니라 혁명 대상이다.

따라서 북한의 '강력한 국방력' '조국 통일'과 같은 수사는 미제와 그 추종 세력, 즉 한미동맹을 물리치고 사회주의 혁명의 임무를 완수하겠다고 하는 것과 다름 아니다. 이에 따라 현상유지보다는 팽창을 통한 안보, 즉 현상변경 의도에 더 가까울 수 있다. 북한이 체제 생존이나 통치 수단으로서의 방어 개념으로 강조해 온 자주국방은 공격우위로 발전해 갔으며 북한의 자주국방과 남한의 자주국방 개념은 이러한 의미에서 근본적인 차이를 지니고 있다.

---

[324] 북한 노동신문, 2021.1.10.

X.

어긋난 중재

남북 전략문화 담론

"3자 개입의 한 형태인 중개는 구조와 상황적 특성에 의해 규정된다고 볼 수 있으며, 구조와 상황적 요소는 규칙이나 신념, 상징적 요소 등이 영향 변수이다."

- 본문 중에서

1. 칸트와 홉스의 충돌

1990년 이후 북한의 핵 문제는 남북관계를 거의 규정짓고 있으며, 남한은 '북한이 핵을 포기하면'으로 시작되는 일관된 접근법을 추구하고 있다. 그러면서도 핵 문제 해결의 입구나 출구 전략에 있어 정권에 따라 상이한 행보를 보였다. 햇볕을 우선한 정부도 있었고, 비핵-개방을 우선한 정부가 있었다. 신뢰를 먼저 강조하거나 평화를 앞세운 정부도 있었다.

지난 30년간 북한이 남북정상회담에 호응한 정부는 진보 정부였다. 그러나 진보 정부하에서도 정도의 차이는 있으나 북한의 도발에 따른 남북갈등이나 충돌이 존재해 왔다. 북한은 대화나 협상 등 외부 변수와는 큰 영향을 받지 않고 자신의 전략문화에 충실하고 있다고 판단할 수밖에 없는 근거가 된다.

한때 북한의 협상술 가운데 미국과 대화하고 남한은 무시하는 '통미봉남' 혹은 남한을 우선시 두는 '통남봉미'와 같은 용어가 사용되면서 남한 정부의 중재자 역할도 강조되어 왔다.

그러나 차재훈은 3자 개입의 한 형태인 중개(mediation)에 대해 "구조와 상황적 특성에 의해 규정된다고 볼 수 있으며, 구조와 상황적 요소는 규칙이나 신념, 상징적 요소 등이 영향 변수"[325]라고 강조한다. 차재훈은 이를 토대로 "협상국 정치 체제적 특성이나 협상력 문제(bargaining power)를 논의하지 않으면 중개전략의 효용을 설명할 수 없다"고 밝혔다. 이는 북미협상의 중개 역할에 나설 때 두 나라의 구조와 상황적 요소의 중요성을 헤아려야 하며 그렇지 않을 경우 실패를 반복할 수 있다는 시각을 주기에 충분하다.

중재자 역할을 자처한 문재인 정부 때 역사상 최초로 두 차례의 북미정상회담이 개최됐지만 비핵화에 실패했다. 회담 결렬의 이유로 비핵화에 대한 북미의 기대가 서로 달랐다는 것이 그간의 주요 분석이지만, 차재훈의 주장에 나오는 '협상국 정치체제 특성'도 고려될 만하다. 즉 돌이킬 수 없는 비핵화, CVID를 강조해 온 미국이나 혁명 전통을 가슴에 품은 북한이 애초부터 비핵화를 합의하기 위해 나온 것이 아니라 서로의 생각을 강요하기 위해 나왔을 수 있다는 점이다.

협상 당사자의 의지를 모른 채 중재에 나설 경우 양쪽으로부터 오해를 사는 역효과의 위험성도 내포될 수 있다. 예를 들어 부동산을 매매할 때 매도인의 판매 가격, 매수인의 선호도나 성향 등을 정확히 모르는 부동산 중개업자가 매수-매도를 강요할 때 발생할 수 있는 위험을 상상해 보라.

---

325 차재훈, 중개(Mediation)전략의 구조와 영향요소 분석 — 6자회담에 대한 정책적 시사를 중심으로, 한국협상학회 협상연구 제9권 2호, 2003, pp. 163-164.

이처럼 대화나 중재 등 여러 변수가 있지만 일관성을 강조하는 전략문화 접근법에 따른 남한과 북한의 갈등 혹은 충돌 구조를 살펴봤을 때 다음과 같은 결론에 이르게 된다.

남한은 국방목표나 남남 갈등, 영구평화를 추구하는 칸트적 문화, 보수-진보 정부가 상이한 대북정책을 추진했던 정치 엘리트 등의 영향으로 방어우위신화를 쌓았으며, 북한은 오로지 힘의 논리가 우선이라는 홉스적 문화, 이에 대한 이념적 기반이 된 혁명전통, 혁명전통을 달성하기 위한 수단으로 핵 개발을 추진했다.

방어 대 공격이라는 독립 변수는 물론 이를 떠받치는 수단인 종속 변수도 서로 상이하게 작용하면서 남북은 끊임없는 갈등 상황을 이어가고 있는데 이를 정리하면 다음과 같다.

〈표 8〉 남한 유사전략문화와 북한 전략문화 구조

남한 유사전략문화	구조	북한 전략문화
방어우위신화	← 독립 변수 간 대립 →	공격우위신화
국방목표, 남남 갈등, 칸트적 문화, 정치 엘리트	← 종속 변수 간 갈등 →	혁명전통, 핵 보유 홉스적 문화, 정치 엘리트

앞서 설명했듯이 위 〈표〉에서 남한의 방어우위신화에 영향을 미치는 종속 변수 가운데 칸트적 문화와 정치 엘리트는 국가 지도자 혹은 전략공동체의 개인 의지를 나타낸다. 여기에 한반도 전략문화의 지정학적 요인, 즉 균형으로 안보나 생존을 유지하려는 현실주의적 관점과도 밀접하게 연결돼 있다.

북한 공격우위신화의 종속 변수 가운데 홉스적 문화와 정치 엘리트 역시 북한 최고 지도자와 전략공동체의 의지이다. 다만 남한과 달리 북한은 전략문화의 지정학적 요인보다는 혁명전통과 주체무력을 강조하는 이념이나 관념으로 대체했다. 남북한의 이러한 전략문화 형성은 남북 갈등의 근본적인 원인 가운데 하나다.

케네스 왈츠는 정치적 분쟁과 관련해 "경쟁적 투쟁에 성공하기 위해 권력은 필요한 수단이며, 무제한 적인 권력 욕망(animus dominandi) 차원에서 보자면 권력 그 자체가 목적이 된다"[326]고 주장한다. 그러면서 인간의 본성을 강조한 한스 모겐소와 달리 인간이 사악하기 때문에 권력투쟁이 일어나는 게 아니라 무언가를 필요로 하기 때문에 권력투쟁이 발생한다고 강조한다.

북한이 한반도에서 혁명전통을 기반으로 사회주의, 주체사상, 김정은주의 등의 권력을 확장하기 위한 투쟁을 지속한다면 남한의 칸트적 문화와 충돌할 수밖에 없다. 따라서 지난 30년간 영구평화, 즉 칸트적 평화 달성을 목표로 추진돼 온 남한의 유사전략문화도 변화를 맞아야 할 것으로 관측된다.

---

[326] Kenneth Waltz, *ibid*, 2018, p. 61.

2. 유사전략문화와 북한의 도발 회귀

진보든 보수든 지난 30년간 북한은 결국 변화할 것이라는 희망으로 대북정책을 추진했다. 북한이 간혹 대화에 나서며 우리에게 이러한 희망을 안겨 주었지만 결국 희망 고문에 그치고 말았다.

과거 북한이 공세적 전략문화를 일시 중단하고 변화를 모색한 사례는 지난 30년간 몇 차례 나타난다. 국내적 관점에서 보면 1991년 남북기본합의서 체결과 5차례의 남북정상회담이다. 국제적 관점에서 보면 북핵 협상과 두 차례의 북미정상회담이다. 이 시기 북한은 남한이나 미국을 향해 눈에 띄는 공세적 도발을 자제했다. 그러나 합의는 제대로 이행되지 않았으며 공세적 전략문화로의 회귀(resilence)라는 습관적인 행동 패턴이 지속됐다.

국내적 관점에서 볼 때 북한이 다시 공격우위로 돌아간 1차 회귀는 남북기본합의서 체결 직후다. 합의서가 발표된 이듬해인 1992년 5월 북한은 DMZ 내로 무장공비를 침투시켜 남북 군인 여러 명이 죽거나 다쳤다. 1993년 3월 한미가 팀스피리트 훈련을 재개하자 북한은 준전시 상태를 선포하고, 5월에는 노동1호 미사일을 발사하며 위기를 끌어올렸다. 이 시기 핵확산금지조약(NPT) 탈퇴를 선언한다. 한반도 비핵화 내용도 포함하고 있는 남북기본합의서가 체결되고 발효된 지 1년여 지난 시점이었다.

2차 회귀는 2000년 1차 남북정상회담 이후다. 6·15 공동선언이라는 괄목할만한 성과를 얻었으나 2001년 파주 DMZ 총격과 2002년 6월 2차 연평해전이 발발한다. 한국과 터키의 월드컵 3위-4위전이 열리던 날 북한의 기습공격으로 발생한 2차 연평해전은 상식적으로도 납득할 수 없는 일이었다. 2년 전 남북이 평양에서 손을 잡고 '우리의 소원은 통일'을 부르던 모습은 사라졌고 6명의 해군 전사자가 발생했지만 정부의 대응 과정에 논란이 일면서 햇볕정책도 거센 비판에 직면했다.

3차 회귀는 2007년 2차 남북정상회담 이후다. 10.4 공동선언으로 남북관계는 또 한 차례 변화를 맞이했으나 2008년 금강산 관광객 총격 사건이 발발하고 이후 대청해전, 천안함 피격, 연평도 포격전 등 직접 충돌이 반복되며 남북은 10년간 이른바 신냉전기를 맞이한다.

4차 회귀는 2023년 기준 현재 진행형이다. 2018년 한 해에만 세 차례의 남북정상회담이 열렸지만 북한은 이듬해부터 공세적 도발을 이어갔다. 북한은 2019년 코로나 사태 이후에는 국가 비상 방역을 이유로 아예 문을 닫고 제재와 상관없는 인도적 교류마저 외면했다. 2022년 12월 26일에도 북한은 5년 7개월 만에 무인기를 서울 상공까지 침투시키고 9·19 군사합의를 위반하며 한 해 기준 역대 최다의

미사일을 쏘아 올렸다.

북한은 1차 회귀의 명분을 한미 연합 '팀스피리트 훈련'에서 찾고 있지만 그에 앞서 DMZ 침투라는 습관적인 도발 행동은 이미 발생했다. 2차 회귀 역시 북한이 서해북방한계선의 무력화를 기도하는 과정에서 촉발됐다. 3차 회귀의 명분은 명분이 뚜렷하게 보이지 않지만 그나마 찾는다면 남한 내 진보 정부에서 보수 정부로의 교체였고 북한의 습관적인 형태만 남는다.

가장 이해하기 힘든 건 4차 회귀다. 남북은 판문점 공동선언과 평양 공동선언, 9·19 군사합의 등 역대급 성과를 냈지만 북한은 다시 과거의 공세적 전략문화로 돌아갔다. 더욱이 한미는 남북-북미정상회담에 발맞춰 대규모 한미 연합훈련을 중단하거나 축소하는 등의 조치[327]를 취했으나 북한의 습관적인 도발은 지속됐다.

결론적으로 4개의 회귀본능을 보면 북한은 남한과의 합의나 협상 결과에 크게 개의치 않는 모습이다. 국제적 관점의 회귀본능 역시 마찬가지다. 1994년 10월 북미 간에 '제네바 기본합의'를 체결한 뒤 1995년 팀스피리트 훈련을 중단했지만 북한은 판문점 중립국 감독위 북측 사무실을 폐쇄하고(1995년 5월) 임진강을 통해 무장공비를 침투(1995년 10월)시키기도 했다. 특히 대북 쌀 지원선 '씨 아펙스'호에 인공기를 게양하도록 요구(1995년 6월)하면서 남북 간 갈등을 불러일으켰다.

---

[327] 한미는 2008년부터 2018년까지 봄철에 진행하던 키리졸브(Key Resolve)훈련을 2019년부터 중단하고 '동맹훈련'으로 명칭을 바꿨으며, 이에 따라 연대급 한미 병력이 참가하는 대규모 훈련은 대대급으로 축소해 연중 실시하는 방안으로 바꾸었다.

2005년엔 9·19 공동성명을 내면서 국제 사회는 다시 평화를 모색했으나 2006년 대포동 2호 미사일을 발사하고 1차 핵 실험을 실시했다. 2018년과 2019년 사상 처음으로 두 차례의 북미정상회담이 개최됐지만 서로의 입장만 확인한 채 마무리됐다. 미국의 CVID와 비핵화 방법을 놓고 양측은 평행선을 그었으며 미국 정치권에서는 '나쁜 합의를 하기보다는 합의를 하지 않는 것이 낫다(No agreement is better than a bad agreement)'[328]는 협상 격언을 인용해 결렬에 대한 긍정적 평가도 나왔다.[329]

이후 북한은 2021년 신년 초 열린 제8차 당 대회에서 핵 무력 강화를 거듭 주문한다. 북한은 공세적 전략문화로의 회귀 이유를 이른바 적대 세력의 위협이나 남한이나 미국의 합의 정신 위반에서 찾고 있다. 그러나 가장 뚜렷한 대북협력을 모색했던 2018년 이후 상황을 보면 과거부터 계속된 '습관적인 행동 패턴'인 전략문화적 현상에 지나지 않는다.

또 북한은 남한 정부 가운데 이른바 진보 정부에 한해서만 정상회담에 응했다는 점이 눈길을 끈다. 이는 남한의 정부별 대북정책의 차이, 즉 유사전략문화가 북한의 회귀본능을 자극할 수 있다는 가능성도 제기될 수 있다. 거꾸로 북한은 본능적으로 남한의 보수 정부와는 대화를 하지 않는다는 지침을 세워놓은 것으로도 볼 수 있다.

---

328 이상철, 김옥준, 국제협상 이론과 실체, 2016, pp.25-28.

329 김재중, 미국 정치권, 2차 북미정상회담 결렬 "나쁜 합의보다 낫다" 긍정평가, 경향신문, 2019.3.1.

3. 군사합의의 습관적인 행동 패턴

　군사합의 현황을 보면, 남북 간 군사합의도 진보 정부에서만 체결된 것으로 나타난다. 김대중 대통령과 김정일 국방위원장 간의 제1차 남북정상회담 후속 조치로 2000년 9월 26일 대한민국 국방부 장관과 북한의 인민무력부장 간에 발표한 회담공동보도문이 그 시초다.

　남북 간 군사회담은 지금까지 40차례의 실무회담과 10차례의 장성급 회담, 3차례의 장관급 회담(9·19 군사합의 포함)을 개최했는데 이 가운데 합의에 이른 건 13차례에 이른다. 역대 정부별 군사합의 사항을 보면, 진보 정부 가운데에서도 남북관계가 가장 소원했다는 노무현 정부 때의 합의가 9차례에 이를 정도로 압도적 우위를 보이고 있다. 2004년 6월 12일 전까지의 남북군사합의는 전임 김대중 정부가 체결한 6·15 공동선언을 이행하기 위한 후속 조치 성격으로 풀이된다. 역대 정부별 남북군사합의 사항을 보면 아래와 같다. 아래 표를 보면 북한은 왜 보수 정부보다 국방비를 더 투입했다는 진보 정부와만 군사합의를 체결했는지 의문이다. 국가의 국방비 증액은 생존을 추구하는 국가가 미래의 안보를 담보하기 위한 선행 조치다.

러시아-우크라이나 간 재래식 전쟁이 발생한 뒤 나타난 최근의 사례를 보면 세계 각국은 국방비를 대폭 증액하는 추세에 있다. 러시아는 '2023 국방비'를 전년 대비 43% 증액했고, 프랑스는 7년간 36%를, 독일은 국내 총생산 대비 1.53%이던 국방비를 2%로 올렸다. 중국도 전년 대비 7% 증액했으며, 일본은 26%를 올려 우리 돈 65조 원 규모로 국방비를 편성했다. 중국의 위협이 높아진 대만은 당연하게도 12.9%나 올렸다. 미국도 2024년 회계연도 국방비를 2023년 대비 13.4% 늘린 1천111조 원으로 편성했다.

국방비는 미래의 안보위협을 사전에 대비하는 차원에서 책정되는데 북한은 국방비를 늘린 남한 진보 정부와의 군비경쟁 대신 대화를 택했다. 이는 남한 정부가 진보 정부이기 때문이었다는 설명 외에 기존의 이론으로는 합리적 설명이 어렵다. 오히려 자신의 프로그램화된 일정이나 일관된 목표를 달성하기 위해 잠시 숨을 고르겠다는 생각을 했다는 것이 더 합리적이다.

어찌 되었든 이런저런 이유를 떠나 합의를 한 것 자체는 의지를 확인했다는 점에서 중요하다. 그러나 북한은 합의를 충실하게 이행해야 할 의무를 저버린다. 아래에 제시되는 두 개의 표를 보면 뚜렷이 드러난다.

<표 9> 역대 정부별 남북 군사합의 현황[330]

정부	일시	합의서
김대중 정부	2000.9.26.	대한민국 국방부 장관과 조선민주주의인민공화국 인민무력부장 간 회담 공동보도문
	2002.9.17.	동-서해지구 남북관리구역 설정과 남과 북을 연결하는 철도-도로 작업 군사적 보장 위한 합의서
	2003.1.27.	동-서해지구 남북관리구역 임시도로 통행의 군사적 보장을 위한 잠정합의서
노무현 정부	2003.9.17.	동-서해 남북관리구역 임시도로 통행의 군사적 보장 위한 잠정합의서 보충 합의서
	2003.12.23.	동-서해지구 남북관리구역 경비(차단)초소 설치 및 운영에 관한 합의서
	2004.6.4.	서해 우발적 충돌방지와 군사분계선 지역의 선전활동 중지-선전수단 제거 합의서
	2004.6.12	서해 우발적 충돌방지와 군사분계선 지역의 선전활동 중지-선전수단 제거 합의서의 부속합의서
	2007.5.11.	동-서해지구 남북열차 시험운행의 군사적 보장을 위한 잠정합의서
	2007.11.29.	남북관계발전-평화번영을 위한 선언이행 위한 남북국방장관회담 합의서
	2007.11.29.	제2차 남북 국방부장관회담 합의서
	2007.12.6.	문산-봉동 간 철도화물 수송 군사적 보장 위한 합의서
	2007.12.3.	동-서해지구 남북관리구역 통행-통신-통관의 군사적 보장 합의서
문재인 정부	2018.9·19.	역사적인 판문점선언 이행 위한 군사분야 합의서

---

330 위 〈표〉는 국방부 자료를 토대로 저자가 재작성했음

앞의 표에 나타난 것과는 별도로 남북한 군사적 신뢰를 위한 주요 합의사항도 존재한다. 이는 국방부의 군사 당국 간 공식 합의와는 별도의 합의다. 1972년 7·4 남북공동성명 당시 긴장 완화와 상대방 중상 비방 금지, 무장도발 중지, 불의의 군사적 충돌사고 방지 등에 합의했다. 20년 가까이 지난 1992년 2월 19일 남북기본합의서 후속 조치로 대규모 부대 이동 및 군사 연습을 통보하거나 통제하고 비무장지대의 평화적 이용 등을 담았다.

1992년 9월 17일 남한의 정원식 총리와 북한의 연형묵 정무원 총리가 맺은 '남북 사이의 화해와 불가침 및 교류 협력에 관한 합의서(이하 화해부속합의서)'가 있는데, 군사분계선 지역에서 방송과 게시물 등을 이용한 상호 비방을 중지하고 있다. 또 같은 날 체결된 불가침 부속 합의서는 상호 일체의 무력사용 행위를 금지하고 상호 정규-비정규군의 무력을 이용한 침입 중단에 합의했다. 노무현 정부의 10.4 공동선언에서는 적대적 관계를 종식하고 서해공동어로구역과 평화수역을 설정하며 종전선언을 추진하는 것에 합의한다.[331]

이와 달리 합의 주체인 국방부가 공식화하고 있는 13번의 남북군사합의와 기타 고위급 간 신뢰 구축을 위한 합의를 광범위한 군사적 합의로 보면 2000년 이전 군사합의는 고위급 회담을 통해, 2000년 이후 4번의 군사합의는 정상회담의 결과물로 채택됐다.

물론 2000년 이전에도 회담에 참가하는 고위급의 독단적인 판단

---

331 정희완, 1972년부터 군사합의 7번…이번엔 되돌릴 수 없는 의제 고민, 경향신문, 2018.4.20.

에 의한 것이 아니지만 2000년 이후부터의 군사합의는 이른바 톱다운 방식으로 진행되거나 정상회담의 후속 조치, 즉 정상회담을 뒷받침하는 형식이었다. 이는 남한이나 북한 모두 전략공동체 혹은 정치지도자의 의지가 군사합의에 점점 더 영향을 미치고 있는 것을 보여주는 뚜렷한 결과물이다.

톱다운 방식이 신속한 의사결정을 이끄는 장점이 있지만 국내적 측면에서 보면 정치 지도자의 의지에 좌우되거나 이벤트에 그칠 위험에 직면할 수 있다. 주로 진보 정부의 톱다운 방식의 합의를 둘러싸고 정쟁의 소재가 됐고[332] 결과적으로 남북이 서로 '합의를 지켜라'라고 주장하고 있다는 점에서 큰 소득을 얻지 못했다.

가장 최근의 군사합의인 9·19 군사합의조차 기존 합의가 조금 더 세분화됐을 뿐 큰 틀에서 보면 1972년 7·4 남북공동성명과 이후 합의된 내용을 뒷받침하는 군사합의에서 크게 벗어나지 않는다. 군사합의가 실질적인 조치로 이어지기 위해서는 이른바 군비통제[333]를 위한 남북군사공동위원회 구성과 논의가 필수적이었으나 북한의 거

---

332 배진교 의원은 "2000년 6·15 공동선언과 2007년 10.4 공동선언, 2018년 4.27 판문점 선언과 9·19 남북군사합의를 포함해 이 역사의 출발점이 되는 1972년 7·4 남북공동성명, 1991년 남북기본합의서의 국회 비준을 추진하겠다"라고 밝혔다. 배진교 의원 (블로그 https://blog.naver.com/bjg21/222399001628 참조, 검색일, 2021.6.17.) 또 민주당이 판문점 선언에 대한 국회 비준을 추진하자, 국민의힘은 "북한은 아예 무시하는데 우리만 판문점 선언의 국회 비준을 하자는 것이다. 이 얼마나 국민을 비참하게 만드는 일인가"라고 주장했다. 이는 전명훈, 남북연락사무소 폭파 1년…野 "판문점 선언 비준 중단하라", 연합뉴스, 2021.6.16.

333 군비통제는 냉전기인 1960년대 공포의 균형 하에서 평화 공존을 통해 상호 생존을 모색하는 개념에서 등장했다. 남만권, 군비통제 이론과 실제, 서울: 한국국방연구원, 2006, p. 21. 김재철, 9·19 남북군사합의의 이행평가와 향후 한반도 군비통제 추진 방향, 한국군사, (7), 2020.6, p. 4에서 재인용.

X. 어긋난 중재   321

부로 한 차례도 열리지 못했다.

이는 가장 최근에 체결한 9·19 군사합의가 대부분 이행되지 않고 있는 부분에 영향을 미치고 있다. 9·19 군사합의가 상호 적대행위 중지, 비무장지대 평화지대화, 서해 NLL 일대 평화수역화, 교류협력-접촉-왕래에 필요한 군사적 보장, 신뢰구축을 위한 다양한 조치 강구를 담고 있지만 이행되거나 완료된 합의는 절반에도 미치지 않는다.

9·19 군사합의는 과거 진행된 군사회담 합의의 전체 내용은 물론 추가된 내용을 포함하고 있다는 점에서 대표성을 지니고 있다. 따라서 9·19 군사합의를 살펴보는 것만으로도 과거 합의의 이행 여부를 아울러 확인할 수 있는 계기가 될 수 있다.

9·19 군사합의의 이행 여부를 도표로 작성하면 아래와 같은데, 9·19 군사합의만 다루는 이유는 김대중-노무현 정부 때 합의한 군사합의 이행 자료는 없다는 게 국방부의 공식 답변에 따른 결과다. 자료가 없다는 것은 합의 이후 후속 조치가 없었거나 제대로 이행되지 않았다는 것을 미루어 짐작할 수 있다. 이행하지 않는 합의는 아무 소용이 없다. 국방부 당국자도 이를 확인했는데, 2021년 6월 17일 저자와의 인터뷰에서 과거 군사합의는 선언적 수준에 그쳐 이행 여부에 대한 자료를 작성하지 않았음을 밝혔다.

구분	추진과제	이행 현황
상호 적대행위 중지	지해공 적대행위 중지	2018년 11월 1일 시행
	지해공 작전절차 적용	2018년 11월 1일 시행
JSA 비무장화 (남북-유엔사 3자 협의체 협의)	남북책임지 내 지뢰제거	2018년 10월 20일 완료
	JSA병력-장비 철수, 감시장비 조정	2018년 10월 25일 완료
	비무장조치 관련 남북-유엔사 현장 공동 검증	2018년 10월 27일 완료
	공동근무 - 운영규칙	협의 중 중지
	JSA공동근무 투입 및 방문객 자유왕래	협의 중 중지
DMZ 내 상호 GP 시범철수	GP 인원-장비 시범철수 및 시설 철거	2018년 11월 30일 완료
	현장방문 통한 상호검증	2018년 12월 12일 완료
	DMZ 전 GP 철수	추후 협의
남북공동 유해발굴	남북책임지역 지뢰제거	2018년 11월 30일 완료
	유해발굴 지역 내 도로 개설	2018년 12월 7일 완료
	남북공동유해발굴단 편성 (남북 80-100명)	우리 측 완료 (2019년 3월 6일 대북통지)
	우리 측 지역 추가 지뢰 제거 및 유해발굴	우리 측 시행 중
한강하구 등 서해 평화수역화	한강하구 공동이용 남북공동수로조사	2018년 12월 9일 완료
	해도제작 및 북측 전달	2019년 1월 30일 완료
	한강하구 시범 항행 (전유리-한강하구)	2019년 4월 1일 / 7월 27일 2021년 4월 30일 시행

---

334 2021년 6월 작성된 국방부의 자료를 토대로 저자가 재구성했음

	남북군사공동위 구성	협의 중 중지
남북 군사공동위 등 신뢰구축 조치	군 주요직위자(장관, 의장) 등 직통전화 구축	추후 협의
	시범 공동어로구역 및 평화수역 설정	군사공동위 가동 후 협의
	북 선박 해주 직항로 이용 및 제주해협 통과	군사공동위 가동 후 협의
남북 교류협력 군사적 보장	남북관리구역 3통 군사적 보장	지속 이행
	철도, 도로 협력 군사적 보장	추후 협의
	역사유적 공동조사 발굴 관련 군사적 보장	추후 협의

위 〈표〉를 보면 9·19 군사합의 항목 가운데 '지-해-공 적대행위 중지' 내용을 보면 국방부는 이행으로 판단하고 있다. 그러나 국방부는 2019년 11월 북한의 창린도 해안포 사격과 2020년 5월 GP 총격사건 역시 각각 군사합의 위반 및 도발로 규정했다. 또 남북공동유해발굴단 편성도 북한은 이행하지 않았으며, 남북공동유해발굴 자체는 이뤄지지 않았다.

한강하구 공동이용 관련 및 남북공동수로조사의 경우 수로 조사는 공동으로 마쳤으나 공동이용과 관련한 후속 조치가 이뤄지지 않아 부분이행으로 평가된다. 또 협의 중 중지나 가동 후 협의, 추후 협의는 모두 미이행으로 볼 수 있다. 이를 이행과 중단 등 크게 두 가지로 나눠 구분하면, 9·19 군사합의 24개의 항목 가운데 이행된 사항은 9개(위 표에서 완료 표시 부분)이다.

시행으로 표시된 상호 적대행위 중지 상의 지-해-공 작전 절차 적용과 한강하구 등 서해 평화수역화 상의 한강하구 시범 항행(전유리-한강하구) 두 개는 판단을 보류했다. 작전 절차 적용은 남북 군 당국 간 우발적 충돌을 방지하기 위한 것이나 2020년 5월 GP 총격 사건 초기 정부가 북한의 사격을 오발에 무게를 둬 검증이 어려웠다.

그러나 북한은 2022년 한 해 10여 차례에 걸쳐 사격 금지를 합의한 동-서해 완충구역으로 포를 쏘아댔으며, 울릉도를 향해 동해 NLL을 넘겨 미사일을 발사했다. 또 2022년 12월 말 무인기를 서울 상공으로 날려 보냈다. 지상과 해상, 공중에서 모두 9·19 군사합의를 위반한 것이다.

한강하구 시범 항행 역시 부분적으로 이뤄진 점을 감안했다. 또 '남북관리구역 3통(통행, 통신, 통관)의 군사적 보장'은 2007년 남북정상회담의 후속 조치로 그해 12월 12일 판문점 남측 지역 평화의 집에서 열린 제7차 장성급 회담에서 이미 합의된 것이어서 큰 의미를 두지 않았다.

이는 2019년 2월 북미 2차 정상회담이 결렬되면서 남북관계도 악화한 것이 직접적인 원인으로 보이지만 남북 당사자가 맺은 합의가 이행되지 않은 것을 외부 변수에서 찾는 것은 바람직하지 않다. 북한은 남한의 합의 이행 요구를 계속 묵살해 왔다는 점에서 과거와 마찬가지로 앞으로도 합의를 이행할 가능성은 크지 않아 보인다.

XI.

30년의 한계

유사전략문화의 대안

　지금까지 이어져 온 대북 상호주의 정책은 이제 한계를 맞고 있다. 가치의 동등한 교환이나 이익의 조화를 이루지 못했으며, 이로 인해 우리는 괴로운 현실을 맞고 있다. 공존의 상호 실용주의로 나아가야 한다.

1. 대북 상호주의 정책의 한계

　남한 정부의 대북정책은 큰 틀에서 보면 보수와 진보 정부 모두 상호주의에 포함된다. 다만 엄격한 상호주의와 포괄적 상호주의로 구분된다. 엄격한 상호주의란 눈에는 눈 이에는 이(Tit for Tat)[335]식의 접근법이고, 포괄적 상호주의는 코헤인에 따르면 포용 정책 등으로 설명될 수 있다.[336] 보수 정부는 엄격한 상호주의를, 진보 정부는 포괄적 상호주의를 추진했다.

　굴드너(Alvin W. Gouldner)는 국가 간 상호주의 규범을 설명하면서 두 가지를 제안하고 있다. '동등성'과 '등가성'의 교환이다. 동등성은 "반환되는 금액이 수령된 금액과 상당히 동일한 금액"을 말한다. 동

335　로버트 엑셀로드(Robert Axelord)는 티포탯 전략의 특성을 다음 4가지로 구분했다. 첫째, 상대가 협력하면 협력하고, 둘째, 상대의 배반을 응징하며, 셋째, 배반을 응징한 후에는 용서하고, 넷째, 상대가 나의 행동 패턴에 적응할 수 있도록 해야 한다. 이상익, 엑셀로드의 '팃포탯' 전략과 유교의 군자론, 남명학 18권, 2013, p. 326.

336　박재민, 국가간 상호주의와 협력:이론과 실제, 동서연구, 제31권 제2호(2001), p. 78에서 참조. 또 균형적(balanced) 상호주의와 일반적(generalized) 상호주의로도 구분한다. Marshall Salins, *Stone Age Economics*.(Chicago: Aldine-Atherton, 1972), p. 194.

등성은 다시 두 가지로 나뉘는데, 교환되는 가치가 동일한 것(Tit for Tat, 복수: retaliation)과 교환되는 사물 혹은 환경이 구체적으로 동일한 것(Tat for Tat, 부상의 반환: return of injuries)으로 바빌로니아 함무라비 법전의 동태 보복법(lex talionis: 탈리오의 법칙)이 전형적인 예다.[337]

그러나 보복이란 관점에서 둘 사이에 큰 차이가 없는 것으로 보이며, 상호주의란 결국 공정하거나 동등한 가치 교환의 엄중함을 설명하는 것으로 보인다. 교환은 동시 발생과 시차 발생으로 구분되지만, 일반적으로 시차 교환이 보편적이다. 받자마자 보답하는 것은 우호적 행위를 한 상대방의 기분이 나쁠 수 있다. 대가보다 선의 즉 우호적 행위가 더 우선이었는데, 마치 뭔가를 기대하는 것처럼 비춰질 수 있기 때문이다. 따라서 이럴 때는 시간을 두고 보답해 나간다.

반면 동시 교환은 우호적 행동에 대한 답례를 받지 못할 위험을 방어하기 위한 것이다. 주로 적대관계에 있는 국가의 경우 우호적인 행동을 하더라도 훗날에 동등한 가치를 돌려받지 못하고 착취당할 것이 두려워 동시 교환을 선호한다.[338] 북한 비핵화 방안 가운데 하나인 '스냅백(snapback)'이나 '단계별 비핵화' 방안도 동시 교환적 측면이 강하다.

그러나 국가 간 상호주의는 규범적 성격이 있기 때문에 자국의 이

---

337 Alvin W. Gouldner, "The Norm of Reciprocity:A Preliminary Statement." American Sociological Review 25, 1960, pp. 170-171.

338 박재민, ibid, 2001, pp. 79-80.

익에 반하더라도 상호주의적 행동을 하지만, 나메쓰(Nameth)에 의하면 몇 가지 이유로 따르지 않는 경우도 존재한다. 첫째, 상호주의가 악용되고 있다고 느낄 때이다. 군축 제의가 힘을 빼고 공격하기 위한 것이라는 의심이 든다면 군축 제안이 우호적이더라도 받아들이지 않는다. 둘째, 우호적 행동이 자국의 이익보다 크지 않을 경우 자국의 이익을 위해 상호주의에 따라 행동하지 않는다. 마지막으로 오랜 기간 적대관계에 있었던 경우이다. 이런 상황에서는 우호적인 행동을 우호적이라고 여기지 않는다.[339]

남북관계에서 상호주의는 여러 형태로 설명할 수 있다. 예를 들어 개성공단과 금강산 관광에 대한 문을 여는 대가로 남북은 무엇이 이득인지를 계산하고 주고받고 행동할 것이다. 인도주의적 관점의 이산가족 상봉 행사를 보면 남한은 상시 상봉을 주장했지만, 북한은 계기가 있어야만 응했다. 쌀 등 식량 지원도 마찬가지이다.

북한의 시각에서 인도주의적 교류도 동등 교환의 개념으로 인식하고 있는 것으로 보인다. 남북 간에 상호주의가 쉽지 않은 것은 남한 내부와 북한 내부에 있다. 나메쓰가 제기한 상호주의 딜레마의 마지막 관점, 즉 오랜 기간 적대관계에 있었고 상호주의가 악용되고 있다는 의심이 더 크게 작용하면 교환에 영향을 미칠 수 있다.

또 상호주의 관점을 인간관계에서 찾자면 연락이 끊겼던 친구가 갑

---

339 C. Nameth, "*Bargaining and Reciprocity*", *Psychological Bulletin*, 74(1970), pp. 297-308: Deborah W. Larson, "*The Psychology of Reciprocity in International Relation*" Negotiation Journal. 3(1988), pp. 281-301. 이는 박재민, ibid, 2001, p. 82에서 재인용.

자기 전화를 걸어 돈을 빌려달라고 할 때 여러 셈법을 떠올릴 것이다. 기분이 유쾌한 경우는 많지 않을 것이다. 전화를 받자마자 끊는 사람도 있을 것이고, 이유 불문하고 아예 전화를 받지 않는 사람도 있을 것이다. 친절하게 전화는 받되, 끊고 나서 전화번호를 차단하는 경우도 있을 것이다. 정중히 거절하는 사람도 있을 것이고, 그 친구가 어려운 상황이라면 못 받을 셈 치고 그냥 돈을 건네는 주는 사람도 있을 것이다.

돈을 주든 안 주든 우호적 행동이 나오기란 쉽지 않다. 앞서 군사회담이나 정상 간 합의 등 이미 거래가 일어난 남북관계에서 북한은 동등한 교환과 공정한 교환이 발생하지 않은 것으로 판단하고 있는 것으로 보인다. 약속을 이행하지 않거나 수시로 위반하는 경우를 보면 그렇다.

상호주의를 합리적 관점에서 보면 이해가 가능하지만, 전략문화적 관점에서 보면 이 역시 습관적인 행동 패턴이다. 따라서 지금부터라도 교환의 방법을 달리하는 것이 필요하다. 이는 진보 진영에서조차 남북관계의 최대 걸림돌이 남남 갈등이라고 하는 것을 상당 부분 해소하는 방법일 수 있다. 그렇다면 교환이 가능한 동등한 가치는 무엇인가 하는 것이다. 북한 비핵화 협상을 예로 들면, 북한이 비핵화를 하는 대가로 국제 사회가 줄 수 있는 동등한 가치는 무엇이 될 수 있을까.

첫 번째 사례를 살펴보자. 1994년 제네바 합의 당시 국제 사회는 북한이 핵 개발을 동결하는 대가로 1,000MWe급 경수로 2기를 제공하고 연간 중유 50만 톤 등을 제공하기로 합의했다. 그러나 이러한 합의는 얼마 못 가 어긋났다. 교환 가치를 잘못 매겼거나 아니면 서로 자국의 이익을 더 강조했을 수 있다. 북한이 핵 무력 완성을 선언한 지금은 교환을 위한 동등하고 공정한 가치는 상상하기 힘들 정도로 높게 올라갔을 것이라는 건 쉽게 예상할 수 있다.

남북관계에서 엄격한 상호주의는 이명박 정부와 박근혜 정부의 대북정책에서 확연하게 드러난다. 이명박 정부의 대북정책인 '비핵-개방-3000'은 북한이 비핵화를 하고 개방을 하면, 1인당 국민소득을 3,000달러까지 올려주겠다는 구상이었지만 북한의 강한 반발을 샀다. 박근혜 정부의 한반도신뢰프로세스 역시 마찬가지다. 남북 간 갈등의 근본적 원인인 권력투쟁을 줄이기 위해서는 선신뢰 확보가 무엇보다 중요한데, 이런 면에서 보면 가치를 계산하기 전에 신뢰부터 쌓겠다는 구상은 바람직한 모델이 될 수 있다. 북한은 그러나 처음부터 강하게 반발했다.

진보 정부의 포용 정책으로 대표되는 포괄적 상호주의는 일단 북한의 환대를 받았지만 결과적 실패에 머물러 있다. 일부 주장에 의하면 포괄적 상호주의는 그러나 "국력의 차이가 커서 일방적인 양보를 하더라도 자국과 상대국과의 국력 구조를 변화시키지 않는 경우"[340]에만 택할 수 있다.

이로 미뤄보면 진보 정부의 포용정책이 미완성에 머문 것은 교환 가

---

340 박재민, *ibid*, 2001, p. 96.

치적 측면보다 남북 모두 자신의 국력 구조가 변화할지 모른다는 우려 때문이었는지 모른다. 북한을 도와줄 때 발생하는 비용이 사회에 영향을 미칠 수 있다는 남한 내부의 우려와 남한으로부터 도움을 받기 위해 문을 개방할 경우 체제를 위협하는 상황이 올 수도 있을 것이라는 북한의 우려다. 따라서 남이든 북이든 경제나 안보, 체제에 우려가 없을 때 정상적인 상호주의가 작동할 수 있을 것이라는 추정이 가능해진다.

거꾸로 그동안의 상호주의 혹은 지속적인 대화 등으로 남북관계가 발전했다거나 안보 비용 측면에서 이익을 봤을 수 있다고 주장할 수 있다. 그러나 소극적-적극적 평화가 아닌 전쟁 반대개념의 평화는 특정 정권에서만 발생한 게 아니다. 따라서 이를 성과로 자랑할 만한 일이 되지는 못한다. 오히려 북한이 합의마저 저버리는 경우를 보면 남한은 빌려준 돈을 받지 못한 셈이 되거나 그냥 못 받을 셈 치고 빌려준 것이 됐을 수 있다.

문제는 북한은 이것마저 우호적 행동이 아니라고 인식했을 수 있다는 점이다. 만약 북한이 이러한 인식을 했다면 코헤인의 '불균형 교환'의 시각으로 볼 수도 있다. 코헤인은 불균형 교환에 대해 제2차 세계대전 이후 원조를 제공하면서 유럽과 일본에 복종을 교환받으며 이른바 '영향력 효과(influence effect)'를 가져왔다는 설명으로 주장한다.[341] 즉 남한의 우호적 행위가 북한에게는 마치 복종할 것을

---

341 Robert O. Keohane, *After Hegemony*. 로버트 코헤인, 헤게모니 이후 - 세계정치경제에서 협력과 불화, 이상환, 설규상, 김석수, 홍원표 옮김, 2012, pp. 236-243.

강요한 것처럼 비칠 수 있다는 해석이다.

그러나 남북관계에서는 이 같은 불균형 교환이 일어날 수 있다는 것은 상상조차 하기 힘든 일이다. 코헤인에 의하면 불균형 교환의 전제는 어느 한쪽이 압도적 힘을 갖고 있어야 하기 때문이다. 상호주의적 교환이라는 합리성에 근거해 추진됐던 과거의 교환은 북한의 비합리적 행동이 이어지며 단절됐다.

남한은 압도적인 힘이 없음에도 교환이 가능한지 불가능한지 모를 약속어음을 발행하고 있으며 북한 역시 마찬가지다. 오히려 **핵무기**가 불균형 교환의 대표적 **상징**이라면 **영향력 효과**는 남한보다 북한이 더 유리하다. 핵무기를 앞세워 남한을 향해 무엇인가 교환에 나설 경우 이는 상상하기 힘든 결과로 이어질 가능성이 높다. 핵무기가 없을 때와 있을 때의 교환 가치는 상상하기 힘들기 때문이다.

그렇다면 문제는 남한 내부에 있을 수 있다. 엄격한 상호주의든 포괄적 상호주의든 일방에 가까운 상호주의 관점에서 추진된 대북정책은 앞으로도 실효적이지 않을 수 있다. 북한이 합의를 미루거나 핵보유가 더 이익으로 판단하고 있다면 남한은 공수표만 남발할 가능성이 높고, 남남 갈등에 노출되어 있는 남한은 북한보다 더 충격을 받을 수 있다.

2. 상호 실용주의와 이익의 조화

  기존의 상호주의가 그동안 별다른 성과를 이루지 못했다면 상호 실용주의를 일관된 전략문화로 가져보는 것은 어떨까 싶다.

  예를 들어 적대관계의 평판을 얻고 있던 미국과 이란이 핵 협상을 타결한 건 실용주의적 접근에서 비롯됐다는 주장이 있다. 먼저 이란 내 중국의 부상을 막아야 한다는 미국의 입장 변화다. 유달승 교수의 주장에 따르면, 미국 등 서방의 이란에 대한 경제제재의 기회를 틈타 중국이 이란에 접근하고 2009년부터 이란의 최대 교역국이 되면서 중동의 세력 지형의 변화를 우려한 오바마 정부의 선택이 있었다는 것이다.

  2011년 '아랍의 봄' 이후 이슬람국가, IS에 대한 공조를 강화하기 위해 이란과의 관계 개선이 필요했던 것도 주요 요인으로 꼽는다. 또 이란 역시 경제문제 해소를 위해 타협에 힘을 보탰다는 것이다. 핵 합의 2년 전인 2013년 당시 이란의 경제는 심각한 상황이었다. 자국 통화인 리알화 가치가 두 배 이상 폭락하고, 물가상승률은 35%에 이르렀다. 이란 국민은 결국 2013년 대통령 선거에서 중도개혁파인 로하니를 선택했다. 또 최고 지도자인 하메네이가 핵무기 보유와 생산은 이슬람에 반한다는 파트와(Fatwa: 이슬람 율법 해석)를 내리면서 결국 핵 협상 타결의 배경이 됐다는 시각이다.[342]

미국과 이란의 핵 협상 타결은 결국 이란의 선택(파트와)에 더 기인한 것으로 볼 수 있다. 군이 이란 핵 협상 타결을 북한 비핵화의 모델로 삼으려면 북한도 이란처럼 최고 지도자의 결단이 필요하다. 북한의 최고 지도자가 핵무기 보유와 생산은 북한의 혁명전통에 반한다는 해석을 내려야만 하는 것이다.

그러나 이란 핵 합의도 깨졌다. 트럼프 대통령은 이란과의 핵 합의(JCPOA: 포괄적공동행동계획, 2015년 7월 체결) 이후 3년 가까이 지난 2018년 5월 8일 "제재가 풀린 뒤 이란 독재정권은 새로 생긴 자금을 핵미사일 개발과 테러 자금에 동원했다"며 탈퇴했다. 트럼프 대통령은 2016년 미 대선 캠페인 당시 이 합의가 "공정하지 않다"고 주장해 왔는데 이를 행동에 옮긴 것이다. 공정하지 않다는 트럼프의 인식은 상호주의 관점에서 합의가 동등 혹은 공정하지 않다는 것과 부합한 것으로 보인다.

미국과 이란의 핵 합의 과정에서의 실용주의(pragmatism)는 미국의 중동 지배전략, 즉 미국의 중국 견제와 이란의 경제난 타파라는 현실적 이해관계가 뒷받침한다. 이를 북미협상에 적용하면, 미국의 중

---

342 유달승, 이란, 핵 대신 '빵' 선택: 중동, 실용주의 우세 속 종파갈등 심화, CHINDIA Plus, Vol.108 No-[2015], pp. 21-23.

국 견제와 북한의 경제난 타파에 대한 일종의 모델이 될 수 있다.

다만 이란은 이슬람 국가이면서도 대통령이 선거를 통해 바뀌는 민주주의 시스템이 작용하는 점, 중-이란 관계는 북중관계와 달리 혈맹으로 맺어진 사이가 아니며 같은 이념을 공유하는 체제도 아니라는 점이 변수다. 따라서 이란 핵 합의 모델이 북미 핵 협상에 적용되기 위해선 중국식 실용주의로 평가받는 '흑묘백묘론'처럼 북한도 '혁명전통'이 아닌 실용주의를 채택할 때만 가능하다는 결론에 이를 수 있다.

실용주의는 실제 결과가 진리라는 철학사상이다. 미국의 퍼스(C.S. Peirce)에 의해 개념화됐는데, 지식은 실생활에서 검증될 때에만 옳다는 것으로 제임스(William James)에 이르러 오늘날의 개념으로 발전했다. 제임스에 의하면 개개인의 지식은 목적 달성을 위한 도구가 된다. 이러한 개념은 듀이(John Dewey)에 의해 진리는 지식이 아니라 문제 해결의 도구가 되었다. 이에 따라 실용주의에서 이념이나 원칙은 부차적인 것이 된다.[343]

이념이나 원칙이 배제된 철학사상인 실용주의가 정책에 미친 영향은 인도주의적 가치 지향을 실현하는 방법에 실제와 경험을 중요하게 인식한다는 데 있다. 실용주의는 인도주의적 사회를 지향하는데, 인도주의적 사회는 정치적 자유와 경제적 평등을 통해 각자의 자율

---

343 김재관, 정책 기조로서의 실용주의 — 이명박 정부의 실용주의를 중심으로, 한국공공관리학보 22(2), 2008, pp. 11-14.

적인 삶을 추구하는 사회이다.[344]

또 실용주의는 "고정된 원칙에 입각해 실천 방안을 제시하는 것이 아니라, 문제가 발생한 전후 사정을 살피고 적절한 대안을 모색한다".[345] 특히 "현실 경험과 실천을 중시하는데, 어떤 정책이나 주장의 실용성은 현실에 적용할 때 발생하는 결과에 들어 있다".[346] 이에 따라 실용주의는 실천을 통해 증명되고 검증돼야 하기 때문에 과학적 태도를 중시한다.[347]

실용주의가 과학적 태도와 원칙을 강조하고 있다는 점에서 이성이 아닌 감성은 철저히 배제된다. 이는 과거에서 기인한 것인데, 실용주의는 19세기 말 미국의 남북전쟁 이후 발전했다. 당시 미국은 농업사회에서 산업사회로 빠르게 변화했고, 노예제 사회가 시민사회로 발전했으며, 이로 인해 독일의 관념적 세계관이 쇠퇴하고 과학적 세계관이 부상했다. 남북전쟁과 과학의 발전에 따른 사회 분열의 배경 속에 발전했다는 점에서 실용주의는 통합의 철학이라는 점도 강조된다. 이에 따라 실용주의는 현금(현금 가치: cash value)처럼 지식이 실생활에서 바로 쓰일 때 유용하다는 논리로도 불린다.

약소국의 실용주의 노선 가운데 눈길을 끄는 것은 싱가포르다. 1965년 말레이시아 연방에서 독립한 싱가포르는 1981년 외무장관이

---

344 김재관, *ibid*, 2008, p. 18.

345 이유선, 실용주의 철학에 대한 이론적 고찰, 동서사상 8, 2010, p. 79.

346 김재관, *ibid*, 2008, p. 18.

347 김재관, *ibid*, 2008, p. 16.

었던 다나발란(Suppiah Dhanabalan)에 의해 외교안보 정책의 기틀이 만들어졌다. 다나발란은 4개의 정책목표를 제시했는데 변창구는 싱가포르가 헤징(hedging), 균형(balancing), 편승(bandwagoning) 전략에 의거 "첫째, 우호 관계를 원하는 모든 나라와 우호 관계를 수립하고, 둘째, 정치체제와 관계없이 상호 이익이 되면 교역을 하고, 셋째, 강대국 블록화에 대항해 비동맹노선을 견지하고, 넷째, 동남아 안정과 공동번영을 위해 ASEAN 회원국들과 밀접히 협력"[348]하는 것이라고 강조했다. 이것이 바로 싱가포르의 전략문화이다.

남북관계에 상호 실용주의를 적용해야 한다고 주장하는 이유는 현금 가치적 측면, 즉 현실에 맞게 정책을 추진한다는 의미가 될 수 있다. 현실이라 함은 싱가포르의 실용주의 전략문화의 두 번째 개념, 즉 정치체제와 관계없이 상호 이익이 되면 교역을 하는 것을 의미한다. 교역이라 함은 싱가포르의 경우 경제 교류를 지칭하는 것이나, 남북관계에서는 정치-경제-사회-문화 등 전방위적 교류로 바꿀 수 있다.

여기에서 가장 중요한 전제는 상호 이익이다. 상호 이익이 없으면 교류는 중단될 수 있다. 이는 실용주의의 현금 가치 혹은 동등 혹은 등가교환과 맥락이 맞닿는다. 이를 협상이론적 관점에서 살펴보면, 주장을 강요하는 경쟁적 협상이 아닌 협력적 협상에 가깝다. 협력적 협상은 첫째, 파이의 크기를 확대하고, 둘째, 상호 유익한 결과를 도

---

348 변창구, 싱가포르의 실용주의적 안보외교 - 전략적 특성과 함의, 대한정치학회보 20집 2호, 2012, pp. 207-211.

출하며, 셋째, 쟁점을 통합해 가치를 창조하며, 넷째, 공동의 승리를 추구해 서로 이득을 보는(win/win) 개념이다. 남북협상의 결과물에서 이 같은 내용을 만족시킨 적이 있었는가. 오히려 합의에 이르렀어도 불쾌감이 남아있거나 협상자들의 관계를 손상시켰던 경쟁적 협상[349]을 추구하지 않았는지 되돌아볼 일이다.

역대 남한 정부 가운데 실용주의를 기치로 내 건 정부는 이명박 정부다. 북한은 그러나 이명박 정부의 대북정책을 반동적 실용주의라고 비난하며 공격우위의 전략문화를 지속적으로 구사했다. 이에 따라 실용주의가 남북관계를 포함한 남한 외교 안보 정책이 될 수 있는 지에 대해서는 비판적 시각이 존재할 수 있다.

그러나 상호 실용주의는 싱가포르처럼 실리를 위해 모든 것을 열어놓는 것을 의미한다. 이는 바꾸어 말하면, 실용주의의 통합과 합리성을 강조하는 것이기도 하다. 미국이나 이란, 중국처럼 북한도 준비가 돼 있어야 한다. 일각에서는 러시아 푸틴 대통령의 경제 외교정책도 실용주의라는 평가를 받고 있다.[350]

또 북한이 어떤 정책을 취하도록 하는 것은 우리가 강제할 일이 아니며 필요하지도 않다. 상호 이익을 강조하므로 이익이 아니라면 굳이 대화를 먼저 요구할 이유도 없기 때문에 실용주의적 관점에서 남한의 습관적인 대화 요구는 자제돼야 한다. 이는 실용주의가 행위의

---

349 이상철, 김옥준, 국제협상 이론과 실제, 계명대학교 출판부, 2016, pp. 62-69.

350 고상두, 푸틴의 전방의 외교정책: 제국증후군의 극복, 한국정치학회보 2005. vol.39, no.1, p. 351.

완성이 아닌 개선에 주목하고, 해악을 최소화해 개인과 공동체의 성장에 기여하는 행위를 이상적 가치로 제시하고 있다[351]는 점을 따르는 것이다.

따라서 유사전략문화의 대안적 모델의 하나인 상호 실용주의적 대북정책 기조는 첫째, 정치체제와 관계없이 상호 이익이 되면 교류하며, 둘째, 이념보다 상호 행동이어야 하며, 셋째, 현금 가치 측면에서 과정보다 결과를 중시해야 한다. 이를 위해 가장 중요한 것은 국민적 합의를 도출해야 한다.

양분법이 독선적이며 도박적일 수 있다는 폐해를 해소하기 위한 방안의 하나로 가치 중립적이 아닌 인본주의 가치와 민주적 원칙을 모든 외교나 공공정책의 기본 방향으로 제시하자는 '전략적-실용주의' 주장도 제시되고 있다. 전략적-실용주의는 역지사지적 관점으로, 축적된 실용주의 성과를 바탕으로 나아갈 경우 미래에는 문제를 훨씬 해결하기 쉽다는 방안을 담고 있다.[352] 이는 그러나 한편으로 민주주의, 인권, 자유 등의 실현과 촉진 등을 강조하고 있어 이를 외면하고 있는 북한과의 관계개선에 적절한 방안으로 활용될 수 있는지에 대한 의문도 남는다.

상호 실용주의와 함께 남북이 '이익의 조화'를 찾는 방법도 유사전략문화 의 대안이 될 수 있다. 18세기 말 애덤 스미스가 주장한 이익

---

351 주선희, 실용주의는 공리주의인가?, 철학연구 123, 2012.9, pp. 380-382.

352 박성우, 임혜란, 강원택, 신욱희, *ibid*, 2020, pp. 431-436.

의 조화(harmony of interests)론에 대해 E.H. 카는 "개인의 이익을 추구하면서 동시에 공동체의 이익을 촉진하게 되고 공동체의 이익을 촉진할 때 개인의 이익도 동시에 촉진되는"[353]개념이라고 강조했다. 이익의 조화는 시장이 계속 확장된다는 가정에서 비롯됐으며, 카는 이익의 조화론이 당시 폭넓게 인정된 3가지 이유를 다음과 같이 설명한다.

첫째, 새로운 시장의 계속적 등장으로 생산자들의 경쟁도 완화되고, 둘째, 중산층을 창출해 계급 간 갈등을 늦췄으며, 셋째, 복지에 대한 신념을 주어 세계 질서도 조화롭게 한다는 믿음을 가져왔다는 것이다. 당초 이익의 조화의 본질은 공사(公私)간의 경제적 이익이었으나 국가 간 관계에도 적용되기 시작했다. 적대적인 국가들 사이에도 이익의 조화가 가능하다는 믿음을 가져왔는데, 카는 "정치적 의미에서 모든 국가의 이익이 같다는 것은 곧 모든 국가가 평화에 공통의 이해를 갖고 있고, 평화를 해치는 나라는 비합리적이고 비도덕적이라는 것을 의미했다"[354]고 밝혔다.

카는 그러나 국가 간 이익의 조화는 딜레마에 빠졌다고 주장했다. 즉 "평화 유지가 세계 전체에 이익이라는 이상주의적 가정은 한편으론 평화를 위해 현상을 유지하려는 측과 현상변경을 통해 평화를 유지하려는 측 간의 이익의 갈등을 불러올 수밖에 없다"[355]는 설명이

353 E.H. Carr, *ibid*, 2014, pp. 68-69.

354 E.H. Carr, *ibid*, 2014, p. 79

355 E.H. Carr, *ibid*, 2014, pp. 80-81

다. 특히 식민지 정책으로 전환되던 19세기에서 20세기로 넘어가는 시기에 이익의 조화는 이익의 충돌로 전환했다는 것이 카의 시각이다. 카는 특히 "1차 세계대전 이후 승자와 패자 간의 이익의 조화를 더는 믿지 않게 되었고 경쟁국을 제거하는 것이 목표가 되었으며 국제문제에서 도덕을 도출하는 것도 가능하지 않게 되면서 이익의 조화를 핵심으로 한 이상주의 전체 구조가 붕괴했다"[356]고 강조한다.

전간기(interwar period, 1918년~1939년)에 이익의 조화가 이익의 충돌을 불러왔다는 카의 분석은 대체로 맞아 떨어졌다. 제1차 세계대전의 교훈은 전쟁을 막지 못했으며 제2차 세계대전을 불러왔다. 제2차 세계대전 기간 중 미국은 핵무기 개발에 열을 올렸고, 제2차 세계대전이 끝난 뒤 소련 역시 핵 경쟁에 뛰어들었다. 세계 각국은 생존과 이익을 위해 국방력을 강화했고, 협력과 평화를 강조했던 이상주의 이론은 안보와 권력을 추구하는 현실주의 이론으로 대체됐다. 이 기조는 오늘날에도 변함없이 지속되고 있다.

폐기되다시피 한 오래된 이상주의 개념 가운데 하나인 이익의 조화를 제시한 이유는 남북이 어쩌면 '한반도 전간기'를 보내고 있다는 판단 때문이다. 평화를 위해 현상을 유지할 것이냐 아니면 현상변경을 통해서라도 평화를 유지할 것이냐 하는 것에 대한 시각을 고찰하기 위함이다. 카의 설명처럼 초창기 이익의 조화론이 국제정치 측면에서 환대받은 가장 큰 이유는 모든 국가는 평화를 사랑할 것이고

---

356 E.H. Carr, *ibid*, pp. 89-91, 2014

그 이유는 그렇게 해야 이익이라는 믿음 때문이었다. 따라서 한반도에서 이익을 조화시키려면 남북 모두 평화를 사랑할 것이라는 믿음을 갖고 있어야 한다.

그러나 이러한 믿음이 남북 간에 존재하지 않거나 한쪽만 그렇게 생각하는 경우, 또 말과 행동이 다른 상황이 지속되고 있다면 평화를 위해 현상을 유지할지 아니면 현상변경을 통해서라도 평화를 유지할지를 선택해야 한다. 남한이 협력과 평화를 강조하는 방어우위신화를 구축해 온 점을 감안하면 소극적 혹은 적극적 평화를 좌우하는 것은 북한이다. 북한이 도발을 멈춘다면 갈등과 충돌이 줄어들 것이다. 그러나 공세적 전략문화를 지속적으로 추구한다면 '이익의 조화'가 실패하지 않도록 선제적으로 조치를 취해 나가야 한다. 북한의 전략문화인 공격우위신화를 감안하면 가장 가능성이 높은 것은 현상변경을 통해 평화를 유지하는 방안이다.

현상변경의 방법으로는 대화와 타협, 억제와 징벌 등의 수단이 있다. 대화와 타협은 정치 우선의 수단이고 억제와 징벌은 군사-경제에 의한 조치이다. 억제와 징벌은 대화나 타협의 실패를 전제한다는 점에서 종속적이다. 그러나 억제와 징벌이 안보-경제와 직결된다는 점을 감안하면 한반도에서의 억제와 징벌도 실효적이지 않다. 징벌의 경우 전쟁도 불사해야 한다는 점을 가정해야 하기 때문이다. 평화를 위해 전쟁을 할 수 있다는 극단적인 가정은 앞뒤가 맞지 않으며 평화와 협력의 방어우위신화를 구축해 온 남한의 경우 북한의

'확증적 공격징후'[357]가 없는 한 먼저 전쟁을 개시하는 건 불가능하다. 따라서 현상변경의 평화유지 방안에서 전쟁은 제외한다.

남은 징벌 수단은 제재와 억제인데 북한의 군사도발 사례에서 보듯 억제는 지금까지 북한의 도발을 막지 못했다. 제재의 경우에도 지금까지 남한 단독 혹은 국제 사회의 대북제재가 북한의 추가 도발을 막지 못했다. 대북제재가 취해질 때마다 북한은 도발을 멈추지 않았으며 이에 따라 남북은 1990년 이후 수십 년간 칸트의 영구평화나 갈퉁의 적극적 평화를 달성하는 데 실패했다. 따라서 영구평화가 아닌 평화적 공존 개념으로 보면 이미 평화가 진행 중인 상태의 남북은 평화를 목표로 접촉하거나 대화를 시도할 필요성도 사라진다. 제2차 세계대전 발발로 실패로 끝난 이익의 조화를 반복하지 않기 위해서는 지금으로서는 균형, 즉 억제로 이익의 조화, 즉 평화를 이루는 것이 최선의 방안이 될 수밖에 없다.

이렇게 이익의 조화를 추구하더라도 상호 실용주의는 철저하게 관철되어야 한다는 문화를 만들어야 한다. 그 예로 메스키타와 스미스의 주장을 참고할 필요가 있다. 이들은 제2차 세계대전 직후인 1946년부터 1952년까지 이뤄진 마셜 플랜(요즘으로 치면 돈 풀기)을 통해 공산주의에 대항하는 미국의 정책목표를 이루는 데 성공했지만 그 이후는 마셜 플랜을 재현하는 데 실패했다고 주장한다. 그러면서 독재

---

357 '확증적 공격징후'란 군의 '작전계획(Operational Plan:OPLAN) 5015'에 따른 것이다. '작계5015'는 북한의 남침 상황과 북한의 핵·미사일 등 대량살상무기(WMD: Weapons of Mass Destruction))의 공격징후가 확증적으로 포착될 경우 선제타격의 내용을 포함했다. 정용수·이지상 기자, 공격형 '작계'로 바꾼 한미, 북한 남침 땐 동시 선제타격, 2015.8.27 참조.

국가에 대한 원조 실패를 꼽는다.

즉 독재 국가의 경우 지도자가 자신의 생존을 위해 원조자금을 국민이 아닌 승리연합에 제공하고 권력을 장악하는 수단으로 사용하는 만큼 원조 혹은 기부는 목표를 성취한 경우에만 지급하는 에스크로 제도를 활용할 것을 권고하고 있다.[358] 현재 유엔은 메스키타와 스미스의 주장처럼 상호주의의 동등 교환이라는 기조 아래 대북제재를 진행하고 있는 것으로 판단된다. 주민들에게 제대로 배분되는지 철저하게 모니터링을 할 수 있어야만 지원이 가능하다는 것을 북에 요구하고 있다.

---

358 Bruce Bueno de Mesquita, Alastair Smith, *ibid*, 2012, pp. 278-296.

3. 경쟁과의 공존, 로크적 문화

웬트에 의하면 **로크적 문화**는 상대방을 **경쟁자**로 보고 **공존-공생**을 하는 것이 평화를 지키는 길이라고 설명한다. 그러나 평화의 가장 큰 모범은 칸트적 평화이다. 상대방을 친구로 보고 우정을 교류하며 영구적 평화를 달성하자는 게 칸트적 평화이다. 칸트적 평화는 그러나 모든 국가는 평화를 사랑할 것이라는 전제가 있다.

칸트가 말한 국가 간의 영구평화를 위한 예비 조건을 보면, "첫째, 전쟁의 화근이 될 수 있는 조항을 두고 맺은 조약은 평화조약이 아니라 휴전이며, 둘째, 어떠한 국가도 다른 국가의 소유로 전락되어서는 안되며, 셋째, 전쟁을 준비하는 상비군은 폐지되어야 하며, 넷째, 전쟁 준비에 소요되는 국채는 발행되어서는 안되며, 다섯째, 어떠한 국가도 다른 국가의 체제와 통치에 폭력으로 간섭해서는 안된다"[359] 고 주장한다.

---

[359] Immanuel Kant, Zum ewigen Frieden. Ein philosophischer Entwurf. 임마누엘 칸트, 영구 평화론 — 하나의 철학적 기획, 이한구 옮김, 2008, pp. 16-23.

그러나 오늘날 국제관계는 칸트적 평화와는 거리가 멀다. 거의 모든 국가가 전쟁이나 국가안보에 대비한 군대를 보유하고 있으며 세계 곳곳에서 분쟁과 갈등, 전쟁이 계속되고 있다. 특히 남북은 전쟁의 화근이 남겨진 휴전상태다. 이러한 국제정치의 현실을 감안해 웬트는 공존-공생 개념의 '로크적 문화'를 제시한 것으로 보인다.

로크적 문화의 특징은 협력을 통한 평화를 추구하는 것이다. 웬트에 의하면 협력을 추구하는 로크적 문화의 상태에도 전쟁 등 지속적인 폭력이 일어난다. 로크적 문화로 생각할 수 있는 개성공단이나 금강산 관광, 이산가족 상봉 행사는 지속성을 갖추는 데 실패했다.

웬트가 로크적 문화로 발전시킨 존 로크(John Locke)의 정치사상은 공동선을 강조하고 있다. 홉스(Thomas Hobbes)는 인간은 원래 악하게 태어났기 때문에 사회에서 평화를 유지하기 위해서는 강한 권력이 필요하다고 주장한 반면, 로크는 인간은 합리적이며 사회는 공동선을 위한 공동체로 시작한 것이라고 강조한다.

로크적 문화에서 협력이 강조될 수밖에 없는 이유는 여기에 있다. 공존은 "서로 위해를 가하지 않고 시공간을 공유하고 있는 상태"나 "하나 이상의 것이 함께 존재하는 것"[360]을 의미한다. 또한 "두 사회의 공존은 협력 의지 등을 전제로 한다"[361]는 시각도 있다.

그러나 남북관계에서의 시공간은 한 국가가 아니라 한반도 전체를

---

[360] 천경효, 적극적 평화로서의 공존의 가치, 통일과 평화, 11(2), 2019, pp. 75-76.

[361] 김진환, 북한사회와 자본주의 세계의 공존 - 이론과 가능성, 북한학연구 제14권 제1호(2018), pp. 8-9.

남북 두 나라가 공유하는 것이어야 한다. 공존은 갈등이 해소된 상황이 아니라 갈등이 존재하더라도 협력 의지만 있으면 갈등을 피해 평화 상태로 나아갈 수 있다는 개념이다. 웬트가 로크적 문화에서 국가 간 관계를 경쟁으로 보고 **공존 개념**을 제시한 이유도 여기에 있는 것으로 보인다. 따라서 남북관계 역시 통일이나 통합이 아닌 공존 개념으로 가는 것이 현실적이고 이것은 결국 **유사전략문화**를 대체하는 **상징어**가 될 수 있다.

2019년 12월 12일 통일연구원의 '2016-2019 통일의식조사' 분석 결과를 보면 남북한이 평화적으로 공존할 수 있다면 굳이 통일을 할 필요가 없다고 생각하는 국민이 매년 증가하고 있는 것으로 나타난다.[362] 이 같은 조사 결과는 역대 정권 사상 가장 거대하게 한반도 평화 드라이브를 걸던 문재인 정부 시기에 나온 것이어서 흥미롭다. 국민 눈에는 문재인 정부의 대북정책이 전략문화적 접근이 아닌 일시 전략적, 정치적 접근으로 보였을 수 있기 때문이다.

이 여론조사는 2019년 북미 하노이 노딜 이후 북핵 협상이 주춤하던 시기에 조사된 것이어서 여론은 조건에 따라 흔들린다는 측면도 보여주고 있다. 또 지난 여론의 흐름을 보면, 박근혜 정부 때부터 문재인 정부에 이르는 동안 통일보다 공존 여론이 일관성 있게 높아진 점이 눈에 띈다. 2021년 9월 아산정책연구원이 발표한 '한국인의 외

---

362 통일연구원이 2019년 12월 12일 '통일연구원 리서치 페스티벌'을 통해 발표한 것으로 '남북한이 전쟁 없이 평화적으로 공존할 수 있다면 통일은 필요 없다'는 의견에 동의한 비율이 2016년 43.1%, 2017년 46.0%, 2018년 48.6%, 2019년 49.5%로 매년 증가했다. 반면 통일해야 한다고 응답한 비율은 같은 기간 37.3% → 31.7% → 32.4% → 28.8%로 하향 추세를 나타냈다. 연합뉴스, 2019.12.12.

교안보 인식(2010년~2020년 아산연례조사 결과)'에서도 흥미로운 결론이 도출되고 있다. 통일 방식에 대해 절반이 넘는 52.1%가 2체제 공존 방식에 의한 통일을 꼽았다. 45.9%는 남한식 체제로의 통일을 지향했다.[363]

특히 서울대 통일평화연구원의 조사 결과에서는 통일이 필요하다 (매우, 약간)는 의견은 44.6%로 2007년 조사를 시작한 이후 최저치를 보였다. 또 20대의 통일에 대한 부정적 응답 비율이 42.9%, 30대는 34.6%로 나타나는 등 젊은 층에서 통일에 대한 부정적 인식 비율이 높았다.[364] 이러한 현상이 하나의 문화로 굳어진다면 향후 전략공동체의 전략문화 형성과정에 영향을 미칠 수 있을 것이라는 판단이다.

문제는 어느 일방이 정치-경제-군사적으로 압도적 우위에 있다면 공존을 계속해서 의심할 수 있다. 따라서 미국을 등에 업은 남한이라고 주장하는 북한이 남한의 흡수통일 시도를 계속해서 의심하고, 남조선 혁명 전략을 고수하는 한 공존은 어려운 게 현실이다.

다만 남한이 공존의 일관성을 유지하겠다는 신뢰와 평판을 얻는다면 불가능한 일도 아니다. 또 국제 사회는 국가는 이익을 위해 끊임없이 갈등하고 경쟁하고 협력하고 타협하는 합리적 행위자임을 보편적으로 인정하고 있다. 따라서 남북을 독립 국가로 규정하면 민족이 아닌 국익이 더 우선시돼야 한다.

---

363 제임스 김, 강충구, 함건희, Asan Report 한국인의 외교안보 인식: 2010-2020 아산연례조사 결과, 2021, p. 17.

364 서울대 평화통일연구원, 2021 통일의식조사, 통일과 평화 시대와 세대 앞에 서다, 2021, p. 9.

이와 관련해 남한의 보수-진보 정부가 남북관계를 이분법으로 구분하고 있다는 주장이 있다. 김형석은 보수 정부의 경우 북한을 국가 관계로 접근하고 국가 이익의 일차적 목표가 안보에 있다고 판단하며, 진보 정부는 북한을 민족 중심적 시각에서 남북문제는 민족 내부 문제로 접근하는 경향이 있다고 설명한다. 따라서 보수는 북한을 선(善)보다는 악(惡)으로 보기 때문에 흡수통일 대상으로 여기지만 진보는 민족 중심적 사고에서 북한을 화해와 협력의 대상으로 인식한다고 주장한다.[365]

그러나 전략문화적 접근법인 문맥 분석을 통해 보면 남한 전략공동체 지도자들은 보수-진보 정부 할 것 없이 국가보다는 민족을 우선하는 메시지를 발신하는 경향이 나타난다. 특히 이 같은 경향은 1992년 남북기본합의서에서부터 2018년 판문점 선언과 평양공동선언에 이르기까지 남북관계가 순항을 거듭하던 시기에는 민족 개념이 일관된 상징어로 제시되고 있음이 확인된다.

예를 들어 1992년 2월 19일 발효된 남북기본합의서는 "남북은 분단된 조국의 평화적 통일을 염원하는 '온 겨레'의 뜻에 따라…(중략)"로 시작해 "민족의 공동이익과 번영을 도모하며…(중략)…쌍방 사이의 관계가 나라와 나라 사이의 관계가 아닌 통일을 지향하는 과정에서 잠정적으로 형성되는 특수관계라는 것을 인정하고…(생략)"로 끝나면서 4장에 걸친 합의문을 발표했다.

---

365 김형석, 역대 정부별 북한 인식과 대북정책 상관성에 관한 연구, 경기대 정치전문대학원 박사학위 논문, 2011, p. 21.

또 2000년 6월 15일 김대중 대통령과 김정일 국방위원장 간의 6·15 공동선언은 제1항에 "남과 북은 나라의 통일문제를 그 주인인 우리민족끼리 서로 힘을 합쳐 자주적으로 해결해 나가기로 하였다"고 명시하고 있으며, 2007년 4월 노무현 대통령과 김정일 국방위원장 간의 10.4 공동선언 역시 "쌍방은 우리민족끼리 뜻과 힘을 합치면 민족번영의 시대, 자주통일의 새 시대를 열어나갈 수 있다는 확신을 표명하면서…"로 시작해 시종일관 민족을 앞세운 합의문이 작성됐다.

2018년 4월 문재인 대통령과 김정은 국무위원장 간의 판문점 선언도 "한반도에 더 이상 전쟁은 없을 것이며 새로운 평화의 시대가 열리었음을 8천만 우리 겨레와 전 세계에 엄숙히 천명한다"고 명시한 뒤 민족의 혈맥을 이을 것을 강조하고 있다. 그해 9월에 두 정상 간의 평양공동선언에서도 "민족자주와 민족자결의 원칙을 재확인하고, 남북관계를 민족적 화해와 협력, 확고한 평화와 공동번영을 위해 일관되게 지속적으로 발전시켜 나가기로 하였으며…(생략)"로 시작하고 있다.

특히 노태우 정부 때 체결된 남북기본합의서는 남북은 국가와 국가 사이가 아닌 통일을 위한 특수관계로 규정하고 있다. 따라서 보수-진보 정부의 대북인식이 국가 대 민족 개념으로 처음부터 설정된 것이 아니라고 보는 것이 타당할 수 있다.

위 합의서에서 지속적으로 나타나는 민족 개념이 전략문화에서 강조되는 하나의 상징어이자 남북관계를 나타내는 인식 기준을 제공한다고 볼 수 있다. 그러나 이러한 인식은 남북관계가 적대적 상태가 아닌 화해-협력적 상태에 있을 때만 가능했다는 것은 그동안의 남북관계를 봤을 때 확인되고 있다. 따라서 남북관계에서 나타나는 민족개념은 영구불변의 개념이 아닐 수 있는데, 보수-진보 정부의 반복되는 개념 혼선이 결국은 대북정책의 한계를 드러내고 있다고 보아도 무방할 것이다.

이 책의 첫 장에 통일은 이상적인 개념이라고 설명했는데 남북은 통일을 민족문제로 접근하는 경향이 강하다. 그러나 같은 민족이라는 이유로 통일을 해야 한다거나 평화를 달성해야 한다는 논리가 맞지 않는 사례는 많다. 1차 세계대전 이후 민족자결 조건에서 국경선 재조정을 주장했던 윌슨 미 대통령의 이상주의 논리는 2차 세계대전이 발발하며 무너졌다. 국가 간에는 민족 혹은 도덕적 이상주의가 아닌 냉정한 현실만 존재한다는 점이 확인됐다.

2민족(자본주의적 민족과 사회주의적 민족)론을 내세우며 통일에 소극적인 동독과 1민족 1국가 2체제론을 앞세운 서독이 통일로 나아가게된 결정적 계기는 1989년 이후 소련 공산 체제의 해체에서 비롯됐다. 또 남북 베트남의 통일은 무력 통일이었으며, 독일 통일보다 4개월 앞섰던 예멘은 1991년 5월 새 통일헌법에 대한 국민 투표에서 투표 참여자의 98.3%가 압도적으로 찬성했지만 4년 만에 무력 충돌을 빚었고,[366] 지금은 내전 상태가 진행 중이다.

---

[366] 통일부, 예멘통일 살펴보기: 합의통일과 재분단 (https://blog.naver.com/PostView.nhn?blogId=gounikorea&logNo=221787613199), 검색일, 2021.7.20.

우리가 민족을 강조하는 것과 달리 유엔의 집단안보 시스템은 국가중심적이다. 국경을 침범할 때에만 집단안보가 적용되는데 대한민국 헌법이 한반도와 그 부속 도서를 영토라고 규정하고 있다면 남북이 서로 충돌할 경우 민족 간 내분이지 국가 간 전쟁이 아닐 수 있다. 따라서 유엔의 집단안보 적용 대상에서 벗어날 수 있다. 법적으로 대한민국 헌법과 유엔헌장이 충돌할 수 있기 때문에 헌법의 수정을 필요로 하는 상황이 생긴다.

또 남북이 강조하는 민족 개념이 충돌할 수 있다. 이른바 민족자결을 누가 결정하느냐 하는 문제인데 강대국에 둘러싸인 한반도의 지정학적 조건상 남북 민족이 자결을 결정하는 데 제한이 따른다. 국제 사회를 향해 민족자결을 주장할 수 있는 조건이 형성되려면 일차적으로 당사자인 남북 간 협력이 가장 중요하나 현실은 협력보다 대립과 갈등이 더 크다.

조셉 나이는 "오늘날 세계에서 단일민족국가는 10%도 되지 않는다. 한 인종 집단이 전체 인구의 75%를 차지하고 있는 국가는 세계 국가의 절반뿐이며, 아프리카는 대략 1,000여 개의 민족을 나눠 50여 개 국가에 밀어 넣은 대륙"[367]이라고 밝혔다. 이는 세계가 한민족을 이유로 통일을 하거나 평화를 이뤄야 한다면 무수히 많은 숫자의 국가가 만들어졌어야 했다는 역설적 추정이 가능하다. 민족이기 때문에 통일해야 한다는 논리가 한계에 직면하고 있는 것이다.

---

367 Joseph S. Nye, *ibid*, 2009, pp. 414-416.

또 21세기 정치학 대사전은 "민족이란 일반적으로 동일한 지역에서 장기간의 공동생활을 통해 언어, 종교, 풍습, 정치, 경제, 문화, 역사 등을 갖는 인간집단"으로 규정하면서도 "동일한 명칭이나 문화적 요소를 공유하고 공통으로 거슬러 올라가는 신화나 공통의 역사적 기원을 갖는 사람들로 이루어진 집단이 어떤 특정의 영역에서 자신들을 결합하여 연대감을 갖는 존재라고 이해되는 것이 보통"이라고 밝히고 있다.

이는 70여 년 흩어져 살아온 남북이 민족을 강조하기 어려운 부분이 있음을 제시해 준다. 또 친밀감이 아닌 적대감에 휩싸인 남북을 한민족으로 부를 수 있을지에 대한 사회학적 요소도 존재한다. 베네딕트 앤더슨(Benedict Anderson)은 민족의 개념에 대해 "자기 동료들을 알지 못하거나 만나지 못하며 그들의 이야기도 듣지 못하지만, 구성원 각자의 마음에 서로 친교(communion)의 이미지가 살아있기 때문에 상상된 것"[368]이라고 정의했을 정도다.

한스 모겐소는 19세기와 20세기 민족의 공통점에 대해 "정치적 충성심과 행위의 궁극적인 준거점"만 있다고 강조한다. 그러면서 "민족주의는 개별 국가의 외교정책과 동일시되기 때문에 외교정책에 규제력을 발휘할 수가 없다"고 주장했다.[369] 이를 근거로 보면 지금처럼

---

368 Benedict Anderson, *Imagined Communities: Reflections on the Origin and Spread of Nationalism.* 베네딕트 앤더슨, 상상의 공동체 – 민족주의의 기원과 전파에 대한 성찰, 윤형숙 역, 2002, p. 25.

369 Hans J. Morgenthau, *Politics Among Nations.* 한스 모겐소, 국가 간의 정치 2, 이호재, 엄태암 옮김, 2014, pp. 28-30.

민족을 앞세우는 남북관계는 진영 간 정치적 충성심 때문에 규제력을 발휘하지 못하며 대북정책도 정권의 유불리만 강조하는 자기중심적 정책만 양산할 가능성이 높다. 따라서 남북은 우리 민족끼리를 강조하기보다 두 개의 국가라는 점을 인정하고 국가 간 협력을 위한 방안을 모색하는 것이 현실적이다.

한스 모겐소도 "남북 간 갈등은 국가 간(inter-state) 갈등으로 규정할 수 있다"[370]고 밝힌 바 있다. 결론적으로 그간의 남북 간 친교는 민족운동이나 민족국가를 강조하던 19세기 혹은 20세기적 민족주의 개념에 따른 일종의 이벤트에 불과했으며 다소 오래 유지되던 개성공단이나 금강산 관광은 국가 간 충돌과 갈등 속에 폐쇄된 것으로 보는 것이 합리적이다.

또 과거 민족을 내세우며 진행된 남북협상은 군사적 긴장 완화, 민족 화해와 교류, 경제협력, 평화 공존, 평화통일 등 다섯 가지 키워드가 존재한다. 민족을 앞세운 이 같은 남북관계가 결과적 효과를 가져오지 못했다는 점에서 이제 국가 대 국가의 협상으로 전환해야 할 시점이라는 판단이다.

예를 들어 개성공단을 평화사업 혹은 남북협력의 상징[371]으로 내세울 게 아니라 처음부터 국가 경제, 즉 국가의 상호 이익을 강조해

---

370 이준희, 신년사로 본 김일성 김정일의 대남인식과 대남정책 비교, 아태연구 18(2), 2011, p. 53.

371 정용석, 통일경제특구 조성과 개성공단 발전에 관한 실증 연구, 고려대학교 대학원 박사학위 논문, 2015, p. 105 이 논문에서는 "역대 모든 정부가 개성공단에 대해 평화적 분위기를 확대하는 것으로 간주했다"고 밝혀 개성공단이 단순히 경제적 상호이익을 넘어 정치적 의미도 있음을 강조한다.

야 한다. 이러한 상징화를 전제로 대북정책의 기조를 바꿀 수 있다. 삼성을 비롯한 우리 기업들이 사회주의 국가인 중국과 베트남 시장에 진출한 것도 기업의 이익을 위해서였지 같은 민족이기 때문은 아니었을 것이다.

이러한 인식의 토대는 남남 갈등 해소에도 긍정적으로 작용할 가능성이 높다. 2020년 아산정책연구원의 북한 이미지에 대한 조사를 보면, 전체 응답자 가운데 43.9%가 독재 국가를, 21.8%는 적대 국가라고 답변했다. 국가가 아닌 동포 혹은 민족이라고 답한 비율은 12.7%에 그쳤다.[372]

북한의 행태를 보면 남한의 진보 정부에 유독 호응하는 모습을 보이고 있다. 북한의 기회주의적 습성이 1차 요인이겠지만 일관성 없는 남한의 대북정책도 돌아볼 필요가 있다. 기회만 되면 공세적 전략문화로 회귀하는 북한의 습성을 줄여나가기 위해서는 남한도 일관된 정책이 필요하며 이를 위해 정책 추진과정에서 전략공동체의 일방적 결정이 아닌 국내적 합의가 무엇보다 중요하다는 결론에 이르게 된다.

---

372 아산정책연구원, '한국인의 대북인식' 여론조사, 2020.11.12.

북 핵 가스라이팅

'가스라이팅'은 1930년대 말 스릴러 연극 '가스 라이트(Gas Light)'에서 유래된 것으로 알려져 있다. 최근 들어 타인의 심리를 무력화시켜 지배력을 강화한다는 의미로 자주 사용된다. 지배력을 강화하겠다는 말은 타인에 대한 권력을 강화하겠다는 말과 다름없다. '나의 의지를 남에게 강요하는 힘'을 권력으로 정의한 한스 모겐소의 말을 빌리면, 상대적 힘이 앞선 국가가 그렇지 못한 국가에 강요하는 것 또한 가스라이팅으로 볼 수 있다.

의지를 강요한다는 점에서 가스라이팅을 하는 가스라이터는 상대방보다 더 많은 힘을 갖고 있어야 한다. 재래식 무기에 열세인 북한이 핵을 보유하려고 하는 것도 마찬가지다.

그러나 1945년 8월 일본에 핵무기가 첫 투하된 후 핵은 더 이상 사용되지 않았다. 엄청난 파괴력에 놀라 핵을 먼저 개발한 강대국을 중심으로 전쟁 억제의 수단으로만 작용해 왔다. 그런데 북한은 공격 수단으로 사용하겠다는 위협도 서슴지 않는다. 핵을 앞세워 일종의 가스라이팅을 추구하는 게 아니냐는 의심이 들기에 충분하다.

가스라이팅은 범죄다. 오랜 기간 후유증에 시달리게 하거나 어떤 경우에는 극단적인 선택으로 몰아가는 상황을 감안하면 강력한 처벌이 필요하지만 현실은 그렇지 않다. 물리적 피해와 정신적 피해의 인과 관계를 놓고 다툼이 계속되기 때문이다. 여기에 딜레마가 존재한다. 처벌을 법에만 맡겨야 하는지 법이 멀다면 스스로 힘을 기르는 것이 맞는지를 놓고 고민에 빠질 수 있다.

5년 만에 진보 정부에서 다시 보수 정부로 바뀌었다. 윤석열 정부의 대북정책 '담대한 구상'을 보면 과거 보수 정부의 대북정책으로 회귀하는 양상이다. 아직 평가하기에는 이르지만 과거와 다른 모습도 발견된다. 과거 보수 정부 내 강온파 간 논란이 있었던 것과 달리 이번에는 아직까지 이러한 모습이 발견되지 않고 있고 좀 더 원칙론에 가까운 것으로 보인다. 대화와 협력을 통한 평화라는 이상론을 앞세웠던 문재인 정부와 달리 윤 정부는 현실주의, 실용주의적 관점을 통한 평화를 강조하고 있다. 이명박 정부의 비핵-개방-3000과 비슷한 대북정책이라는 평가도 제기된다.

유사전략문화적 행태도 재등장했다. 발사체에서 미사일로 상징적 용어가 바뀌었고 국방목표의 이행 개념으로 북한 정권과 군대는 적이라는 개념도 다시 강조된다. 북한의 미사일 발사에 대해 문재인 정부에서는 무력시위나 위협이라는 표현을 주로 사용했지만 윤석열 정부에서는 직접적 침해가 아니더라도 도발로 규정한다. 보수 정부와 진보 정부 모두 평화를 강조하고 있지만 평화를 달성하기 위한 방법과 수단은 이렇게 상이하다. 서로 제자리를 찾아가는 정책이 계속 되풀이되면서 남한 정부의 유사전략문화적 행태는 지속될 가능성이 높다.

북한 역시 마찬가지다. 노동당 부부장 김여정은 2022년 8월 18일 담화에서 윤석열 대통령이 밝힌 비핵화 로드맵 담대한 구상에 대해 "실현과 동떨어진 어리석음의 극치"라며 비난한 뒤 "절대로 상대해 주지 않을 것"이라며 거부 의사를 밝혔다.

이는 2019년 1월 신년사에서 "조선 반도에 항구적이며 공고한 평화 체제를 구축하고 완전한 비핵화로 나가려는 것은 불변한 입장"이라던 김정은의 의지가 다시 과거로 회귀했음을 알린 것이다. 북한은 신년사 이후 전술핵 탑재가 가능한 여러 전략무기들을 시험 발사하면서 핵 개발의 일관성을 유지하고 있다.

남북관계뿐만 아니라 스나이더가 1970년대 소련의 전략문화를 공세적으로 지적했듯이 러시아는 우크라이나를 공격하며 팽창주의적 전략문화를 계속 유지하고 있는 모습도 확인된다. 또 중국의 전략문화가 공자-맹자 패러다임이 아닌 공세적이었다는 존스턴의 연구대로 시진핑 시대 중국은 패권의 범위를 해상으로 확대하는 전략문화를 갖추며 팽창 전략을 구사하는 중이다.

전략문화 개념을 통해 남북관계의 이면을 살펴보려는 것도 이러한 다양한 시각을 얻기 위함이다. 예를 들어 과거 두 차례의 세계대전은 식민지 쟁탈전, 민족주의 심화, 집단안보와 세력균형 실패, 과대팽창 욕구, 경제적 대공황 등이 주요 원인으로 거론된다. 그러나 공교롭게도 독일의 경제력이 급부상하는 시점에 양차 세계대전이 발발했다며 경제력 부상과 전쟁과의 연관성을 제시하는 연구도 있다.

조지프 나이는 "1890년 독일 중공업이 영국을 넘어섰고, 20세기

초 독일의 GNP(국민총생산) 생산 속도가 영국의 두 배에 달했으며 1860년 전 세계 25%에 달했던 영국의 산업생산량이 제1차 세계대전 직전인 1913년에는 10%로 축소됐지만 독일은 15%로 늘었다"고 분석한다. 그러면서 "독일은 이 산업생산력의 일부를 대규모 해군 증강(tirpitz: 티르피츠 계획)에 투입했다"[373]는 것이 그의 시각이다.

또 공격적 현실주의로 유명한 미 시카고대 미어셰이머(John J. Mearsheimer) 교수는 "제2차 세계대전 발발 9년 전인 1930년 철강 생산량과 에너지 소비량을 기준으로 측정한 유럽 각국 경제력의 상대적 비중에서 전범국 독일은 33%로, 영국(27%)과 프랑스(22%), 소련(14%)에 압도적인 우위를 차지했으며 전쟁 발발 직후인 1940년에는 36%까지 치솟았다"[374]고 밝혔다.

이는 남중국해 일대에서 일어나는 미중 간 갈등이 중국의 전략문화가 변화하면서 비롯되고 있는 것이라는 시각을 제공해 준다. 책에서 언급했듯이 일본을 제치고 경제력이 급상승한 2010년 이후부터 중국의 전략공동체가 육상 중심의 전략문화를 해상으로 바꾸고 있는 과정이라면 앞으로 해상으로의 팽창은 오랜 기간 계속될 것이다. 중국이 이러한 전략문화를 지속적으로 과도하게 추진할 경우 과거 육상에서 주변국을 상대로 그랬던 것처럼 미국과의 충돌도 불사할 것이란 전망을 낳게 한다.

---

373 조지프 나이, 국제분쟁의 이해 이론과 역사, 2009, p.127. 책에서는 조지프 나이와 조셉 나이를 혼용해 썼다. 책의 표기와 영어의 한글 표기를 준용한 것이다.

374 존 미어셰이머, 강대국 국제정치의 비극 – 미중 패권경쟁의 시대, 이춘근 옮김, 2018, pp. 123-127.

따라서 이 책에서 언급하는 전략문화 개념도 남북관계를 분석하는 또 다른 아이디어가 될 수 있다는 것을 제시한 것이다. 이는 남북한에 전략문화적 특성이 형성되기까지 수많은 변이가 발생했고 자신의 규칙을 만드는 과정에서 여러 요인들이 있었기 때문이다.

전략문화 접근법은 해당 국가의 습관적인 행태를 분석해 국가나 전략공동체가 추구하는 신념이 무엇인지를 규명하는 방법이다. 따라서 정책형성이나 대안을 제시하는 방법으로는 부적절할 수 있다. 그러나 지난 30년간 남한 대북정책의 비일관성이 북한에게 도발의 빌미를 주고 있을 수 있다면 일관성을 강조하는 전략문화를 만들고 이를 대북정책의 기조로 삼아보는 것도 중요할 수 있다.

2020년 9월 문재인 정부의 이인영 통일부 장관이 "지속 가능한 남북관계와 일관성 있는 대북정책을 위해 무엇이 필요한지를 고민하고 있다"고 밝혔고, 윤석열 정부의 권영세 통일부 장관도 2022년 6·15 공동선언 22주년을 맞아 "남북관계가 힘든 시기이지만 일관성 유지가 최선의 길"이라고 강조한 바 있다. 두 전현직 장관이 언급한 일관성의 의미가 서로 다른 의미일 수 있겠지만 역설적으로 일관성 없는 대북정책은 유효하지 않다는 점을 서로 시인한 것으로도 볼 수 있다.

이 책에서 대북정책의 대안 담론으로 언급하고 있는 상호 실용주의나 이익의 조화, 공존을 지향하는 로크적 문화는 일관성을 유지하는 여러 정책 방향 가운데 하나가 될 수 있지 않을까 하는 판단이지만 지금은 북한의 핵이 거의 모든 남북관계를 결정하고 있다.

이상주의와 현실주의를 번갈아 경험했던 한반도에서 가장 바람직한 가치는 무엇일까. 북한의 핵 보유가 현실이 된 지금 한 가지 분명한 점은 어떠한 상황에서도 무력화되지 않고 자존감을 높이는 방안을 찾아야 한다는 점이다. 물리적 압박과 달리 심리적 지배에 젖어들면 스스로 무너질 수 있다.

1. 국내 문헌

(1) 단행본

- 김기호,『현대 북한 이해』, 서울: 탑북스, 2018.
- 김계동,『북한의 외교정책과 대외관계 ─ 협상과 도전의 전략적 선택』,
- 서울: 명인문화사, 2015.
- 김영호,『대한민국과 국제정치』, 서울: 성신여자대학교출판부, 2018.
- 김일영, 조성렬, 주한미군 역사, 쟁점, 전망, 파주: 도서출판 한울, 2003.
- 김세균 엮음, 박명규 외 10인 지음,『사회과학 명저 재발견』,
- 서울대학교 사회과학연구원 기획, 서울: 서울대학교 출판부, 2018.
- 경남대학교 북한대학원,『북한연구방법론』, 파주: 한울아카데미, 2003.
- 그레이엄 앨리슨-필립 젤리코,『결정의 본질: 누가 어떻게 국가의 운명을 결정짓는가』, 파주: 모던아카이브, 김태현 옮김, 2020.
- 노재봉, 김영호, 서명구, 유광호, 조성환, 한국 자유민주주의와 그 적들, 파주: 북앤피플, 2018.
- 드니쿠슈,『사회과학에서의 문화개념-사회학과 인류학을 중심으로』, 이은령 옮김, 파주: 한울아카데미 2009.
- 로렌스 손드하우스,『전략문화와 세계 각국의 전쟁 수행방식』, 이내주 역, 서

울: 육군사관학교화랑대연구소, 2007.

- 로버트 코헤인, 『헤게모니 이후 — 세계정치경제에서의 협력과 불화』, 이상환, 설규상, 김석수, 홍원표 옮김, 고양: 인간사랑, 2012.
- 로버트 쿠퍼, 『평화의 조건』, 홍수원 역, 서울: 세종연구원, 2004.
- 문정인, 『문정인의 미래 시나리오, 코로나19, 미중신냉전, 한국의 선택』, 서울: 청림출판, 2021.
- 맨슈어 올슨, 『집단행동의 논리』, 최광·이성규 옮김, 서울: 한국문화사, 2013.
- 바실 리델하트, 『전략론』, 주은식 옮김, 서울: 책세상, 2018.
- 박상철, 한국정치법학론, 서울: 리북, 2008
- 박성우, 임혜란, 강원택, 신욱희, 양분법을 넘어서 — 극단의 시대와 정치외교학, 서울: 사회평론 아카데미, 2020
- 박창희, 『군사전략론』, 서울: 플래닛미디어, 2018.
- 박창희, 『중국의 전략문화 — 전통과 근대의 부조화』, 파주: 한울아카데미, 2015.
- 빌 클린턴, 『빌 클린턴의 마이 라이프』, 안양: 도서출판 풀무레, 2004.
- 배링턴 무어, 『독재와 민주주의의 사회적 기원』, 진덕규 옮김, 서울: 도서출판 까치, 1996.
- 베네딕트 엔더슨, 『상상의 공동체 — 민족주의의 기원과 전파에 대한 성찰』, 윤형숙 역, 파주: 나남, 2003.
- 밸러리 허드슨, 『외교정책론』, 신욱희, 최동주, 조윤형, 김재천 옮김, 서울: 을류문화사, 2009.
- 브루스 부에노 드 메스키타-앨라스테어 스미스, 『독재자의 핸드북』, 이미숙 옮김, 서울: 웅진지식하우스, 2011.
- 알렉산더 웬트, 『국제정치의 사회적 이론: 구성주의』, 박건영, 이옥연,
- 구갑우, 최종건 옮김, 서울: 사회평론, 2015.

- 이근욱, 『냉전』, 서울: 서강대학교 출판부, 2012.

- 이근욱, 『왈츠 이후 ― 국제정치이론의 변화와 발전』, 파주: 한울아카데미, 2009.

- 이상철·김옥준, 『국제협상 이론과 실체』, 대구: 계명대학교 출판부, 2016.

- 임마누엘 칸트, 『영구평화론』, 이한구 옮김, 파주: 서광사, 2008.

- 온창희, 『전략론』, 파주: 지문당, 2013.

- E.H. 카, 『20년의 위기』, 김태현 편역, 서울: 녹문당, 2014.

- 앨빈 토플러, 『전쟁과 반전쟁』, 이규행 감역, 서울: 한국경제신문, 1994.

- 에른스트 캇시러, 『국가의 신화』, 최명관 역, 서울: 도서출판 창, 1979.

- 에릭 홉스봄·사라 모건, 『만들어진 전통』, 박지향·장문석 옮김, 서울: 휴머니스트, 2004.

- 위르겐 하버마스, 『공론장의 구조변동 ― 부르주아 사회의 한 범주에 관한 연구』, 한승완 역, 파주: 나남, 2001.

- 스테판 왈트, 『동맹의 기원』, 박민형·김성아 역, 고양: 국방대학교 국가안전보장문제연구소, 2016.

- 조성렬, 『한반도 비핵화 리포트: 포괄적 안보 ― 안보교환론』, 서울: 백산서당, 2019.

- 조지프 나이, 『국제분쟁의 이해 ― 이론과 역사』, 양준희·이준삼 옮김, 파주: 한울, 2009.

- 조지프 나이, 『권력의 미래』, 윤영호 옮김, 서울: 세종서적, 2012.

- 존 미어셰이머, 『강대국 국제정치의 비극 ― 미중 패권경쟁의 시대』, 이춘근 역, 서울: 김앤김 북스, 2017.

- 잭 스나이더, 『제국의 신화』, 함택영·박수헌 외 공역, 서울: 서울프레스, 1996.

- 찰스 틸리, 『비교역사사회학 ― 거대구조, 폭넓은 과정, 대규모 비교』, 안치민·박형선 옮김, 서울: 일신사, 1999.

- 토마스 셸링, 『갈등의 전략』, 이경남 옮김, 남영숙 감수, 서울: 한국경제신문, 2013.
- 토마스 햄즈, 『21세기 전쟁: 비대칭의 4세대 전쟁』, 하광희, 배달형, 김성걸 역, 서울: 한국국방연구원, 2010.
- 테다 스카치폴, 『국가와 사회혁명 — 혁명의 비교연구(프랑스, 러시아, 중국)』, 한창수-김현택 옮김, 서울: 까치, 1989.
- 투퀴디데스, 『펠로폰네소스 전쟁사』, 천병희 옮김, 고양: 숲, 2011.
- 카알 폰 클라우제비츠, 『전쟁론』, 김만수 옮김, 서울: 갈무리, 2019.
- 케네스 월츠, 『국제정치이론』, 박건영 옮김, 서울: 사회평론, 2013.
- 케네스 월츠, 『인간, 국가, 전쟁 — 전쟁의 원인에 대한 이론적 고찰』, 정성훈 옮김, 서울: 아카넷, 2007.
- 한국비교사회연구회, 『비교사회학: 방법과 실제 II』, 서울: 열음사, 1992.
- 한스 모겐소, 『국가 간의 정치 — 세계평화의 권력이론적 접근 1, 2』, 이호재-엄태암 옮김, 파주: 김영사, 2014.
- 한용섭, 『국방정책론』, 서울: 박영사, 2018.
- 함택영, 『국가안보의 정치경제학 — 남북한의 경제력, 국가역량, 군사력』, 서울: 법문사, 1998.
- 헤들리 불, 『무정부 사회』, 진석용 옮김, 파주: 나남, 2012.

(2) 논문

- 고상두, 푸틴의 전방의 외교정책: 제국증후군의 극복, 한국정치학회보 2005. vol. 39, no. 1.
- 고유환, 제1분과: 대북포용정책과 금강산관광사업의 평가 / 제1주제: 김대중 정부의 대북포용정책 평가, 동국대학교 북한학연구소, 1999.
- 고유환, 이명박 정부 대북정책 평가와 차기 정부 대북정책 방향, 북한학연구

제8권 제2호, 2012.

- 김문경, 북한의 공세적 전략에 관한 문화적 요인 연구, 한국국가전략 제6권 제2호.(통권 제16호), 2021.

- 김문성, 조춘성, 한국의 대북정책 변동요인: 노무현 정부와 이명박 정부의 대북정책을 중심으로, 평화학 연구 제11권 3호, 2010.

- 김아름, 김대중 정권의 '대북포용정책'과 북일관계 개선의 상관관계, 연세대학교 통일연구원, 2017.

- 김용복, 김대중 정부의 대북정책과 남북관계: 쟁점과 평가, 경남대 극동문제연구소, 2003.

- 김용학, 사회학의 비교연구방법, 비교문화연구제2호, 서울대학교 비교문화연구소, 1995.

- 김지용, 미국 대통령의 여론 민감도와 청중비용, 국방연구 제63권 제3호, 2020.

- 김진환, 북한사회와 자본주의 세계의 공존 — 이론과 가능성, 북한학연구 제1권 제1호, 2018.

- 김재관, 정책 기조로서의 실용주의 — 이명박 정부의 실용주의를 중심으로, 한국공공관리학보 22(2), 2008.

- 김재철, 9·19 남북군사합의의 이행평가와 향후 한반도 군비통제 추진 방향, 한국군사, (7), 2020 .6.

- 김종갑, 햇볕정책의 정치적 의미와 남남 갈등 해소방안, 통일연구논총 12(2), 2003.

- 김태훈, 한국 군 문민통제의 특수성과 유형에 관한 연구, 경기대 정치전문대학원 박사학위 논문, 2020.

- 김태형, 방어적 현실주의와 외교정책: 폴란드의 탈냉전기 외교정책을 중심으로, 사회과학연구 제20집 2호, 2012.

- 김태현, 북한의 '공세적 전략문화'와 '지정학': 촉매적 방어확증을 중심으로, 한국 국가전략 통권 제9호, 2019

- 김학노, 평화통합 전략으로서의 햇볕정책, 한국정치학회보 39(5), 2005, pp. 206-212.

- 김형빈, 김두남, 제4장 박근혜 정부 통일정책의 쟁점과 과제, 통일전략 제16권 제3호, 2016.

- 남광규, 제5장 이승만 정부의 통일정책 내용과 평가, 통일전략 12(2), 2012.

- 남만권, 군비통제 이론과 실제, 서울: 한국국방연구원, 2006.

- 류기현, 조홍일, 차명환, 전시억제이론(Intrawar Deterrence Theory)과 한반도 적용, 국방정책연구, 한국국방연구원, 2017.

- 박무춘, 이명박 정부의 군 상부지휘구조 개편 추진 및 좌절에 관한 연구 — Graham T. Allison의 정책결정 모델을 기반으로, 국민대학교 일반대학원 정치외교학과 안보전략전공 박사학위 논문, 2018.

- 박은주, 한반도 평화를 둘러싼 국내 정치집단 간 역학관계 연구: 이슈와 영향을 중심으로, 고려대학교 박사학위 논문, 2017.

- 박영민, DMZ 군사충돌 사례와 요인 연구, 공공정책과 국정관리, VOL.11 NO.4[2018].

- 박재민, 국가 간 상호주의와 협력: 이론과 실제, 동서연구, 제31권 제2호(2001).

- 박찬석, 남남 갈등의 기원과 해소방안 모색, 통일교육연구 16.1, 2019.

- 박창희, 남북군사합의에 대한 평가와 정치 — 전략적 대응방안, 군사논단 제96호(2018 겨울).

- 박태균, 남남 갈등으로 표류한 김영삼 정부의 대북정책,

- 통일과 평화(6집 1호, 2014).

- 변창구, 싱가포르의 실용주의적 안보외교 — 전략적 특성과 함의, 대한정치학회보 20집 2호, 2012.

- 서재진, 김일성 항일무장투쟁의 신화화연구, 통일연구원, 2006.

- 신욱희, 데탕트와 박정희의 전략적 대응 — 박정희는 공격적 현실주의자인가? 서울대 국제문제연구소, 세계정치 14권 0호, 2011.

- 신종대, 김대중·노무현 정부의 대북정책과 국내정치: 문제는 '밖'이 아니라 '안'이다, 한국과 국제정치 제29권 제2호 2013년(여름) 통권 81호.

- 송샘, 이재묵, 한반도 주변국에 대한 세대별 인식차이 분석: 남남 갈등과 세대갈등의 중첩 가능성 연구, 〈지역과 세계〉 제43집 제1호(2019년).

- 안승대, 남남 갈등 극복교육: 화쟁사상의 적용을 통하여, 동아인문학 47, 2019.

- 이경수, 박정희·노무현 政府의 '自主国防'政策 比較研究,

- 성균관대학교 대학원 박사학위 논문, 2007.

- 이동규, 북한도발사건 이후 정책변동과 정책학습 연구 ― Birkland의 사건 중심 정책변동 모형을 중심으로, 한국위기관리논집 제10권 제5호, 2014.

- 이상균, 최희, 북한의 영토교육과 한민족의 독도영유권, 영토해양연구 9, 2015.6.

- 이상익, 엑셀로드의 '팃포탯' 전략과 유교의 군자론, 남명학 18권, 2013.

- 이유선, 실용주의 철학에 대한 이론적 고찰, 동서사상 8, 2010.

- 이정우, 평화체계 구축과정에서 남남 갈등의 문제, 평화와 종교 제5호, 2018.6.

- 이정철, 탈냉전기 노태우 정부의 대북정책: 정책연합의 불협화음과 전환기 리더십의 한계, 정신문화연구 35(2), 2012.

- 이종석, '유격대국가론'의 성과와 한계 ― 와다 하루키의 논의에 대한 검토, 한국과 국제정치 20, 1994.

- 이정우, 평화체계 구축과정에서 남남 갈등의 문제, 평화와 종교 제5호, 2018.

- 이준희, 신년사로 본 김일성 김정일의 대남인식과 대남정책 비교, 아태연구 18(2), 2011.

- 원준호, 헤겔의 습관에 관한 이해 ― 이성적 인륜성의 전 이성적 조건으로서의 습관 문제, 사회와 철학 연구회 Vol. No. 3, 2002.

- 임순희, 북한 여성의 정치문화, 숙명여대 정치외교학과 박사 학위 논문, 1993

- 오무철, '자기기만' 인식 프로그램이 의사소통 능력 및 변혁적 리더십 향상에 미치는 효과, 전남대 박사학위 논문, 2011.

- 유달승, 이란, 핵 대신 '빵' 선택: 중동, 실용주의 우세 속 종파갈등 심화,CHINDIA Plus, Vol.108 No-[2015].

- 윤홍식, 자유주의 정부시기 한국 복지 체제, 1998-2007: 복지 체제의 삼중구조화, 한국사회복지교육 2018.12.31. Vol.44.

- 장성욱, 북한의 '공격우위신화'와 선군정치 - 탈냉전기 군비태세와 군사전략에 관한 이론적 연구, 고려대학교 대학원 정치외교학과 박사학위 논문, 2009.

- 장현석, 디지털 팬덤의 미디어 이용이 사회적 참여에 미치는 영향에 대한 연구 — 아미(BTS 팬덤)의 수평적 동일시 개념을 중심으로, 성균관대학교 신문방송학과 박사학위 논문, 2019.

- 정영철, 남북관계의 변화와 남남 갈등, 한국과 국제정치 34권 3호, 2018.

- 정용석, 통일경제특구 조성과 개성공단 발전에 관한 실증 연구, 고려대학교 대학원 박사학위 논문, 2015.

- 정성장, 북한의 노동당 규약 개정 내용과 대내외 정책 변화 평가: 주요 쟁점을 중심으로, 세종연구소 세종정책브리프 No. 2021-13, 2021.

- 정재도, 김정일의 선군정치와 북한 권력구조 변화에 관한 연구 — 당군관계를 중심으로, 연세대학교 행정대학원 박사학위 논문, 2008.

- 조맹기, 하버마스(Juergen Habermas)의 공론장 형성과 그 변동: 공중의 생활세계를 중심으로, 한국소통학보 제8호, 2007.

- 조순구, 이명박 정부의 대북정책과 남북관계: 현황과 문제, 그리고 평가, 동북아연구, 27(2), 2012.

- 조은희, 북한 혁명전통의 상징화 연구, 한국사회학회 사회학대회 논문집, 2007.

- 조은희, 북한의 국가기념일을 통한 정권의 정당성 강화: 혁명전통 기념일을 중심으로, 북한연구학회보 제11권 제2호, 2007.

- 조한범 외, 역대통일정책의 고찰 및 사회적 합의안 연구, 경제-인문사회연구회 미래사회 합동연구 총서 12-02-02, 경제-인문사회연구원, 통일연구원, 2012.

- 조화성, 북한의 전략문화와 핵 협상 전략에 관한 경험적 연구, 국제정치논총 제49집 5호, 2009.

- 주선희, 실용주의는 공리주의인가?, 철학연구 123, 2012.9.

- 차재훈, 중개(Mediation)전략의 구조와 영향요소 분석 ― 6자회담에 대한 정책적 시사를 중심으로, 한국협상학회 협상연구 제 9권 2호, 2003.

- 천경효, 적극적 평화로서의 공존의 가치, 통일과 평화, 11(2), 2019.

- 채규철, 한국전쟁의 기원에 관한 연구 ― 한국인의 성격적 심리적 특성을 중심으로, 국제정치 논총, 2000.

- 하상, 오종문, 통일국민협약과 남남 갈등, 사회문화적 환경, 시민단체 간의 관계 구조 분석, 한국 동북아 논총 25(2). 2020.

- 황일도, 북한의 전략문화와 군사행태: 핵무기 개발, 재래식 전력배치, 연평도 포격 사례를 중심으로, 연세대 박사학위 논문, 2013.

- 황일도, 전략문화이론의 소개와 북한에 대한 적용: 최근 상황과 관련한 시사점, 제주평화연구원, 2020.

- 허지영, 고질갈등 이론을 통해 살펴본 한반도 갈등과 갈등의 평화적 전환 접근 방안 연구, 평화학 연구 제22권 1호, 2021.

- 홍석률, 이승만 정권의 북진통일론과 냉전외교정책, 한국사 연구,(85), 1994.

- 홍용표, 북한의 전략문화와 안보정책, 통일연구원 연구총서(서울: 통일연구원), 2000.

2. 남한간행물 ─ 국방백서, 대통령 취임사, 여론조사

- 대한민국 국방부, 1967 국방백서, 1967.
- 대한민국 국방부, 1968 국방백서, 1968.
- 대한민국 국방부, 1988 국방백서, 1988.
- 대한민국 국방부, 1989 국방백서, 1989.
- 대한민국 국방부, 1990 국방백서, 1990.
- 대한민국 국방부, 1991-1992 국방백서, 1991.
- 대한민국 국방부, 1992-1993 국방백석, 1992.
- 대한민국 국방부, 1993-1994 국방백서, 1993.
- 대한민국 국방부, 1994-1995 국방백서, 1994.
- 대한민국 국방부, 1995-1996 국방백서, 1995.
- 대한민국 국방부, 1996-1997 국방백서, 1996.
- 대한민국 국방부, 1997-1998 국방백서, 1997.
- 대한민국 국방부, 1998 국방백서, 1998.
- 대한민국 국방부, 1999 국방백서, 1999.
- 대한민국 국방부, 2000 국방백서, 2000.
- 대한민국 국방부, 2001년도 국방주요자료집, 2001.
- 대한민국 국방부, 1998-2002 국방정책, 2002.
- 대한민국 국방부, 2003 참여정부의 국방정책, 2003.
- 대한민국 국방부, 2004 국방백서, 2004.
- 대한민국 국방부, 2006 국방백서, 2006.
- 대한민국 국방부, 2008 국방백서, 2008.

- 대한민국 국방부, 2010 국방백서, 2010.
- 대한민국 국방부, 2012 국방백서, 2012.
- 대한민국 국방부, 2014 국방백서, 2014.
- 대한민국 국방부, 2016 국방백서, 2016.
- 대한민국 국방부, 2018 국방백서, 2018.
- 대한민국 국방부, 2020 국방백서, 2020.

- 1988 노태우 대통령 취임사
- 1993 김영삼 대통령 취임사
- 1998 김대중 대통령 취임사
- 2003 노무현 대통령 취임사
- 2008 이명박 대통령 취임사
- 2013 박근혜 대통령 취임사
- 2017 문재인 대통령 취임사
- 통일연구원 대북인식 여론조사, 1998-2020.
- 2021년 통일부 예산-기금 주요 내용 설명자료
- 정치학대사전편찬위원회 편, 정치학대사전, 2002.
- 21세기 정치학 대사전, 아카데미아 리서치, 2002.
- 아산정책연구원, '한국인의 대북인식' 여론조사, 2020.11.12.

3. 북한 단행본 및 간행물

- 국가정보원 발간 북한법령집 上, 2020.
- 김인옥, 선군정치리론, 서울: 평양출판사, 2003.
- 김우경, 백두산 전설집 1, 1987.
- 〈김일성저작집〉 제27권
- 북한사회과학출판사, 철학사전, 1970.
- 북한사회과학출판사, 정치사전, 1973.
- 북한 평양출판사, 위인과 강국시대, 2020.
- 조선노동당출판사, 김일선 선집 8(1977.1-1979.3), 2011.
- 조선노동당출판사, 김정일-주체혁명위업의 완성을 위하여 4(1978-1982), 1987.
- 조선노동당 규약 전문, 2016.5.
- 조선노동당 규약 전문, 2021.1.
- 최승섭,김재현, 영광스러운 우리 당의 혁명전통, 평양, 조선노동당출판사, 1987.

4. 남한 언론

- 강영진, 김정은 김일성, 김정일과 같은 반열 올랐다, 뉴시스, 2021.1.11.
- 강진원, 북, "남북 군 통신선 단절" 통보, YTN, 2013.3.27.

- 강진욱, 조준형, CVID → FFVD⋯비핵화 전술 바뀌나, 연합뉴스 동북아센터 마이더스 2018년 8호, 2018.

- 김귀근, [김귀근의 병영톡톡], '인도-태평양판 나토' 뜨나⋯미, 대중 연합 체구상, 연합뉴스, 2020.9.5.

- 김귀근, 軍 가상 평양타격 장면 등 '참수작전' 영상 대거 공개, 연합뉴스, 2017.7.5.

- 김경윤, "CIA, 북한 ICBM 대기권 재진입 후 정상작동 평가", 연합뉴스, 2020.11.18.

- 김경윤, '불바다, 철면피, 광대극'⋯이성 잃은 북한의 막말 협박, 연합뉴스, 2020.6.17.

- 김은혜, 청와대 브리핑, 2010.3.27.

- 김윤경, "5월 北이 쏜 탄도미사일에 핵탄두 탑재 가능", 뉴스1, 2019.6.7.

- 김선경, 북, 임진강 방류 사과할까⋯"글쎄", 노컷뉴스, 2009.9.9.

- 김지선, 조명균 장관 "북 도발 규탄⋯대화로 해결 일관 노력", YTN, 2017.8.29.

- 김종훈, 박재현, "서해사태 종료단계" 국방부 "대화로 풀 때 됐다"⋯군 비상경계는 유지, 경향신문, 1999.6.18.

- 김태진, 청와대 긴급안보장관회의 소집, YTN, 2010.3.26.

- 김화영, 임태희, "2009년 남북정상회담 양해각서 서명"⋯"북 김양건 여러 차례 만났다" 비밀접촉설 시인, 연합뉴스, 2012.6.20.

- 김형준, 내년 국방예산 54조 6천억⋯문재인 정부 5년간 6.3% 증가, 노컷뉴스, 2021.12.3.

- 경향신문, "모든 수단 동원 북 추궁", 1998.7.16.

- 김해진, 강민석, 북에 '도발 시인 요구', 경향신문, 1998.6.27.

- 김현-서미선, '北 실세' 김여정에게 몸낮춘 '국가 수반' 김영남, 뉴시스, 2018.2.9.

- 김현경, 김 대통령 남북현안 협의 위해 평양 특사 파견 언급, MBC, 1998.8.15.

- 김형원, 이인영 "연락사무소 폭파, 北에 배상요구 어렵다", 조선일보, 2020.7.20.

- 노석조, 문정인 "북한 연락사무소 폭파, 도발 아니다", 조선일보, 2020.7.1.

- 노지원, 북 GP 총격, 한미 모두 '도발 아닌 오발'로 보는 이유, 한겨레 신문, 2020.5.5.

- 맹수열, "'힘을 통한 평화실현' 軍 사명 전념…한반도평화프로세스 뒷받침할 것", 국방일보, 2019.9.17.

- 문재인 대통령 녹취록에서 일부 발췌, YTN, 2017.5.17.

- 동아일보, "햇볕정책은 유화 아니다", 1998.7.1.

- 박경준, 문 대통령 "필요하면 우리 독자적 대북제재 방안도 검토", 연합뉴스, 2017.7.29.

- 박병수, [아침 햇발] 관할권과 관리권 사이, 한겨레 신문, 2019.5.21.

- 박병수, 북 개정헌법 '핵 보유국 명시' 파장, 한겨레 신문, 2012.5.31.

- 박정엽, 청 긴급 NSC 소집…"북, 잠수함발사탄도미사일 발사 가능성, 조선일보 2019.10.2.

- 박정현, 김수정, [안보리 대북결의안 채택] 남북관계에 어떤 영향, 서울신문, 2006.10.16.

- 신웅진, 북한 수해 복구에 쌀 10만 톤 지원, YTN, 2006.8.20.

- 신지후, "문재인 정부, 갈등 해소 노력 안 해" 4년 만에 두배로, 한국일보, 2021.1.18.

- 신진, "GP총격 사소한 위반" 발언 논란…외교부, 뒤늦게 진화, JTBC, 2021.4.22.

- 서울 연합, 羅 부총리 인공기 게양 공식 사과 요구, 연합뉴스, 1996.6.30.

- 서울 연합, 북한, 무장공비사건 해외서 왜곡 선전, 연합뉴스, 1996.10.11.

- 안홍욱, 이용욱, 여야 5당 '北 수해 쌀 지원' 동의, 경향신문, 2006.8.10.

- 이동우, "북 잠수정 특이활동 없었다", YTN, 2010.4.1.

- 이승준, 갤럽 "핵무기 보유, 찬성 60% vs 반대 35%", 한겨레 신문, 2017.9.8.

- 이윤정, 트럼프, 이란 핵합의도 뒤집을까, 경향신문, 2017.2.3.

- 이정진, 통일부 '세작' 발언 김용갑 의원에 사과 요구, 연합뉴스, 2006.8.25.

- 이재영, "북한 주재 러 외교관들, 코로나 봉쇄에 손수레 밀며 국경 넘어", 연합뉴스, 2021.2.26.

- 이제훈, 북, 76년 지켜온 '남한 혁명통일론' 사실상 폐기,

- 한겨레 신문, 2021.6.1.

- 이철재·박용한, 北 미사일 선제타격 '킬체인' 용어, 軍 이제 안 쓴다, 중앙일보, 2019.1.10.

- 임은진, 북한, 전방지역 '준전시 상태 선포'…과거 사례는?, 연합뉴스, 2015.8.21.

- 왕선택, "남북교류협력 예정대로 진행 중", YTN, 2010.3.27.

- 왕선택, '행복한 한반도 만들기' 시동, YTN, 2013.3.27.

- 연규욱, 이인영 "내달 한미훈련 연기했으면 좋겠다…남북교류는 바로 추진", 매일경제, 2020.7.21.

- 연규욱, 이석희, 정세현 "北 대남도발 배경 한미워킹그룹 족쇄 때문", 매일경제, 2020.6.18.

- 연합뉴스, 잠수정 예인장소 왜 바꿨나 — 정회장 귀환, 장성급 회담 배려설, 1998.6.23.

- 유용원, [유용원의 밀리터리 리포트] 정권의 군대가 되가는 홍길동軍, 주간조선, 2019.5.21.

- 윤경민, 캠벨 "북한 연관 여부 추측 않겠다", YTN, 2010.4.2.

- 장종회, 김정일, 6자회담 복귀 의사 밝힌 듯, 매일경제, 2010.5.5.

- 장화경, 이재국, 여야 총재회담 무슨 얘기 오갔나 '안보'엔 일치 햇볕엔 '이견', 경향신문, 1999.6.17.

- 전명훈, 남북연락사무소 폭파 1년…野 "판문점 선언 비준 중단하라", 연합뉴스, 2021.6.16.

- 전현석, 북 변한거 없는데…우리 군은 정신무장까지 무너질 판, 조선일보, 2018.8.23.

- 정일용, 클린턴 회고록에 언급된 94년 영변 폭격 중단 배경, 연합뉴스, 2004.6.

- 정욱식, 이명박의 '전략동맹'은 노무현이 길 닦은 것, 오마이뉴스, 2008.4.23.

- 정세현, [정세현 칼럼] 차기 정부, 남남 갈등부터 치유해야, 한겨레 신문, 2017.3.26.

- 정승민, "노 대통령, 북 미사일 무력 공격용 아니다", SBS, 2006.9.8.

- 정용수, 김정은 핵 무력 완성선언, 왜 신년사 대신 군수공업 대회였나, 중앙일보, 2017.12.13.

- 정윤섭, DJ "'햇볕정책 실패'는 해괴한 이론", 연합뉴스, 2006.10.11.

- 정재훈, 노 대통령 "무력사용 없이 평화적 해결돼야", YTN, 2006.10.11.

- 정빛나, 서욱 "北 SLBM 초보수준, 우리 군 곧 전력화…국민 피해끼쳐야 도발", 연합뉴스, 2021.10.21.

- 정희완, 1972년부터 군사합의 7번…이번엔 되돌릴 수 없는 의제 고민, 경향신문, 2018.4.20.

- 조선일보, 북 조평통 대변인 성명 요지, 1998.6.29.

- 조준형, 〈북 로켓 발사〉 정부 대응 3년 전과 '큰 차이', 연합뉴스, 2009.4.5.

- 차대운, 와다 하루키 "김정은 시대 북한, 당 국가체제 복귀", 연합뉴스, 2014.10.27.

- 최장집, 최장집 "남북문제 풀려면 보수를 설득하라", 프레시안, 2017.5.16.

- 한종구, "코로나 이후 세계 민주주의 퇴보…한국은 모범사례", 연합뉴스, 2020.12.10.

- 홍준호, 청와대 "햇볕론 변함없다", 조선일보, 1998.6.24.
- 현일훈, 북 미사일 26번 쏠 때 문 정부는 공짜지원 18번 했다, 중앙일보, 2020.9.24.
- KBS, [클로즈업 북한], 극에 달한 北 김정은 우상화, 2016.2.6.
- KBS, [클로즈업 북한], 갈수록 진화하는 공격…북한 '사이버 전력', 2021.2.6.

5. 북한 언론

- 북한 조선중앙통신, 1996.12.29.
- 북한 평양방송 보도, 1999.6.16.
- 북 조선중앙TV, 2006.10.11.
- 북한 노동신문, 2008.4.1.
- 북한 조선중앙TV, 2010.3.26.
- 북한 조선중앙통신, 2012.4.13.
- 북한 조선중앙TV, 2013.3.5.
- 북한 노동신문, 2013.3.6.
- 북한 조선중앙통신, 2013.3.12.
- 북한 조선중앙통신, 2013.3.13.
- 북한 조선중앙통신, 2013.3.30.
- 북한 조선중앙통신, 2013.4.2.
- 북한 우리민족끼리, 2017.5.2.

- 북한 노동신문, 2017.5.9.
- 북한 조선중앙TV, 2017.5.19.
- 북 노동신문, 2017.5.31.
- 북한 평양방송, 2017.6.3.
- 북한 조선중앙통신, 2017.6.21.
- 북한 조선중앙TV, 2017.7.4.
- 북한 조선중앙통신, 2017.7.26.
- 북한 조선중앙TV, 2017.7.31.
- 북한 조선중앙통신, 2017.8.8.
- 북한 조선중앙통신, 2017.8.10.
- 북한 조선중앙통신, 2017.8.22.
- 조선신보, 2017.9.7.
- 북 노동신문, 조선중앙통신, 2017.12.9.
- 북한 조선중앙통신, 2017.12.13.
- 북한 노동신문, 2019.11.25.
- 북한 노동신문, 김여정 담화문, '스스로 화를 청하지 말라', 2020.6.4.
- 북한 노동신문, 조선중앙통신, 2020.6.10-14.
- 북한 조선중앙TV, 2020.6.17.
- 북 노동신문, 2020.12.3.
- 북한 조선중앙통신, 2021.1.9.
- 북한 조선중앙TV, 2021.1.15.
- 북한 조선중앙통신, 2021.1.17.
- 북한 노동신문.2021.2.8.

- 북한 조선중앙TV, 09시 뉴스, 2021.2.8.
- 북한 조선중앙통신, 2021.3.4.
- 재일본조선인총연합회, 조선신보, 2021.3.17.
- 북한 조선중앙통신, 2021.10.23.

6. 해외 문헌

(1) 단행본

- Almond, G. A. and Verba, Sydney, The Civic Culture: Political Attitudes and Democracy in Five Nations(Princeton: Princeton University Press, 1963), 1963.

- Bar-Tal Daniel and Halperin, Eran, "The psychology of intractable conflicts: eruption, escalation, and peacemaking," in The Oxford Handbook of Political Psychology, eds. Leonie Huddy,David. O. Sears and Jack S. Levy (Oxford: Oxford UniversityPress, 2013), p. 924

- Booth, Ken and Trood, Russell, Strategic Cultures in the Asia-Pacific Region, 1999.

- Goldstein, Judith and Keohane, Robert O., Ideas and Foreign Policy — Beliefs, Institutions, and Political Change, 1993.

- Gray, Colin S., Modern Strategy, 1999.

- Johnston, Alastair I., Cultural realism: Strategic Culture and Grand.

- Strategy inChinese History(Princeton, N.J.: Princeton University Press, 1995), 1995.

- Johnston, Alastair I., Thinking about Strategic Culture, International Security Volume 19, Number 4, 19, Spring, 1995.

- Johnson, Jeannie L., KartchnerKerry M. and Larsen, Jeffery A. Strategic Culture and Weapons of Mass Destruction, 2009.

- Mercer, Jonathan, Reputation and International Politics(Cornell University), 1996.

- Skidmore, David and Hudson, Valerie M., The Limits of State Autonomy: Social Groups and Foreign Policy Formulation, 1993, pp. 151-153(Domestic Imperative and Rational Models of Foreign Policy Decision Making by Douglas Van Belle).

(2) 논문

- Almond, G. A., Comparitive Political Systems, The Journal of Politics, Vol. 18, No. 3(Aug), 1956.

- Baird, Merrily, Kim Chong-il's Erratic Decision-Making and North Korea's Strategic Culutre.

- Bermudez Jr, Joseph S., North Korea's Strategic Culture, Defense Threat Reduction Agency Advanced Systems and Concepts Office. Comparative Strategic Cultures Curriculum Contract No: DTRA01-03-D-0017, Technical Instruction 18-06-02, 2006.

- Bermudez Jr., Joseph S., North Korea's Strategic Culture, Comparative Strategic Cultures Curriculum, Contract No: DTRA01-03-D-0017, Technical Instruction 18-06-02, p.9, 2006.

- CHA, VICTOR D., Strategic Culture and Military Modernization, ARMED FORCES & SOCIETY, Vol.28,No1, Fall, 2001.

- Galtung, Johan, Peace by Peaceful Means: Peace and Conflicts,

Development and Civilization(London: Sage Publication, 1996), 1996.

- Gouldner, Alvin W., "The Norm of Reciprocity: A Preliminary Statement." American Sociological Review 25, 1960.

- Gourevitch, Peter, The Second Image Reserved: The International Sources of Domestic Politics, International Organization, Vol. 32, No.4(Autumn, 1978), 1978, p. 911.

- Haksoon Yim, CULTURAL IDENTITY AND POLICY IN SOUTH KOREA, The International Journal of Cultural Policy, Vol.98(10), 2002.

- Howard, Russell D., Strategic Culture, JSOU Report 13-8, p. 1-2, 2013.

- HUSENICOVA, Lucia, Scientific Bulletin Vl.XXIII No1(45), MATEJBEL UNIVERSITY IN BANSKA BYSTRICA, SLOVAKIA, 2018.

- Hwang, Balbina, Shattering Myths and Assumptions: TheImplications of North Korea's Strategic Culturefor U.S.Policy, International Journal of Korean Unification Studies, Vol.18. No.1, 2009.

- Jervis, Robert, Cooperation Under the Security Dilema, World Politics, Vol.30. No.2, 1978.

- Levy, Jack S., The Offensive/Defensive Balance of Military Technology: A Theoretical and Historical Analysis,International Studies Quarterly,Vol.28, No.2, 1984.

- Nameth, C., "Bargaining and Reciprocity", Psychological Bulletin, 74(1970), pp. 297-308: Deborah W. Larson, "The Psychology of Reciprocity in International Relation" NegotiationJournal. 3(1988), 1988.

- Salins, Marshall, Stone Age Economics.(Chicago: Aldine-Atherton, 1972), 1972.

- Shlapak, David A., How to Dismantle an Atomic Bomb ― A Realistic Approach for Dealing with North's Korea's Nuclear Weanpons, Rand Corporation PE-A1495-1, p. 11, 2021.

- Snyder, Jack L., The Soviet Strategic Culture: Implications forNuclear Options, R-2154-AF, (Santa Monica: Rand Corporation, 1977), 1977.

- Stratford, James D., Strategic Culture and the North Korean Nuclear Crisis: Conceptual Challenges and Policy Opportunities Security Challenges, 2005, Vol. 1, No. 1, 2005.

- Sung Soo, Kim, Strategic culture and its limited application in doing Strategy, 공사논문집, Vol.68. No.1, 2017.

- Van Evera, Stephen, The cult of offensive and the Origins of the First World War, International Security, Vol.9. No.1, 1984.

- Zaman, R. Uz., Strategic Culture: A "Cultural" Understanding of War, Comparitive Strategy and International Journal, 2009.

7. 인터넷 자료

- 정의당 배진교 의원 블로그(https: //blog.naver.com/bjg21/222399001628) 참조 검색일, 2021년 6월 17일.

- 인터넷 나무위키(https: //ko.wikipedia.org/wiki) 검색일, 2021.

- 5월 10일-20일 남북회담본부(https: //dialogue.unikorea.go.kr/ukd/main/userMain/main.do) 검색일, 2021년 7월 2일-3일.

- 국방부 홈페이지(https: //www.mnd.go.kr/cop/pblictn/selectPublicationsUser.do?siteId=mnd &com ponent d=14&categoryId=15&pageIndex=1&id=mnd_040 501000000&searchWrd) 검색일, 2021년 8월 3일-10일.

- 통일부, 예멘통일 살펴보기: 합의통일과 재분단(https: //blog.naver.com/

PostView.nhn?blogId=gounikorea&logNo=2217876 13199) 검색일, 2021년 7월 20일.

- 통일부 국립통일교육원 인터넷 홈페이지 남북관계 지식사전 참조(https: // www.uniedu.go.kr/uniedu/home/brd/bbsatcl/nsrel/list.do?mid=SM00000 535) 검색일, 2021년 9월 2일-5일.

- 통일부 남북회담본부 회담 통계(https: //dialogue.unikorea.go.kr/ukd/b/be/ usrCmsStat/List.do?tab=1) 검색일, 2021년 8월 10일-13일.